KB079051

건축은
예술인가

건축은
예술인가

내일의 한국건축을 위한 열세 개의 단상

김원

열화당

도판제공 숫자는 페이지 번호임.

강운구 41
관조 스님 35, 66, 75, 123, 134, 161, 166, 188
박영채 49
서길수 87
심인보 49, 151
안장헌 32, 111, 127
임응식 16, 58, 61, 84, 95, 98, 116, 139, 147
주명덕 21, 179

'국경 밖으로' 나가는 새로운, 그러나 오래된 발걸음

민현식(閔賢植) 건축가

새 천년, 거대한 전환의 문턱에서, 건축가 김원은 '건축은 예술인가'라는 도발적 질문을 우리에게 던지고 있다. 건축이 '공학'에서 '예술'로 인식되기 시작한 지 이미 오래고, 그것이 공론화의 충분한 검증을 거쳐 상식으로 자리잡으려는 이 즈음, 합의된 정의를 더욱 공고히 하려는 듯한 이 질문은 우리를 꽤나 당혹스럽게 한다. 그것의 예술로서의 성향을 부정할 수는 없지만, 건축은 골방에서 나 홀로 이루어내는 타예술과는 크게 다르며, 그 결과물들이 일부에게만 향유되는 것이 아니라, 현장에서 모든 불특정 다수에게 적극적으로 영향한다. 그것은, 그저 인간의 삶을 둘러싼, 있으면 좋고 없어도 그저 그만인 들러리가 아니라, 인간에게 직접적인 영향력을 행사하는 삶 자체이다. 따라서 특정 건축은 그 나름대로의 방식으로 일상 속에서 인간의 사고와 행동을 제약하는 것이며, 그래서 건축은 사회적 관계의 산물이자 동시에 사회적 과정과 끊임없이 상호 작동하는 역동적 대상이다. 특히, 20세기에 들어서면서, 필요까지도 생산해내는 신자유주의의 끝을 모르는 욕망과 야합한 건축은 자원의 고갈을 불러와, 생존 자체도 위협하는 자연환경의 파괴를 초래할 뿐 아니라, 한편에서는 자유라는 이름으로 위장하여 우리의 사고와 행동까지도 조작하려 하는 지극히 위험한 분야이다.

건축을 '하나의 사물(事物, a thing)로서 물상화하는 것이 아니라 하나의 과정(過程, a process)'으로 인식한다면, 일의적(一義的) 정의를 내리는 것은 또 다른 왜곡을 부르는 함정이 도사리고 있을 뿐 아니라, 아마도 현대 지식은 합의를 이루려는 야망을 가지기엔 너무 복합적이기도 하다. 다만, 이러한 근본적 질문을 직설적으로 상정하여, 끊임없는 성찰의 통로로 삼기 위함일 것이다. 그래서 이 질문은 '건축은 무엇인가'라는 질문과 다르지 않다.

'건축은 무엇인가'라는 질문에 대한 저자의 자답(自答)은, 김원의 글을 숙독해 온 독자들에게는 충분히 예견된 것이다. 그는 근대화의 물결이 한껏 고조되기 시작한 육십년대부터 지금까지, 우리에겐 지고(至高)의 가치로 신화화된 서구의 건축적 사건들을 우리의 일상의 사건에 행복하게 접목하기 위해, '광장'이란 이름을 공히 쓴 건축사무소와 출판사를 경영하면서, 글과 건축적 실천을 통해 우리를 지속적으로 자극해왔다.

건축평론집 『우리 시대의 거울』(광장, 1975), 『한국현대건축의 이해』(열화당, 1976), 건축수상록 『빛과 그리고 그림자』(광장, 1982), 『주택 작품집』(광장, 1983), 『건축계획 작품집』(광장, 1983), 『건축 작품집』(광장, 1989), 건축평론집 『우리 시대 건축 이야기』(열화당, 1999) 그리고 최근 '이십 세기 문명의 반성과 새 천년을 위한 백서'라는 부제가 붙은 『새 세기의 환경 이야기』(열화당, 2002), 수상집 『행복을 그리는 건축가』(열화당, 2003)에 이르는 저서, '한국의 고건축' 시리즈(임응식·주명덕·강운구 사진, 김원 해설, 광장, 1976-1981), 『도선(道詵)의 비기(秘記)에 의한 최씨(崔氏) 유산록(遊山錄)』(김종윤 주해, 한국풍수지리회 편, 광장, 1980), 『목구회 건축평론 및 작품집』(목구회, 광장, 1974 · 1984) 등의 편서, 그리고 『건축 예찬』(지오 폰티, 열화당, 1979), 『건축가 없는 건축』(버나드 루도프스키, 광장, 1979), 소설 『마천루』(아인랜드, 광장, 1988) 등의 역서를 줄기차게 출간해 왔고, 이러한 논의들은 그의 건축작품 한강성당(1979), 쌩폴수도원(1982), 국립국악원(1984), 명보랑(1986), 통일연수원(1987), 남양주종합촬영소(1990), 광주가톨릭대학교(1992), 주한러시아대사관(2002), 이화여대 경영관 · 국제기숙사(2006) 등에서 올곧게 실천돼 왔으며, 환경운동연합, 우이령보존회, 동강댐민간합동조사단 등 시민운동을 주도하면서, 우리의 건축과 도시 그리고 환경문제에 직접 참여해 왔다.

특히 이러한 역작들은 육십년대 열악하고 지극히 제한된 건축 정보에 목마른 건축학도들에게 유일한 교과서였고, 지금 봇물 터지듯 밀려드는 정보를 선별하여 정도를 걷게 하는 지침서 역할을 해 오고 있다.

김원 자신도 이 책의 후기에서 "내가 '건축'을 처음 접한 것은 서양의 책들을 통해서였다"라고 고백하고 있듯이, 육십년대에 건축을 공부하기 시작한 누구나 서구에서 밀려든 '모더니즘'과 우리 전통건축 사이의 괴리에 대해 참담한 고뇌를 겪었을 것이다. 화려하기 그지없는 건축사(建築史)의 바탕 위에 우뚝 선 '이성주의 건축'의 위대함에 대비된 우리 전통건축의 왜소함, 그런데도 불구하고 우리 것에 대한 운명과도 같은 어쩔 수 없는 애정 사이에서 독버섯처럼 피어오른 콤플렉스를 어쩌지 못했다. 그 열등의식이 깊어 가면 갈수록 전통건축을 강변하는 치기가 범람했고, 이러한 과정에서 왜곡된 담론들이 낳은 지난 반세기의 한국 현대건축의 참담한 모습은 세계 도처의 후발주자들, 특히 제삼세계에서 드러나는 일반적 현상과 궤를 같이한다. 이런 갈등은 이 땅의 건축가들이 이 땅의 건축에 뿌리박고 있기 때문일 것이며, 이는 한국의 근대적 상황에서 터를 닦은 건축가로서 어쩔 수 없는 숙명이었고, 어떤 면에서 지극히 당연할지도 모른다.

이런 와중에 김원은 끊임없이 현대 건축운동의 여러 가지 과오들에 대해, 한국현대건축의 반성해야 할 실책들에 관해 치열하게 고발해 왔다. 개발의 경직성, 그 상식적인 처리들에 대한 불만, 유아독존적인 모뉴멘털리즘과 카리스마적 표현, 유아적 전통계승 방법론의 허망함을 질타하면서, 더불어 개발과 보존의 원칙을 설정하려 했고, '현대적이며' '풍토에 적합한' '한국의 사회경제에 적합한' 그리고 무엇보다 '한국인의 정신문화적 전통, 즉 한국인이 지녀 온 자연관, 세계관 그리고 삶의 철학'에 근거한 도시와 건축의 가치기준을 마련하려 했다.

김원의 담론은 '본질적으로 현대건축은 반(反)환경적이다'로부터 출발한다. 물론 그의 논의는 근대의 태동과 자본주의와 근대적 체제의 출현, 현대 자본주의 등 근대사회로 이행하는 과정에서 보이는 근대성(modernity)의 여러 요소를 치열하게 읽어내면서, 그 폐해를 논하기 이전에 그는 우선 근대가 성취한 것, 그것의 가치를 외면하지 않는다. 그에게 근대성은, 타율적인 계급사회에 반하여 자율적인 주체가 이룩한 것이며, 각 주체의 자율성의 증대는 정체(停滯)와 순환의 고리를 벗어나, 지속적으로 나아질 것이라는 희망에 근거하여 '진보'를 믿는다. 또한 근대는 왕권과 교권(敎權)으로부터 해방되어, 모든 민중들의 삶이 역사가 되는 시대이다. 이러한 근대가 성취한 과학과 기술의 발전, 종교의 세속화, 도덕과 예술의 자율화, 민주주의의 원리, 언론의 자유, 비판적 공론영역의 형성 등은 돌이킬 수 없는 역사적 결과이며, 동시에 양보할 수 없는 가치이다.

여기에 더하여, 이러한 근대 프로젝트(modern project)의 가치와 희망이 현실에서 왜곡되면서 실현된 현상을 반성하고, 물질문명과 정신문화의 역학관계를 밝히고, 그래서 미래는 다른 모양으로 만들어 나가야 한다고 역설함과 동시에, 그 돌파구를 우리 전통문화에서 추출해내고, 거기에 편입시켜서, 그것의 전 지구적 보편성을 획득하기 위한 성실한 노력을 게을리하지 않는다.

그러나 그의 근대에 반하는 이미지가 강화되면 될수록, 그것들은 오히려 근대적 시각에 충실하게 복무하는 역설의 장(場) 속에 들어와 있음 또한 사실이다. 그래서 그는 우리에게 철저한 근대적 원리주의자로 각인되기도 했다. 건축적 담론을『건축예찬』에서 처음 접한 그에게는, 오히려 철저히 근대성으로 무장된 근대인의 시각으로 건축을 발견하는 과정이 예정될 수밖에 없었을 것이다. 그의 건축담론 처음의 주제들은, 우리 사회와 일상을 점거한 모순과 불행을 맞닥뜨릴 때마다 '우리 사회의 전근대적 지체(遲滯)'를 강변하면서, 원인은 '전근대적 지체'가 아니라 '무비판적 근대 수용'이라는 것을 밝히는 데 더 집요했다. 창조적 시대의 계몽적 발언이었으며, 그래서 그의 글들은 근대적 모습을 닮은 선언적 언설로 가득했다. 어떤 의미로 '근대 만들기'의 또 다른 잔재라는 한계를 넘기 어려웠다.

그러나 이제 이 책『건축은 예술인가』를 통하여, 에둘러 온 그 기나긴 지적 모험의 역정의 끝을 다시 한국 전통문화로 채우려 하는 위험하기까지 한 시도를 과감하게 하고 있다. 이제 그는 저 어딘가에 이상적 근대가 있고, 한국은 그 수준에서 볼 때 이러저러한 측면에서 불구적이라는 초보적 단계를 넘어선 지 오래며, '미완의 근대'에 대한 미련을 과감히 버리지 못할 경우 근대성의 탐색은 언제나 기원의 신화로 귀결될 수밖에 없을 것이라는 논리의 모순을 누구보다 잘 알고 있으며, 그래서 근대가 부과한 척도들에서 이미 자유롭다. 이러한 김원의 진정성에 미루어, 그에게는 충분히 가능한 일이다.

이제 그는 드디어 '국경 밖으로' 나가는 새로운, 그러나 오래된 발걸음을 내딛는다. 그 노정을 우리의 전통건축으로 탄탄히 구축한다. 그의 최대의 과제, '문명과 문화, 21세기—동서의 재편(再編)'이, 서양에 대한 반성들 그리고 그 대안을 동양에서 찾을 수 있다고 강변하면서 또 다른 오리엔탈리즘적 사고가 설득력을 얻고, 이를 전 지구적 위기론에 편승하고 있는 유아적 치기를 넘어설 수 있는 것은, 거의 반생에 걸친 탄탄한 지적 수련과 예민한 작가적 감수성을 바탕으로 한 성실한 성찰과 그로부터 얻게 된 지혜에서 연유하기 때문일 것이다.

논의의 끝은 앞으로의 긴 여정을 예고하는 듯, 근대주의와 민족주의의 견고한 결속, 초월자로서의 민족을 넘어선 동서의 화해를 갈구하는 것으로 짧게 맺고 있다. 동서의 화해를 넘어, 진실한 화해는 무엇인가를, 그 실증을 후학들의 장(場)으로 넘기는 겸손함을 드러내기도 하지만, 실은 "언젠가는 여기 나열된 의문들에 대해 나 자신 잘 무장된 이론으로 대답할 수 있도록 더 공부"할 것을 약속하고 있다. 그래서 마지막 장「화해」는 우리에게 또 다른 도발적 질문들이 계속될 것임을 확신시킨다.

그래서 "이미 있던 것이 후에 다시 있겠고, 이미 한 일을 후에 다시 할지라. 해 아래 새것이 없나니, 무엇을 가리켜 이르기를, 보라 이것이 새것이라 할 것이 있으랴. 우리 오래 전 세대에도 이미 있었음"(「전도서」제1장 9–10절)을, 특히 우리에게 있었음을 명쾌히 실증해 보일 것이다.

차례

Thoughts 思想 사상

한국의 고건축(古建築)은 대부분 그것을 만든 사람들의 사상을 표현하고 있다. 마치 사찰건축이 부처님 나라를 재현하고 있는 것과 마찬가지다. 일주문(一柱門)에서 불이문(不二門)을 지나고 천왕문(天王門)을 지나 종루(鐘樓)와 대웅전(大雄殿)에 이르는 길, 이 길은 그야말로 불정토(佛淨土)를 그대로 배치하여 그 길을 따라가면 해탈(解脫)과 성불(成佛)에 이를 수 있음을 보여주는 견성(見性)의 도정(道程)이다.

신라 의상대사(義湘大師)가 창건한 지리산 화엄사(華嚴寺)는 화엄종(華嚴宗)의 본산(本山)으로, 그 자체가 화엄의 가르침을 건축으로 드러내어 원융무애(圓融無碍)의 법계(法界)로 들어가게 한다. 선교(禪敎) 양종의 대본산답게 대웅전은 중심에 있으면서 각황전(覺皇殿)과 조화를 이룬다. "세상의 이치는 하나가 아니며 서로 다르지도 않다"는 원효대사(元曉大師)의 비일비이(非一非異)를 말하고 있다. "조화에 있어 체계란 없다… 생명적 동일성 안에 다시 개별적 화엄으로 자리잡고 있는 각황전은 화엄미의 본질을 품고 있는 실체적 공간이다."[1] 부처님이 깨달음을 얻은 후에 씌어진 『화엄경(華嚴經)』의 완벽성에는 거리낌도 없고 두 가지도 없다.

　한양의 도성(都城)은 전통 풍수사상(風水思想)에 따라 입지했고, 이성계(李成桂)와 정도전(鄭道傳)²을 비롯한 역성혁명(易姓革命) 세력의 개혁사상에 따라 만들어진 『조선경국전(朝鮮經國典)』³이라는 통치철학을 바탕으로 배치되었다. 이 책의 「치전(治典)」에서 정도전은 "인군(人君)은 천공(天工, 하늘의 직무)을 대신하여 천민(天民)을 다스린다"고 정의한다. 왕은 천명(天命)의 대리자로서 백성을 보살피는 의무를 가질 뿐, 왕권은 궁극적으로 백성의 의사로 정당성을 가진다는 왕권의 제한적 귀속을 천명한 것이다. 그 사상에는 왕의 의사가 즉 법이 되는 절대권력 구조하에서 왕권조차도 천명이라는 특정 원리에 귀속한다는 신선함이 있다. 또 정도전은 재상론(宰相論)에서 "민주(民主, 백성의 임금)의 직책은 한 사람의 재상을 논정(論定)하는 데 있다"고 썼다. 재상의 가장 중요한 직무가 임금을 바로잡는 격군(格君)이다. 혈연으로 권력이 승계되는 임금들의 자질이 일정하지 않은 세습 왕정의 단점을 보완하기 위한 것이다. 이런 엄청난 혁신사상의 연장으로 정도전은 자신이 지은 태조의 즉위교서(卽位敎書)에서도 "하늘이 많은 백성을 낳아서 군장(君長)을 세워 이를 길러 서로 살게 하고 이를 다스려 서로 편안케 한다. 그러므로 인심에 복종과 배반이 있어 천명의 떠나고 머무름이 군도(君道, 왕의 도리)의 득실(得失)에 매여 있으니, 이것이 이치의 떳떳함이다"라고 하여, '백성이 임금의 하늘이다' 즉 '인심이 천심'이라는 주장을 최초로 폈다. 현대적 국민주권론에 맞닿는 앞선 사상이다. 조선이 군약신강(君弱臣强)의 나라라고 중국에까지 알려진 사연이다.

　세종대왕이 백성을 어여삐 여겨 한글을 창제한 것도 이런 사상이 바탕에 있었기 때문이다. 이것이 오백 년을 지속한 조선왕조의 통치이념이었고, 그 이념은 당연히 이 나라의 정치, 경제, 교육, 문화 전반에 절대적인 영향을 끼쳤다. 다만 정도전이 이방원(李芳遠)에게 격살당했고 오늘날 그의 무덤이 어디에 있는지도 모른다는 사실은, 그의 이런 개혁사상이 결실은 보았지만 쉽게 합의에 이르지는 못하였음을 가슴 아프게 증언하고 있다.

그러나 개국 초기의 억불숭유(抑佛崇儒) 정책에도 불구하고 신라 천년과 고려 오백 년, 도합 천오백 년을 면면히 이어 온 불교문화의 영향은 일시에 소거될 수 없는 것이어서, 조선조 역대 왕들조차도 마음속에 불교문화의 뿌리가 넓고 깊게 자리해 있었다. 태조 이성계는 조준(趙浚), 정도전 등 철저히 성리학을 신봉하는 신흥세력의 옹립을 받았으나 개인적으로 불교를 숭상했다. 세종대왕이 지은 『월인천강지곡(月印千江之曲)』은 찬불가(讚佛歌)이며, 왕세자 시절 불경언해서인 『석보상절(釋譜詳節)』을 지은 세조는 즉위 후 이 둘을 합친 『월인석보(月印釋譜)』를 간행하였고, 불교를 더욱 옹호해서 승과(僧科, 승려의 과거시험)를 『경국대전(經國大典)』에 명시하였다. 개혁군주였던 정조대왕조차도 즉위 초에는 왕실의 원당사찰(願堂寺刹) 건립을 금지하고 승려의 도성 출입을 금하는 등 억불정책을 폈으나, 자신은 아버지 사도세자의 묘소를 옮긴 후 그 명복을 비는 목적으로 능침원찰(陵寢願刹)인 용주사(龍珠寺)를 대규모로 지었다. 연산군이나 중종 등 한때 극도로 불교 탄압에 나섰던 군주들도 있었지만, 속마음의 불심은 대원군에게까지 이어져 그 아버지 남연군(南燕君)의 분묘를 이장하는 대가로 보덕사(報德寺)를 지어 시주하기도 했다. 조정의 사정이 이러했으니 사대부 계층에서도 형편은 비슷해 율곡(栗谷) 이이(李珥)는 어머니 신사임당(申師任堂)을 사별한 후 금강산에 들어가 의암(義庵)이라는 법명을 얻었고, 이로 인해 훗날 정통 성리학자들로부터 비난을 받았다. 세간의 아낙들에게 이런 이중적 상황은 더욱 심해서 조선조를 사실상 외유내불(外儒內佛)이

경복궁(景福宮) 근정전(勤政殿)은 창업기 왕궁의
정전(正殿)으로, 한양 천도사업의 중심 시설이며 조선왕조의
건국 이념과 통치 철학이 대표적으로 표현되어 있다. 그것은
한국인의 심상에 투영된 생태, 환경, 문화, 예술, 과학, 철학,
인문학의 예지를 총체적으로 추출한 사상의 집합체이다.

라고 부를 만했다. 이 또한 실생활에, 특히 건축문화에 크게 반영되었다.

유교를 통치이념으로 채택한 개국공신 정도전은 정신적인 측면에서 사람이 항상 지켜야 할 유교의 다섯 가지 도리, 이른바 오상(五常)이라고 하는 '인의예지신(仁義禮智信)'에 따라 사대문의 이름을 지었다. 동에 홍인문(興仁門), 서에 돈의문(敦義門), 남에 숭례문(崇禮門), 북에 숙정문(肅靖門)이 그것인데, 북대문에는 '슬기로울 지(智)' 자가 들어가야 할 것이나 대신 '꾀 정(靖)' 자를 넣어 숙정문이라 하고, '슬기로울 지' 자는 홍지문(弘智門)에 사용했다.

그리고 도성 한가운데에 위치한 종각(鐘閣)의 이름에는 두루 믿는 마음을 갖게 하자는 의미에서 믿을 '신(信)' 자를 넣어 보신각(普信閣)이라고 부르게 했다. 보신각이 서 있는 한양 도성의 이 중심자리는 우리 역사에서 소중한 의미를 갖는 장소이다. 사대문과 종각으로 오덕(五德)을 펼치며, 특히 마지막 덕인 믿음[信]을 종소리로써 세상에 울려 퍼지게 한다는 발상은 대단히 낭만적이기도 하다. 여기에는 임금만의 특권이자 천기(天機)에 속하는 시간의 측정을 인경(人定, 종소리)을 통해 백성과 나눈다는 아량과 배려가 있으며, 동시에 신라 문무왕의 신탁(神託)인 "소리로 세상을 다스리라"는 만파식적(萬波息笛) 이야기를 연상시킨다. 그래서 종루인 보신각은 그 이름과 의미가 더욱 중요하며 그 중요성이 돋보이는 자리에 세워졌다. 이런 구상은 마치 우리의 기본 색상인 오방색(五方色)처럼 동에 청룡(靑龍), 서에 백호(白虎), 남에 주작(朱雀), 북에 현무(玄武)가 사방으로 있고 그 중앙에 노란색의 황금이 있듯이, 우주질서의 근본인 음양과 오행의 기본배치 위에 도의적 구상과 철학적 정의라는 선언적 의미를 씌운 것이다.

궁궐은 중국 왕실의 법도에 따라 왕궁을 남향으로 하고, 『주례(周禮)』

「고공기(考工記)」⁴에 따라 좌묘우사(左廟右社, 궁을 중앙으로 하여 왼쪽에 종묘, 오른쪽에 사직)를 두고, 방리제(方里制)를 적용하여 도심을 격자형으로 짰다. 경복궁(景福宮)은 전조후침(前朝後寢, 앞에는 조정, 뒤에는 침전) 양식으로 배치되었다. 전조란 '앞에 있는 조전(朝殿)'으로 근정문(勤政門)과 근정전(勤政殿)이 일직선상에 있고, 후침이란 '뒤에 있는 침전(寢殿)'으로 다시 전삼당후일전(前三堂後一殿)인바, 사정문(思政門)과 사정전(思政殿) 삼당과 교태전(交泰殿) 일전이다.

『경회루전도(慶會樓全圖)』⁵에 따르면, 경회루(慶會樓)의 평면, 입면과 주변환경은 모든 것이 『주역(周易)』의 원리에 입각하여 구성되었다고 한다. 경회루가 경복궁에 자리잡고 있는 이유는 그 연못의 물로써 불을 제압하려는 데 있다. 따라서 경회루의 기둥 구성은 물을 상징하는 숫자 6으로 이루어졌다. 이층을 예로 들어, 안쪽 두 겹(內二重) 열다섯 칸의 나무기둥(木柱)은 길이가 '6+6=12척'이며, 바깥쪽 한 겹(外一重) 스무 칸의 돌기둥(石柱)들은 길이가 '3+6=9척', 칸의 폭(長廣)은 각각 '2+6=8척', 대들보는 작은 보(小樑) '2+6=8척', 큰 보(大樑) '6+6=12척'을 아홉 번 사용한다. '9'는 노양(老陽)의 숫자로 양(陽)에 속하고, '6'은 노음(老陰)의 숫자로 음(陰)에 속한다. 양은 위, 음은 아래이므로 기둥이 보의 아래에 있는 것이다.

종묘(宗廟)의 건물들은 제례를 거행하는 의식에 따라 제삿상 위에 제물을 진설하듯이 배치되었다.

서원(書院)들은 배치와 설계와 식수(植樹)에서도 성리학의 격식을 갖추었고, 출향(出鄕)한 선비들의 꿈은 낙향 후 심산유곡(深山幽谷)을 찾아 구곡(九曲)을 경영하며 제자들을 기르는 것이었다.

민간의 주택도 풍수와 음양오행과 사회, 가족제도에 따라 지어졌다. 음양의 조화와 오행의 질서는 우리 조상들에게 세상만사의 근원이었다.

성리학은 건축뿐만이 아니라 풍수와 농사와 음식과 의학과 그림과 음악에도 일관되는 가치였다.

그러므로 우리나라에서 건축은 예술로서 빚어진 조형과 감상의 대상이 아니라, 임금과 선비들과 일반 서민들이 모두 나름대로 가졌던 사상과 철학의 표현이었다. 그것은 서양의 현대건축에서도 마찬가지로, 건축을 하는 모든 행위는 그것을 하는 사람의 이데올로기에 따라 결정되고 행해진다. 예술론자의 건축은 예술품일 수도 있고, 환경론자의 건축은 그것 자체로 하나의 환경 선언일 수 있다.

만해(萬海) 한용운(韓龍雲)이 성북동에 심우장(尋牛莊)을 지으면서 조선총독부가 보기 싫다고 북향(北向)으로 집을 앉힌 것은 그러므로 유별난 일이 아니다.

그 전에는 이런 이야기도 있었다. 조선조 중종 때의 유의(儒醫) 정렴(鄭濂)⁶은 모든 사람이 남향집을 짓는다는 시류에 얽매이지 않겠다며 북향으로 집을 짓고 아호를 북창(北窓)이라고 했다. 그는 천문지리와 인간, 동식물뿐 아니라 귀신의 세계까지 이해한 기인(奇人)이고 무불통지(無不通知)의 천재였으며, 태어나면서부터 말을 할 줄 알았고 배우지 않은 외국어를 모두 알았으며, 대낮에 그림자가 없었다고 전한다. 그런 기인에게 북향은 오히려 유별난 일이 아니다.

정사초(鄭思肖)라는 송나라 사람은 나라가 망하자 소주(蘇州)에 은거했는데, 앉거나 누울 때는 항상 남쪽을 향했다. 스스로 호를 소남(所南)이라 하여, 송나라 땅에 대한 그리움과 결코 원나라의 신하는 되지 않겠다는 의지로 난초를 그릴 때 흙을 그리지 않았다. 뿌리가 드러난 그의 노근란(露根蘭)이라는 그림이 사란(寫蘭)의 한 양식으로 오늘에까지 이어지고 있다.

그런 사상, 그 의도한 바가 건전한 것일 때 모든 일에는 좋은 결과가 온다.

영조대왕은 1773년 8월 6일 청계천 호안석축공사(護岸石築工事) 준공식에 친히 납시어 만조(滿朝)의 문무백관을 치하, 위로하고 격려하는 즉석 연설을 했다. "좋은 뜻으로 하는 일은 좋은 결과를 가져온다"면서 "뜻이 있으면 일은 마땅히 이루어지기 마련이다. 무릇 의미있는 일을 하려면 마땅히 먼저 뜻을 세우고 이를 위해 힘써야 한다(有志者 事意成 汎 欲有爲 當先立志 勉之哉)"고 말했다.

이날 일흔넷의 노왕(老王)은 일곱 살의 손자(훗날의 정조대왕)를 동반했다. 그는 왕손에게 대략 이렇게 말했다. "보라. 이것은 완벽하다. 내 오십 년 재위 기간 중 역점 사업은 탕평책(蕩平策)과 균역법(均役法), 그리고 치산치수(治山治水)였다. 앞의 탕평책은 완전치 않으나 균역법과 더불어 이 호안석축은 앞으로 영구히 견고할 것이다. 이제 네가 왕위에 오르면 그 이후 영원히 홍수 걱정은 안 해도 된다." 영조가 친히 쓴 「어제준천명병소서(御製濬川銘幷小序)」[7]에는 1760년에도 청계천의 준설공사를 하는 등 조선조 초기부터 여름마다 역대 임금들의 속을 끓이던 이 문제를 두고 백성을 걱정하는 마음으로 얼마나 노심초사했는지, 어린 손자가 같은 걱정을 다시 하지 않도록 얼마나 배려했는지 잘 나타나 있다.

정조는 왕위에 오른 뒤 아버지 사도세자(思悼世子)를 위해 수원에 화성(華城)을 축조한다. 수원 화성은 단순한 성곽이 아니라 정조의 효성과 정치개혁의 원대한 꿈이 담긴 신도시였다. 정조는 즉위 직후 경기도 양주의 배봉산(拜峰山)에 초라하게 버려져 있던 아버지의 묘를 조선 최고의 길지(吉地)라는 수원 화산(華山)의 융릉(隆陵)으로 옮겨 현륭원(顯隆園)을 조성하고, 그곳에 있던 백성들을 팔달산(八達山) 아래로 이주시켰다. 나중에 이곳의 인구가 늘어나자 이름을 화성으로 고치고 둘

수원성(水原城)은 지극히 실용적으로 지어져서 아름답다.
그 바탕에는 친효(親孝)의 철학, 실학의 지혜, 민본의 사상이 넓고
깊게 깔려 있다. 정조는 석공들의 노임까지 배려하여 넉넉히 주라는
지시를 내렸다. 그렇게 쌓인 성벽의 돌들은, 다른 모든 경우들처럼
채찍질 아래서 원한을 품고 쌓은 돌들과는 분명히 달랐을 것이다.

레에 성곽을 쌓아 신도시를 만들었다.

그보다 백 년 전에 유형원(柳馨遠)이 쓴 『반계수록(磻溪隨錄)』에는 수원을 "본래 있던 화산에서 북쪽의 넓은 들판으로 이전해서 교통과 상업의 요충지로 삼자"는 제안이 있었다. 『반계수록』은 유형원이 서른한 살 때인 1652년부터 은거하면서 국가 체제의 전반적인 개혁에 대한 주장을 담은 책인데, 그의 사후에야 가치를 인정받아 1770년(영조 46년)에 간행되었다. 정조는 수원성역이 끝난 후 "백 년 전에 마치 오늘의 역사를 본 것처럼 이런 글을 미리 쓴 것은 참으로 기이한 일이다"라고 칭송하며 그를 이조참판에 추증하였다.

정약용(丁若鏞)은 수원성 건설에 설계지침이 될 성설(城說)을 썼고, 조심태(趙心泰) 등을 비롯하여 많은 실학자들이 참여해 성곽을 설계하고, 거중기(擧重機), 공심돈(空心墩) 등 새로운 축성기술을 개발하여 원래 십 년을 예상했던 대역사를 이 년 구 개월 만에 끝냈다. 정조는 여기 동원된 연인원 칠십만의 인부들에게 최고의 품삯을 지불했으며, 공사비용은 모두 국가재정이 아닌 왕실의 내탕금(內帑金)에서 조달하였다. 정조의 마음씀은 공사 시작 시점에 내린 교서(敎書)에 잘 나타나 있다. "민심을 즐겁게 하고 민력(民力)을 가볍게 하는 데 힘쓰라. 혹여 백성을 병들게 한다면, 비록 공사가 빨리 진행된다 해도 이는 내가 원하는 바가 아니다."

효성이 지극한 정조는 화성의 축성공사가 한창일 때, 어머니인 혜경궁(惠慶宮) 홍씨(洪氏)의 회갑을 맞아 아버지 사도세자의 묘 가까이에 있는 화성 행궁으로 어머니를 모시고 가서 회갑잔치를 열어드렸다. 정조는 현륭원을 조성할 당시에는 전각 하나만을 지어 머물렀는데, 화성 축성 때는 왕의 거처인 봉수당(奉壽堂)과 집무실인 낙남헌(洛南軒), 그리고 혜경궁 홍씨의 처소로 장락당(長樂堂, 오래 즐겁게 사시라는 뜻의

이름)을 지어 드리고 부속 관청, 행랑 등 육백이십여 칸에 이르는 대규
모의 행궁을 지었다. 정조는 왕위를 물려 준 후에도 상왕(上王)이 되어
어머니와 함께 화성에 머무를 생각을 했던 것이다.

'좋은 뜻'으로 시작된 화성의 성역(城役)은 조선조 역사상 가장 아름
답고 강건한 성채로 완성되었고, 그 결과 또한『화성성역의궤(華城城役
儀軌)』라는 아름다운 준공보고서로 남았다.

정조가 한 일은 일반인이 부모 묘소에 여막(廬幕)을 짓고 몇 년씩 시
묘(侍墓)살이 하는 데에는 못 미치지만, 감동적이다. 그는 화성 나들이
행로인 지지대(遲遲臺) 고개 주변에 대규모의 숲을 조성하였다. 그것
역시 아름다운 마음씨였다. 이것이 조선조 최고의 행복한 시기였던
'영·정조시대'의 세상풍경이다.

독일의 재능있는 건축가 알베르트 슈페어(Albert Speer)[8]는 1936년 베
를린 올림픽의 폐막식에서 대공(對空) 서치라이트를 동원한 '빛의 성당
(Cathedral of Light)'이라는 아이디어를 제공하고 뉘른베르크 나치 전당
대회장을 설계하여 감탄을 받았다. 당시의 영국대사 네빌 헨더슨
(Neville Henderson) 경은 이것을 '얼음으로 지은 성전'이라고 격찬했
다. 슈페어만큼 아이디어가 훌륭한 건축가도 드물다. 그러나 히틀러의
신격화를 위하여 그 과대망상의 건축과 도시계획으로 사람들을 감동시
키려 했던 슈페어의 재능은 한때 성공한 듯 보였지만, 그 뜻이 훌륭하지
못했기 때문에 전쟁이 끝난 후에는 자기 자신조차도 뉘른베르크 전범
재판에서 일급 전범으로 이십 년 형을 선고받고 감옥살이를 해야 했고,
오늘날 그 전당대회장인 제펠린펠트(Zeppelinfeld)는 연합군의 철저한
파괴로 사라져 없어지고 맨땅으로 변해 있다. 나치의 전당대회가 팔 년
동안이나 열렸던 그 뉘른베르크에서 전후 전범 재판이 열려 평화의 도
시라 일컫게 된 아이러니와 마찬가지로, 뜻이 좋지 않았기 때문에 결과

도 좋지 않았던 것이다.

　좋은 뜻으로 시작한 일은 그 결과가 좋다는 믿음은 우리 조상들이 대대로 믿어 온 이상이었다. 그것처럼 우리의 전통건축이 항상 어떤 사상적 신념의 토대 위에 세워졌다는 사실은 대단히 독특하면서도 보편적인 가치를 지닌다. 단군시조의 홍익인간(弘益人間)이라는 폭넓은 사상으로부터 삼국시대와 고려시대를 관통하는 심오한 불교세계를 거쳐 조선조 오백 년을 풍미한 성리학의 체계에 이르기까지, 우리 민족의 역사를 통틀어 면면히 내려온 사상은 유불선(儒佛仙)이 통합된 천지인(天地人)과 인본사상이 바탕이었다. 건축은 터 잡기에서부터 그 사상을 반영하였고, 건물의 성격과 크기를 결정함에 있어서도, 배치와 좌향(坐向)을 판단함에 있어서도, 그 사상과 철학과 신념과 의지를 표방했다. 그 좋은 뜻이란 대체로 순천적(順天的)인 것, 그리하여 생태적이고 친환경적이고 겸손과 절제의 표현이어서, 결과로 만들어진 건축물도 순천적 친환경적 생태적인 보편가치를 지니게 되었다. 그리고 그것은 일일이 의도하지 않았더라도 아름다운 결과물로 남았다. 뜻이 좋으면 결과적으로 아름답고 편안하고 건강한 것이 덤으로 얻어졌다. 아름답게 만들려고 애써서 아름다워진 것이 아니라.

Site 吉地 **집터**

집 터를 고를 때부터 우리는 하늘을 공경하고 자연을 사랑하는 마음으로 좋은 땅을 골라 일구고 건강한 삶의 터를 닦는다는 믿음을 갖는다.

1543년에 풍기군수 주세붕(周世鵬)이 세운 백운동서원(白雲洞書院)은 최초의 사액서원(賜額書院)인 소수서원(紹修書院)의 전신으로, 주희(朱熹)의 백록동서원(白鹿洞書院)에서 이름을 따왔으니, 주희의 사상을 그대로 가르치겠다는 뜻이 확실하게 담겨 있다. 주세붕은『회헌선생실기(晦軒先生實記)』에서 "왼쪽으로는 죽계수(竹溪水)가 휘감아 흐르고 오른쪽으로는 소백산(小白山)이 높이 솟아, 구릉과 산과 언덕과 물줄기가 실로 여산(廬山)에 못지않다. …흰 구름이 항상 골짜기에 가득하므로 감히 이름하여 '백운동'이라 하고, 감회에 젖어 배회하다가 비로소 회헌 안향(安珦)을 위해 사당을 세울 뜻을 갖게 되었다"라고 터 잡기의 의도를 적었다.

이황(李滉)은 대제학에서 물러난 1557년(명종 12년) 도산으로 돌아와 자신이 거처할 도산서당(陶山書堂)과 제자들의 기숙사인 농운정사(隴雲精舍)를 사 년에 걸쳐 지었고, 서당이 완성되자 이곳에서 학문 연구와 후진 양성에 힘썼다.

이황이 도산서원을 지은 이야기를 보면, 집을 짓기 전에 집 지을 터를 잡는 일에 얼마나 고심했는지를 알 수 있다. 『도산잡영(陶山雜詠)』이라는 이황의 시집에 도산서원을 짓는 노학자의 생각들이 피력된 것을 보면, 그는 유학자로서 표면적으로는 불교와 노장(老莊)을 배격하지만, 시(詩)에서는 장자와 신선들의 이야기를 수없이 인용하고 있다는 점에서 흥미를 느끼게 한다. 먼저 그는 서당 지을 땅을 찾는 이야기를 시로 남겨 집짓기에서 가장 중요한 과정인 득지(得地)에 관하여 그 마음의 경지를 보여준다.

계류 위에 지은 서당은 비바람이 불면 침상도 가려 주지 못하여
거처를 옮기려고 경치 좋은 곳을 찾아 숲과 언덕을 누볐네.
어찌 알았겠나, 백 년을 두고 학문을 닦을 땅이
평소에 나물 캐고 고기 잡던 바로 곁에 있을 줄이야.
꽃은 사람을 보며 웃는데 그 정이 얕지 않고
새들은 벗을 찾아 우는데 그 뜻이 심장하다.
다짐하건대 삼경(三徑)을 옮겨 와 거처하겠다 했으니
이 즐거운 곳에서 누구와 함께 향기를 맡을꼬.

風雨溪堂不庇牀
卜遷求勝徧林岡
那知百歲藏修地
只在平生採釣傍
花笑向人情不淺
鳥鳴求友意偏長

誓移三徑來棲息

樂處何人共襲芳

—『도산잡영(陶山雜詠)』「서당 고처 지을 땅을 도산 남동에서 얻음
(尋改卜書堂地 得於陶山之南洞)」

　도산(陶山)의 작은 냇가에 서당이 있었다. "예전에 도자기 가마가 있
어서 그 실상을 들어 도산이라고 이름하였다"라고 다른 시에도 나온다.
그 서당이 작고 낡아서 비바람을 피하기에 역부족이라 이를 새로 지을
생각으로 다른 땅을 찾아 여러 곳의 숲과 언덕을 오랫동안 헤맸다. 여기
서 이황이 풍우를 가려 줄 집을 원하는 것을 보면 우선 그것은 최소한의
공간을 말하는 것이고, 다른 땅을 찾으면서 '백 년을 두고 학문을 닦을
땅'이라고 말한 것은 건축이라는 행위에 우선하여 터 잡는 일을 얼마나
중요시하였는지를 보여준다. 향후 백 년 동안 학문을 닦을 자리라니, 물
론 이를 두고 여러 가지를 생각했을 터이다. 그러다가 결국 마음을 정한
곳이 평소에 늘 다니던 가까운 땅이었다. 그렇게 힘들여 까다롭게 고른
터가 지척에 있었다는 뜻은, 시(詩)에서 말하는 '구승(求勝)'이나 '득
지'가 엄청난 경승지(景勝地)를 말함이 아니고, 사실은 범상한 땅일지
라도 누구와 더불어 무엇을 하느냐에 따라 땅의 의미가 달라짐을 말하
고 있다.
　이황은 또 다른 시에서 "여기는 작은 골짜기가 있어 앞으로 산과 들을
굽어보고 골짜기 속은 깊숙하고 넓으며 바위기슭이 선명하고 돌우물이
감미로워서 머물러 살기에 아주 적당한 땅이다"라고 했다. 이 땅에 집
지을 생각을 하면서, 그는 먼저 도가적(道家的)인 은거자(隱居者)의 정
원을 구상하여 '꽃이 웃는 깊은 정'과 '새가 우는 깊은 뜻'을 함께 나눌
친구, 이곳에서 함께 '자연의 의미' 즉 우주의 원리를 생각하고 토론할

사람들을 생각한다. 학문을 하는 사람이 집을 구상하면서 인간관계를 먼저 생각한 점이 심상치 않아 보인다. 게다가 '삼경을 옮겨 와 거처하겠다'는 마음속의 약속은 좋은 건물을 짓겠다는 어떤 '건축물'에 대한 조형적 의지를 얘기하는 게 아니다. 삼경은 중국 고사에 나오는 소로(小路), 즉 소나무길(松徑), 국화길(菊徑), 대나무길(竹徑)로 대변되는 은거자의 정원인바, 건축보다는 외부공간에 대한 생각이 먼저임을 보여준다. 이에 덧붙여 집을 지으려는 사람이 집보다는 먼저 누구와 함께 '자연을 논할 것'인가를 생각한다. 이것이 건축가, 건축주로서 이황이 가졌던 집짓기의 기본자세이자 생각의 출발이었다.

그 다음으로 퇴계에게 중요한 요소는 남쪽의 '열정(洌井)'이라는 우물과 북쪽의 '몽천(蒙泉)'이라는 샘물이었다. 열정은 '맑은 우물'이다. 깊은 우물물을 두레박으로 퍼 올리듯이 학문의 심층을 탐구하는 것을 의미한다. 그는 열정과 몽천을 남북에 놓고 그 사이에 공부하는 공간을 두었다.

서당의 남쪽   書堂之南

돌우물의 물은 달고 차네.   石井甘洌

천년 오랜 세월 산안개 속에 묻혀 있었으니   千古烟沈

이제는 언제까지나 덮어놓지 말게나.   從古仍冪

—『도산잡영』「오언절구」스물여섯 수 중 '열정'에 붙은 사언시

반면에 몽천은 '깨우치는 샘물'이다. 샘물이 저절로 솟아나와 흘러 퍼지듯이, 학문이란 그 결과를 확산시켜야 가치가 있다는 경구이다. 학덕을 확산시키고 제자를 길러 전파시키는 것은 학문하는 자의 목표이자 도리이다.[9]

돌 사이 우물물이 너무 맑고 차가워   石間井洌寒

저 혼자 있어도 어찌 측은한 생각이 들 것인가.   自在寧心惻

세상으로부터 물러난 사람 여기 터 잡고 엎드려 사니   幽人爲卜居

한 바가지의 물로 샘과 내가 서로의 마음을 얻었네.   一瓢眞相得

—『도산잡영』「오언절구」'열정'

터 잡기에 그렇게 노심초사한 퇴계가 집의 설계에 관여했다는 이야기는 퇴계가 친히 옥사도자(屋舍圖子)를 그려 승려 법련(法蓮)에게 공사를 맡겼다는 것뿐이다.[10] 장인들이 그려 온 시공도면(施工圖面, shop drawing)이나 공사비 내역(內譯)을 승인(approve)했거나 또는 실제로 현장에서 한 치를 높이라든가, 세 치를 낮추라든가 하는 부분적인 지시를 했을 수는 있다. 그는 요샛말로 설계자와 도목수(都木手)를 지도하고 지휘하는 코디네이터(coordinator)로서, 마스터 아키텍트(master architect)나 건축가, 또는 그 외의 아이디어맨, 기술자 등을 고용하여 총지휘를 했다고 보아야 할 것이다. 왜냐하면 『도산잡영』에 기술된 대로 "서당은 세 칸이다. 행례(行禮, 예를 행함)에 편하도록 좌향(坐向)은 정남으로 한다. 이름은 방 한 칸을 완락재(玩樂齋), 대청 한 칸은 암서헌(巖栖軒)이라 하여 재를 서쪽에, 헌을 동쪽에 둔다"라고 한 『명당실기(名堂室記)』의 분위기로 보아, 디테일에는 일일이 관여하지 않은 것으로 보이기 때문이다.

퇴계는 완락재 서쪽 벽에 서가를 만들어 천여 권의 책을 두고 화분 한 개, 책상 한 개, 연적과 지팡이 하나씩, 그리고 침구와 돗자리, 향로, 혼천의(渾天儀)를 넣는 궤를 두었다. 이것이 그의 전 재산이었다. 그러나 선비에게 천 권의 책보다 더한 재산은 없었다.

지금 남아 있는 앞쪽의 도산서당과 농운정사는 그렇게 해서 퇴계 생전

에 지어지고 나머지 건물들은 뒷날 후학들이 보태어 열두 채의 건물이
되었는데, 공부하는 방을 시습재(時習齋), 잠자는 방을 지숙료(止宿
寮), 마루는 관란헌(觀欄軒)이라 불렀으며, 훗날 상덕사(尙德祠)라고
이름한 사당에 스승을 모심으로써 서원의 두 요소인 강학(講學) 공간과
제향(祭享) 공간이 완성되었다. 이 두 공간의 구분과 대립양식은 이후
모든 서원과 향교와 성균관의 모델이 되었다.

농운정사의 건물 형태는 공부를 권장하는 뜻(心體工夫)에서 '공(工)'
자 모양으로 지었다. 선비가 되려고 공부를 많이 하는 것은 조선조에서
출세하는 비결이었다. 거기에는 일방적 지식 탐구가 빠질 수 있는 위험
성이 있었다. 그러므로 공부에도 목표가 있고 도덕적 절제가 필요했다.
그것이 강학과 제향의 두 공간을 병치시킨 의도다.

가난했던 농업사회에서 모든 사람이 선비 생활을 하고자 할 때 '사농
공상(士農工商)'이란 말은 거의 '칠거지악(七去之惡)'이란 말에 버금
갈 만큼 근대화의 걸림돌로 받아들여졌으나, 이중환(李重煥)은 『택리
지(擇里志)』의 서론이라 할 「사민총론(四民總論)」에서 사농공상의 네
부류를 신분계급으로 보지 않고 네 가지 직업으로 보았기에, 벼슬하지
못한 선비는 농·공·상 가운데 한 직업을 택해 일하며 살아야 한다고
하였다. 그래서 "혹시 사대부라고 하여 농·공·상을 업신여기거나
농·공·상이 되었다고 하여 사대부를 부러워한다면, 이는 모두 그 근본
을 모르는 자들이다"라고 했다. 그런데도 사람들이 상인을 비천하다고
본 것은 오로지 그 이문(利文)만을 밝히는 태도를 지적하는 것이고, 공
인을 가볍게 본 것은 그 기술만을 주장하며 큰 것을 못 보는 좁은 안목을
경계하는 것이고, 선비를 높이 치는 것은 그 정신세계를 평가하는 것이
니, 오히려 우리는 이것이 상인과 공인에게도 필요한 정신세계를 강조
한 말로 받아들여야 한다.

율곡 이이는, 스물세 살 때 처가가 있는 성주(星州)에서 자신의 생가이자 어머니 신사임당(申師任堂)의 외가가 있는 강릉으로 가는 길에, 예안의 계상서당(溪上書堂)으로 쉰여덟 살의 퇴계를 찾아가, 이틀을 묵으며 서로를 확인하고 시 한 수를 바쳤다.

시냇물은 수사(洙泗, 공자)에서 나뉘고	溪分洙泗派
봉우리는 무이산(武夷山, 주자)처럼 빼어났네.	峯秀武夷山
살림살이는 경전 천 권이요	活計經千卷
생애는 두어 칸 집뿐이로다.	生涯屋數間
회포를 푸니 맑은 하늘에 달이 떠오르는 듯	襟懷開霽月
웃으며 나누는 얘기는 거친 물결을 잠재우네.	談笑止狂瀾
소자는 도를 듣고자 함이니	小子求聞道
반나절 한가로움 헛되이 보냈다 마옵소서.	非偸半日間

퇴계 선생이 이에 화답했다.	退溪和云

내 병들어 문 닫고 누워 봄이 온 줄 몰랐는데	病我牢關不見春
그대 만나 이야기를 나누니 심신이 상쾌하구나.	公來披豁醒心神
선비의 높은 이름 헛되지 않음을 알았는데	始知名下無虛士
지난 날 사귀지 못해 심히 부끄럽구려.	堪愧年前闕敬身
깨끗한 곡식에는 강아지풀 용납할 수 없고	嘉穀莫容稊熟美
새로 닦은 거울에는 티끌도 해가 되니	遊塵不許鏡磨新
부질없는 이야기는 모두 제쳐 놓고	過情詩語須刪去
힘써 공부하여 우리 서로 친해 보세.	努力功夫各日親

—『율곡선생전서(栗谷先生全書)』33

병산서원(屛山書院)의 입교당(入敎堂)에서 보면, 만대루(晩對樓)가 병산(屛山)과 낙동강의 전망을 여러 개의 그림틀로 나누어 보여준다. 만대루에서 보면 강 건너 병산이 앞을 가린다. 병산서원의 건축이 의도한 하나의 교훈이다.

한 시대를 이끈 두 선비의 첫 만남에서 나이가 훨씬 위인 퇴계는 이때부터 이율곡을 자기와 같은 반열에 두고 아꼈다. 율곡은, 퇴계가 애초에 '삼경을 옮겨 와' 함께 우주의 원리를 토론하고자 했던 학문의 동반자가 된 것이다. 훗날 기묘사화(己卯士禍) 때 억울하게 죽은 정암(靜庵) 조광조(趙光祖)가 복권되었을 때 퇴계가 그의 행장(行狀)을 짓고 율곡이 비명(碑銘)을 쓴 것은, 두 사람의 정치적 지향과 학문적 기조가 일치하였음을 보여준다. 이로써 퇴계가 도산에 터를 잡아 계상정거(溪上靜居)를 세운 뜻이 이루어졌다. 그리고 그 결과로 퇴계의 『성학십도(聖學十圖)』[11]에 이어 율곡의 『성학집요(聖學輯要)』[12]가 지어졌다. 삼경을 옮겨 오는 일은 학교를 하나 짓는 것과는 다른 일이었다. 그는 우주의 질서에 기대어 학문하는 분위기를 만들고 그 의미를 되살리면서 사람을 기다린 것이다.

1567년 즉위한 나이 어린 선조(宣祖)가 여러 대신들의 중지(衆志)를 모아 나라의 교육과 풍속에 기강을 세워 달라고 예조판서를 시켰지만, 퇴계는 이곳에 은거하며 조정의 부름에 응하지 않았다. 기대승(奇大升)과 율곡 이이가 간곡하게 권하고 주장했으나 그는 도산에 숨어 『성학십도』를 완성하고 이를 대답 대신 올려 보냈을 뿐이다.

그는 1570년 세상을 떠나 이곳에서 멀지 않은 곳에 묻혔다. 조정에서는 이례적으로 공적조서조차 꾸미지 않고 영의정에 추증하고 문순(文純)이라는 시호를 내려 생전의 공덕을 기렸고, 역대 조정은 도산서원에 예관(禮官)을 파견해 제사를 모셨다. 도산의 제자들로는 세 정승을 비롯해 직접 지도를 받은 당대의 대표학자, 정치가, 문장가 삼백예순여덟 명이 『도산급문제현록(陶山及門諸賢錄)』에 기라성처럼 올라 있다. 후대의 사숙제자(私塾弟子)로도 성호(星湖) 이익(李瀷)과 다산(茶山) 정약용(丁若鏞)을 대표적으로 꼽는다. 성호는 스승에 대해 '이자(李子)'

라는 최고의 존칭을 헌정했다. 우리나라 사람으로 자(子)라는 존칭을 붙인 사례는 퇴계 선생을 위시해 안향(安珦)을 안자(安子), 송시열을 송자(宋子)로 부른 외에는 다시 없다.

사후 사 년 만에 제자와 유림(儒林)들이 그의 학덕을 숭모하여 서원을 세웠고 선조가 현판을 내렸다. 전교당(典敎堂)에 걸린 도산서원 현판은 명필 석봉(石峰) 한호(韓濩)의 친필이다.

퇴계는 『성학십도』의 첫머리에 태극도를 그렸다. 그리고 제일 먼저 "극이 없는 것이 태극이다(無極而太極)"라고 설명을 붙였다. 퇴계는 이 수수께끼 같은 그림을 자연의 길과 사람의 길을 보여주는 설계도라며, "길은 형태가 없고 하늘은 말씀이 없다(道無形象 天無言語)"라고 말한다. "우주에는 최고의 실체가 존재하며 그 활동은 영원하다. 그 우주의 배꼽에서 천지가 태동했다. 태극이 움직여 양(陽)을 낳았고, 양은 활동의 극치에서 다시 정지 또는 수축으로 돌아간다. 이 순환의 과정에서 해와 달, 낮과 밤이 생기고 남자와 여자가 생겼다. 아이는 어른이 되다가 다시 아이가 되고 결국 흙의 자궁으로 돌아간다. 이 거대한 순환과 왕복과 회귀의 과정에서 죽는 것은 없고 사라지는 것이 있을 뿐이다."

퇴계는 『성학십도』 전체를 관통하는 중심에 '경(敬)'의 사상을 두었다. 경이란 언제나 깨어 있는 상태, 즉 자기의 안과 밖을 투명하게 바라보는 마음의 수련이다. 이 각성과 주시가 계속되면 악이 침입할 수 없다. 그리고 공자의 이야기처럼 '하고 싶은 대로 해도 규범을 그르치지 않았다'는 경지에 이른다. 이 궁극의 경지를 '천지와 더불어 흐른다'고 말한다. 이 무위(無爲) 속에서 자아는 자존(自尊)에 흐르지 않고, 사물은 형상으로 갈등을 일으키지 않는다. 우리의 가치관은 외형의 추구에 있지 않고 내면의 충실에 무게를 둔다. 소나무에서는 늘 푸른 기개를, 대나무에서는 대쪽 같은 절개를 배운다. 이것은 조선시대를 대표하는

부석사(浮石寺) 대웅전(大雄殿)에서 내려다보이는 소백산맥 연봉.
부석사를 세운 사람들은 옛 신라와 고구려의 국경 관문이었던
죽령(竹嶺)을 경영할 원대한 뜻으로 이런 위치에 터를 잡았다.

사상가 이황이 생각한 것 가운데 지극히 일부분이다.

소위 퇴계학은 근래에 와서 가장 적극적인 일본·중국을 비롯해 독일·영국·미국·중국 등지에서 깊이있게 연구하는 학자가 다수 생겼고, 각국에 학회도 결성되어 국제학술대회까지 여러 차례 열릴 만큼 활동이 활발하다. 그것은 세계적으로도 그만한 가치가 있기 때문이다.

열렬한 개혁주의자 조광조[13]의 도학정치(道學政治)가 현실에서 실패하고 그가 젊은 나이에 억울한 죽음을 당하는 인간사를 뼈아프게 되돌아보면서, 성균관 대사성으로서 관학(官學)을 바로잡고자 했으나 여의치 않자, 퇴계는 서원을 짓고 교육운동을 통한 사림(士林)의 부흥을 염원하여 옛 백운동서원을 소수서원이라는 최초의 사액서원으로 만들고, 이산서원(伊山書院)을 창설하고 도산서당을 만들어 여기서 자신의 이기이원론(理氣二元論)[14]을 교육하는 것을 필생의 업으로 삼았다. 퇴계가 우리 문화와 세계사상사에 끼친 가장 큰 업적이다.

서원은 유가(儒家)의 공간이었지만 불교의 영향으로 가장 아름다운 위치를 골라 세워졌고 그 조직, 운영, 강학 모두가 선종(禪宗)을 모방했다. 서원에서 덕망 높은 선비를 초빙해 산장(山丈) 또는 방장(方丈)이라고 부른 것도 불교의 영향이다. 조선조 억불정책 오백 년의 영향으로 '스님'들은 '중놈'들이 되어 천민보다 낮은 신분으로 심산유곡에 밀려났지만, 그 많은 젊은이들이 출가해 그 많은 사찰들을 유지하고, 호국불교를 표방하면서 국난이 있을 때마다 승병(僧兵)으로 구국 대열에 앞장섰다. 불교의 천오백 년 영향은 우리 역사에서 가벼운 것이 아니다.

대원군이 당쟁의 근원지라면서 서원들을 철폐한 것은, 이들이 사색당쟁(四色黨爭)을 만들어내는 지역 거점으로 인식되었고, 실제로 그 폐해가 우심했기 때문이다. 그러나 그 중 많은 서원들은 오히려 사림파가 왕권에 맞서 민본정치를 만들어낸 정치적 거점이었고, 지역공동체를 지적

도덕적으로 교화시키는 교육 거점이었고, 선비들이 학덕을 펼칠 수 있는 문화 교류의 거점이었다. 그래서 대부분의 서원이 강제 철폐되었음에도 소수서원·도산서원·병산서원(屛山書院)·필암서원(筆巖書院)·옥산서원(玉山書院) 등 사십여 곳은 아직도 원형을 보존하고 있다.[15] 그 원인은 서원들이 좋은 자리를 골라 세워졌기 때문일 것이다. 이역시 부분적으로 불교의 영향이다.

우리의 건축은 그 건축 자체로만 존재하지 않고 주변과 함께 존재한다. 병산서원과 만대루(晩對樓)는 강 건너 병산(屛山) 없이는 의미가 없다. 건축의 배치와 설계는 그 위요(圍繞)의 공간구조로 결정되었다. 이런 사실을 간과하는 것이 우리의 문화재보존법에서 도심의 섬을 만든 현실의 문제점이다. '고도(古都) 보존에 관한 특별법' 같은 광역의 입체적 보존법이 필요한 이유는, 우리 건축이 이처럼 주변과 관련하여 공존하는 특성 때문이다. 건축 이전에 터 잡기를 더 중요시하는 태도는 설계보다 한 차원 높은 상위의 개념이다.

그런데 그 터 잡기의 최고 달인이라 할 이중환은 『택리지』의 발문에서 "거처한다는 것은 내 몸을 편안케 하는 것이며 이는 곧 외적인 것이지만, 마음이 즐거운 것은 여기 있지 않으니 곧 내적인 것이다. 내외적인 것의 분별을 능히 살펴 마치 빈 배와 같은 몸으로 경우에 따라 편안하게 여긴다면 모두가 구석자리를 다투어 앉을 것이니 또 어찌 살 곳을 반드시 가릴 것인가"라고 하였다. 한 마디로 내 몸 편한 곳이 명당이라는 이택리(擇里)의 대가가 내린 마지막 결론은 택리의 필연성에 대한 부정이다. 이 또한 택리의 이점과 이치를 따지는 것보다는 상위의 개념이다.

생태 生態 Ecology

"사람이 살 거처를 정하는 이치에 대해 내가 논해 보겠다. 마땅히 먼저 먹을 물과 땔감을 살펴야 한다. 다음이 오곡이다. 그 다음은 풍속이다. 산천의 빼어남은 또 그 다음이다. 물이 탁하고 산세가 험하면 빼어난 인물이 적고 뜻이 맑지 않다. 이것이 그 대체이다."

다산 정약용의 『여유당전서(與猶堂全書)』에 실린 「발택리지(跋擇里志)」에 나오는 말이다.

사람이 살 곳은 건축을 하기 이전에 그 땅이 결정되어야 하는데, 어떤 땅이 어떤 사람을 만드느냐 하는 것은 사람이 어디에서 태어났는지, 어디에서 성장했는지, 그리고 어디에서 인생을 깨달았는지가 모두 그 땅의 영향에서 온다고 사람들은 믿었다. 그 영향은 땅이 가진 에너지이고, 그 에너지는 여러 형태로 사람에게 전달된다. 사람이 어머니 뱃속에 있을 때, 그리고 태어날 때, 땅의 기운은 성장 에너지로 작용하고 자라는 동안 호흡하는 공기와 섭취하는 음식을 통해 작용한다.

고려시대부터 있었던 '향약(鄕藥)'이라는 말은 제 고장에서 나는 제철 음식이 최고로 좋은 약이라는 뜻이다. 21세기에 들어도 새삼 옳은 말

이다.[16]

"서양인에게 잘 걸리는 암이 한국인에게도 자주 발생하는 한 가지 원인은 식생활의 변화다. 한국인들이 즐겨 먹는 음식 가운데 실험을 통해 항암 효과가 증명된 쉰네 종의 토종음식 중에서 머루는 포도보다 열 배나 뛰어난 항암 효과를, 작두콩은 간암 예방 효과를, 율무도 쌀, 보리, 밀에 비해 더 높은 항암 효과를, 곰취는 고기를 태울 때 생기는 강력한 발암물질인 벤조피렌의 활성을 육십에서 팔십 퍼센트나 억제하는 효과를, 부추는 인삼이나 녹용, 배추김치보다 더 강한 항암 효과를 보였다."[17] 그런데 이상하게도 이 땅의 인삼은 중국 것보다 사포닌이 월등히 많아 신이 내린 약초라 했고, 가시오가피는 시베리아산의 네 배, 중국 것의 여섯 배나 강력하다.

이 향약이라는 오랜 전통개념은 조선조까지 신봉되었고, 드디어 1610년 허준(許浚)에 의해 『동의보감(東醫寶鑑)』으로 집대성된다. 허준이 그 책에 굳이 '동의(東醫)'라는 말을 쓴 것은 중국의 땅과 동식물과 그 사람들의 체질이 우리와 달라 중국 의서와 명백히 구분할 필요가 있어서였을 것이다. 『동의보감』은 향약의 실증적 전통과 조선 성리학의 이상에 합치하여 만들어진 의철학(醫哲學)으로서, 사람의 신체를 하나의 소우주로 규정하고 자연을 닮은 인간은 자연의 원리를 따라 살아야 한다는 일리있는 주장을 편다.[18]

서양 사람들이 믿는 바가 창조론과 진화론으로 나누어지지만, 어느 경우에서나 우주가 생성된 조직 원리와 그 일부로서 인간이 만들어진 원리가 같으리라는 것은 자명하다. 이것은 근래의 지적설계론(知的設計論)[19]으로 보아도 마찬가지일 것이다.

지풍(地風)·지기(地氣)·지온(地溫)은 여러 형태로 감지되는 땅의 에너지를 말하는 용어들이다. 그것들을 알아내는 방법으로서 가장 요긴

한 것이 산을 읽는 '간산법(看山法)' 과 방위를 보는 '향법(向法)' 이다. 건축에서는 그 좌향(坐向)의 중요성 때문에 풍수에 관심이 없는 사람일지라도 건축물의 향(向, orientation)을 따지는 일은 상식처럼 되어 있다. 그래서 지관(地官)들에게는 패철(佩鐵, 나침반 또는 지남철)이 가장 중요한 도구다. 기본적으로 향은 오행과 관련되었으나, 건물의 좌향은 한마디로 동서남북 어디를 향해 앉혀지는가를 말함이고, 때로는 어느 산봉우리를 향하거나 어느 특정 목표물을 향하기도 한다. 한 예로 우리 조상들이 남향을 선호하고 북에서 남으로 경사진 땅을 좋게 본 사실은, 풍수가 기본적으로 친환경적 건축을 위한 에너지 절감형 생태사상임을 보여준다.

풍수는 생태사상이다. 풍수에서는 '경승지(景勝地)란 사람 살 곳이 아니다' 라고 말한다. 구경하는 일과 사람 사는 일을 구분하고, 주거지를 택하는 데에 있어 경승지를 기피하라는 것은 평화로운 주거생활과 안락한 주택건축의 기본적 지침이다. 발뒤꿈치를 들어 발돋움을 하면 눈높이가 조금 더 높아지고 시야가 조금 더 넓어지지만, 사람은 발돋움질로는 오래 서 있을 수가 없다. 긴장감이란 오래가는 것이 아니다. 안락한 거주지라면 나지막한 뒷산과 편안한 전망을 가져야 한다. 가슴이 뛰고 숨이 멎게 하는 절경(絶景)은 사람을 흥분하게 하여 단명케 하고 기막힌 경치는 사람의 기를 막히게 한다는 것이다.

그런 의미에서 프랭크 로이드 라이트(Frank Lloyd Wright)의 낙수장(落水莊, Fallingwater)은 훌륭한 주택이라고 할 수 없다. 지금까지 '건축작품' 으로서 가장 과대평가된 사례다. 폭포 위에 아슬아슬하게 세워진 건물의 아름다움은 사진작가와 관광객들과 어설픈 건축평론가들에게 '작품' 으로 기억될지 모르지만, 거기 살아야 하는 사람들은 폭포의 소음과 물보라와 집 주변 가득한 습기 때문에 큰 고통을 받을 것이다. 더구

내설악 너와집. 사람이 어디에 사느냐 하는 것은 그 사람이 인생을 어떻게 사는가를 말해 준다. 사람은 그가 사는 땅에서 기운을 받고 산다. 그 위에 사회적인 환경이 또 그 사람을 만든다.

나 그 집안에서 생활하며 느끼는 경승지의 감동과 긴장된 조형의 공간감이란 삼백육십오 일 이십사 시간 반복되어 일상화하지 않는다.

라이트는 이렇게 말했다. "산이든 무엇이든 그 위에 집을 지어서는 안 되고, 그것의 일부로, 그것에 속하도록 지어서, 그로 인해 집과 산이 다 같이 서로 더 행복해지도록 해야 한다." 이 말은 그의 낙수장 설계와 너무 동떨어진다. 그는 건축과 주변환경의 조화를 강조한 '유기적 건축(Organic Architecture)'을 주장한 사람이다. 그리고 미국건축가협회(AIA)가 행한 최근 조사에서 '가장 위대한 미국 건축가'로 뽑혔다. 또한 낙수장은 1938년 1월 17일자 『타임(Time)』지의 커버스토리로 다루어진 이래, 미국 건축가들을 대상으로 한 최근 설문조사에서 '최근 백이십오 년 동안 지어진 건축물 중 가장 훌륭한 건축물'로 선정되었다. 최근에도 주간 『더 뉴요커(The New Yorker)』의 건축비평가 폴 골드버그(Paul Goldberg)는 그 뜻을 알기 힘든 이런 찬사를 퍼부었다. "이 집은 20세기를 요약하면서 미래로 나아갈 방향을 제시한다. 라이트는 반세기 동안 건축가로 살면서 그를 사로잡아 온 주제들을 이 뛰어난 건물에 집약, 재현했다. 물론 문자 그대로 반복하고 있는 것은 아니다. 그는 여기에서 관심 범위를 더욱 넓혀 유럽 모더니즘과 자연에 대한 관심, 그리고 건축 구조에 대한 대담한 실험정신을 결합시켜 하나의 눈부신 총체성을 창조해냈다. 낙수장은 수평공간에 대한 라이트의 가장 혁신적인 실험이고, 가장 힘찬 구조적 드라마를 보여주는 작품이며, 인간과 자연의 숭엄한 조화를 구현한 걸작이다."

이 집 주인 카우프만(Kaufmann)은 주말에만 이 집을 사용했고 종당에는 문화유산재단에 기증하여 관광 목적으로 쓰게 했다. 동양이건 서양이건 숨막히는 경승지에 편히 쉴 집을 짓지 않는 것은, 인체의 생리 구조상 같은 원리가 통하는 것이다. 아무리 역사적 영웅 만들기를 즐기는 미국이라고는 해도 건축가는 언행이 일치해야 하고 작품과 함께 건축가의 인격이 거론되어야 할 것이다.

조선왕조의 건국 무렵, 북악산(北岳山)을 배경 삼아 궁을 배치하자는 정도전에 맞서 무학대사(無學大師)는 인왕산(仁王山)을 주산으로 삼아야 한다는 등 좌향 논쟁이 있었다. 조선 중기에는 경복궁보다 창덕궁이 더 명당이라는 여론이 있었고, 일제 때 경복궁 주변에 사는 집권자들의 말년이 좋지 못하자 이곳이 명당이 아니라는 비판도 있었다.

풍수에서 산은 정(靜)하기 때문에 음(陰)으로, 물은 동(動)하기 때문에 양(陽)으로 보는데, 한양은 백두산에서 북한산을 거친 지맥(地脈)이 이어지고 물도 역시 남한강, 북한강이 양수리에서 합류해 한강을 이루어 도시를 휘감으니, 한양은 한 나라의 중심이 될 만큼 산과 수, 즉 음양의 교합이 완벽하다. 명당은 좋은 기운이 모이는 땅이고 그 가운데 기운이 특히 많이 모이는 곳이 혈(穴)이라, 경복궁 터는 서울의 대표적인 혈이다.

서울의 내사산(內四山) 가운데 청룡〔낙산(駱山)〕이 백호(인왕산)와 주작(남산)에 비해 너무 취약하다. 그래서 조선왕조 내내 장자(長子)보다 차자(次子)가 득세했고 외척의 발호가 심했다거나 동쪽의 낙산이 허하기 때문에 같은 방향의 일본으로부터 외침을 받았다는 견해도 있다.

명당수(明堂水)의 부족은 경복궁 창건 때부터 제기된 결점이다. 서북쪽이 낮고 북악산과 인왕산이 돌산이어서 물이 적었기 때문이다. 그래서 태종(太宗)은 궁궐 서쪽에 연못을 만들고 이를 금천(禁川)으로 끌어들였다. 금천은 경복궁 북쪽 신무문(神武門)에서 궁성으로 들어와 경내(境內)를 지난 뒤 근정문 앞을 통과한다. 이듬해 경회루를 축조해 연못을 넓히는데, 이 역시 명당수를 확보해 북악으로 들어온 지기(地氣)와 음양의 조화를 이루도록 한 것이다. 일제도 이같은 뜻을 간파하고 1915

년 조선총독부 건물을 세우면서 금천을 메우고 기의 흐름을 단절했다.

청계천은 북악산과 인왕산 사이에서 득수(得水)해 경복궁을 감싸며 동쪽으로 흐른 뒤, 동에서 서로 흐르는 한강과 합류하여 경복궁 전체를 태극 형상으로 감싼다. 이는 용의 생기가 밖으로 흩어지지 않도록 하려는 목적이다.

경복궁 근정전 뒤에 있는 아미산(峨嵋山)은 경회루 연못을 파면서 나온 흙으로 만든 인공산이다. 크기는 작지만 북악산으로 이어진 맥을 이어받는 곳이다. 침전으로 사용된 교태전(交泰殿)은 뒷면이 요철(凹凸) 즉 남녀교합의 형태를 하고 있는데, 이를 통해 아미산의 기운을 받아들이려는 뜻이다.

사람에게도 그렇듯이 땅에도 팔자가 있다. 어떤 땅은 사람에게 잘 쓰이고 어떤 땅은 버려진다. 또 어떤 땅은 어떻게 쓰일 것인지 미리 정해져 있다. 물이 있어야 살 곳이 되며, 산의 남쪽 자락이 끝나서 평야와 만나는 곳에 마을이 들어선다. 강 하구와 바다가 만나는 곳은 포구가 될 땅이고, 강폭이 좁아서 나루터가 있던 자리는 나중에 길이 나고 다리가 설 땅이다. 북악산 밑은 도성이 들어설 땅이었고, 그럴 경우 용산(龍山)은 외부세력이 강을 타고 와 도성을 노리게 될 숙명을 갖고 있었다. 그래서 청나라 군대가 주둔했고 일본군이 주둔했고 도심의 미군기지가 되었다.

강화도는 한강의 하구에 있어서 외적이 배로 수도를 공략하려면 반드시 거쳐야 하는 위치다. 어쩔 수 없이 미국 군함, 프랑스 군함, 일본 군함에 공격당할 팔자였다. 연(燕)나라 때의 수도 북경은 원(元)·명(明)·청(淸) 세 왕조의 수도였으며, 이에 비해 상해는 강을 끼고 발달한 상업 중심지가 되었다. 그것은 라인 강 하구의 로테르담이 세계 최대의 항구일 수밖에 없는 사연과 같다.

우리 풍수사상에서 가장 독특한 생각은 비보(裨補)의 철학이다. 사람의 팔자가 노력에 따라 고쳐질 수 있듯이 땅이 가진 팔자도 고쳐질 수 있다고 믿는 것이 비보라는 개념이다. 풍수는 명당을 찾는 안목이지만 세상에 완벽한 명당은 없다. 어떤 땅이 명당이 못 될 때, 그것이 조금 덜 미치면 조금만 보완하고 크게 못 미치면 많이 보완해 좋은 지형으로 만든다는 것이 비보의 사상이다. 그리고 사실상 이 비보의 사상은 집터의 부족함을 바로잡는 일에 그치지 않고, 사람들이 자신에게 부족한 부분을 무엇으로 보완하여 좀더 나은 상태로 만들 수 있는가를 늘 생각하는 인격 비보의 개념으로 확산된다.

홍인지문(興仁之門)이라고 한 동대문의 현판이 낙산의 비보를 위한 것이라는 이야기는 그 대표적인 예이며, 광화문 앞의 해태상과 삼성산(三聖山)의 호압사(虎壓寺)도 서울 도성의 화기(火氣)를 눌러 비보하는 사례였다. 이렇게 늘 경계하고 의식을 집중하면 정말로 비보의 효과가 있다.

『산림경제(山林經濟)』[20]에는 명당이 아닌 곳에 나무를 심어서 명당을 만드는 비보의 방법이 실려 있다. 만일 배산임수(背山臨水)의 집터를 찾지 못하면 "동쪽에 버드나무와 복숭아를 심고, 남쪽에 대추와 매화를 심고, 서쪽에 치자나무와 느릅나무를 심고, 북쪽에 살구나무와 벚나무를 심으면 명당이 된다"고 했다. 배산임수라고 말할 때 산은 하늘이고 물은 경작지이다. 산과 물이 만나는 중간지대를 주거용으로 선호하는 것은 전통적인 천지인 사상이다. 이것은 자연을 사람과 일체로 교감하는, 하나의 생명체로 보고 함께 살아가려는 생태사상의 발로이다. 친환경과 건강한 삶은 우리 건축의 목적이 아니라 존재 의미였다. 건축은 형태와 공간으로 이해되기보다 자연의 기운이 어떻게 흘러서 사람에게 건강하게 전달되는가 하는 관점에서 접근해야 한다는 의미이다.

"마을의 지세를 보완할 비보 숲을 조성한 예가 우리나라에는 여러 곳에 있다. 신라 때 함양 태수 최치원(崔致遠)[21]이 조성한 함양 상림(上林)과 1648년 담양의 홍수 피해를 막기 위해 부사 성이성(成以性)이 쌓은 제방에 조성한 관방제림(官防堤林)은 널리 알려진 마을숲이다. 조선총독부가 벌목을 목적으로 대규모 숲만 조사한 것을 보아도 전국의 마을숲은 백마흔한 개였다. 그 옛날부터 최치원 같은 대학자-문인이 태수로서 이런 일을 주도했다는 사실은 중요하다. 그러나 1987년부터 육 년간 시행된 조사에서는 전국의 마을숲이 약 사백 개이며 1938년 조사 때 있던 곳 가운데 아흔두 곳이 숲의 기능을 상실했다."[22]

경기도 이천시 백사면의 송말숲은 풍수지리의 비보이론에 따른 대표적인 마을숲이다. 이 마을은 산줄기로 동서쪽이 둘러싸여 있고, 남쪽으로 터진 곳을 보완하기 위해 약 삼천 평방미터 면적의 숲을 사백여 년 전부터 느티나무 등으로 조성해 관리해 왔다. 마을숲은 낮 동안 주로 부는 골바람과 이 지역 주풍인 남서풍을 막는 방풍림(防風林) 구실을 한다. 숲으로 인해 풍속은 숲 바깥보다 현저히 줄어든다. 남동풍일 때 평균 이십 퍼센트, 남풍일 때 이십오 퍼센트, 남서풍일 때 사십오 퍼센트 정도 줄어든다. 이런 풍속저감 효과는 숲에서 백이십 미터 떨어진 곳까지 미친다. 풍속이 줄어들면 주변보다 온도 상승, 습도 증가, 증발량 감소 같은 미세 기후의 변화가 나타난다. 겨울철 남풍이 불 때는 숲 바깥과 안 사이의 체감온도 차이가 최고 삼 도에 이른다. 숲 안쪽이 바깥보다 온도가 높고 풍속이 약하기 때문에 생기는 현상이다. 여름철에는 마을숲 쪽 기온이 바깥보다 일이 도가 낮다.

풍수에서 '나쁜 기운'을 막기 위해 마을숲을 조성했다는 말은 바람과 산불 등을 종합적으로 검토한 지혜를 당시의 문화적 언어로 표현한 것이다.

백제 무령왕릉(武寧王陵)에서 출토된 두 개의 지석(誌石) 가운데 왕비의 것에는 이런 문장이 있다. "돈 일만 문(文)을 가지고 묘지 한 건(件)을, 을사년(525) 8월 12일 영동대장군(寧東大將軍) 백제 사마왕(斯麻王)이 토왕 토백 토부모 상하중관이천석에게 나아가(訟, 임창순의 해석) 서쪽 땅(申地)을 사서 묘를 만들고 증서(券)로 이를 분명하게 했으니 어떤 율령도 이 영역에는 미치지 못한다.〔錢一萬文 右一件 乙巳年八月十二日 寧東大將軍 百濟斯麻王 以前件錢□(訟)土王土伯土父母上下衆官二千石 買申地爲墓 故立券爲明不從律令〕" 지석 위에는 중국 동전인 오수전(五銖錢) 아흔 개가 꾸러미로 얹혀 있었다.

이는 묘지를 영조(營造)할 때 그 돈으로 묘소(墓所) 땅을 지신(地神)에게서 매입하는 형식을 밟은 것으로, 증서를 작성하고 이 내용을 돌에 새겨 광중(壙中)에 함께 넣는 것은, 즉 무덤을 쓴 뒤에 아무도 이 땅을 침범하지 못하며, 또 유체(遺體)의 안호(安護)를 신에게 부탁한다는 뜻이다. 이를 '매지권(買地券)' 또는 '매산권(買山券)'이라고 부른다. 산자의 집을 지을 때는 물론이려니와 죽은 자를 땅에 묻을 때도 최소한의 땅을 쓰되, 그것도 지신에게서 빌린다는 겸손한 개념이다. 요샛말로 토지와 지하의 소유에 대한 일종의 공개념이다.

한국인의 사고는 천성이 친환경이고 생태적이다. 단군신화를 보아도 환인(桓仁)의 아들 환웅(桓雄)은 인간세상을 부러워하며 내려다보다가 안개수레를 타고 태백산에 내려온다. 즉 환웅이 오기 전에 세상에는 인간이 살고 있었다. 그런데 환웅을 찾아온 것은 곰과 호랑이였다. 곰은 마늘과 쑥을 먹고 백 일을 견디어 웅녀가 되었으나 호랑이는 그것을 버티지 못했다. 용맹하기로 말하면 호랑이가 한 수 위지만 다른 동물을 모두 이기는 용맹성보다는 웅녀처럼 자신과의 싸움에서 이긴 자를 높이 평가하는 우리 민족의 조화공존사상이 여기 녹아 있다. 우리가 음양이라고 말할 때 음을 양에 앞서 언급하는 태도와 같은 것이다. 또한 환웅은 사람이 되기를 원하여 인간세계로 내려왔고, 곰도 사람이 되기를 원하여 여자가 되었다. 그래서 둘은 단군을 낳는다. 신도 짐승도 인간사회로 들어와 어울린다는 인간긍정의 사고가 바로 천지인과 홍익인간 사상이다.

환웅은 풍백(風伯) · 운사(雲師) · 우사(雨師)를 데리고 천부인(天符印) 세 개로 다스리는데, 이 다스림은 기후를 조절하여 만물을 화합시키고 순환시킨다는 사고방식이다. 하늘에서 비가 내려 땅 위의 만물을 키우고 그 물이 모여 강이 되어 바다에 모였다가 하늘로 올라가 구름이 되는 순환의 체계이다. 그것이 생생지리[生生之利, 하늘이 인(人)과 물(物)을 끊임없이 낳는 이치]의 생태사상이다.

서양의 천지창조는 이와 다르다. 창조 때에는 인간이 세상에 없었다. 그래서 하느님이 인간을 만드셨다. 그리고 하느님께서 그들 남자와 여자에게 복을 내리며 말씀하셨다. "자식을 많이 낳고 번성하여 땅을 가득 채우고 지배하여라. 그리고 바다의 물고기와 하늘의 새와 땅을 기어다니는 온갖 생물을 다스려라."(「창세기」 제1장 28절)

온갖 생물을 인간이 지배하는 것은 온갖 생물이 모두 인간의 먹이로서 존재한다는 뜻이다. "인간이 아직 밭을 경작하지 않아서 땅에는 초목이 없었다"(「창세기」 제2장 5절)는 말은 인간이 오로지 그들의 먹이로서 초목을 경작했다는 뜻이다.

이러한 인간관의 차이는 사실 여부를 떠나서 동서양의 자연관에 있어 가장 크게 대비되는 대목이다.

박희병이 쓴 『한국의 생태사상』에는 우리 선조 지식인들의 생태사상이 잘 기술되어 있다. 한국의 전통사상은 아름답다. 거기서는 '생태적 지혜'에 관해 많은 것을 얻을 수 있다. 그 사유는 시적이고 미학적이며, 협소한 인간중심주의를 넘어 인간과 자연, 인간과 만물이 근원적으로

전남 구례군 화엄사(華嚴寺) 구층암의 모과나무 기둥(왼쪽)과 전북 고창군 선운사(禪雲寺)
만세루(萬歲樓)에 쓰인 소나무와 느티나무의 기둥과 들보(오른쪽)들은 다듬지 않은 채
원래의 나무모양을 그대로 살렸다.

동일한 존재로서, 이른바 '생생지리'에 따라 생명의 율동을 노래한다.

　고려 중기의 문인 백운거사(白雲居士) 이규보(李奎報)는 「슬견설(蝨
犬設)」에서 주인공 개의 입을 빌려 만물이 근원적으로 동일한 존재라는
깨달음을 비유적으로 표현한다. 외관의 엄연한 차이에도 불구하고 만물
이 평등한데, 그 까닭은 생사에 대한 동일한 마음과 모든 생명현상의 근
원적 동일성 때문이라고 했다.

　조선시대의 문인 매월당(梅月堂) 김시습(金時習)은 성리학에 바탕을
두고 생명의 현상적 동일성에 주목했다. 기질의 차이로 사람이 만물 가
운데 가장 빼어나기는 하나, 사람과 물(物)이 자연의 이치인 '생생지
리'에 따라 제각기 삶을 영위하고 있다는 점에서 모두 같다는 것이다.

　설봉(雪峰) 강백년(姜柏年)은 인간 중심의 사유를 넘어 인간과 만물
이 일체이며, 저마다 하나의 주체이고, 사유하는 '나'만이 주체가 아니
라 모든 생명, 모든 존재가 주체일 수 있다는 평등안(平等眼)으로 주체
와 객체의 구분을 없앴다.

　자연과학자이자 탁월한 자연철학자인 담헌(湛軒) 홍대용(洪大容)은
'인물균(人物均)'의 관점을 피력한 『의산문답(醫山問答)』에서 그의 분
신이라 할 '실옹(實翁)'을 통해 유가의 인간 본위적 관점을 타파하려 했
으며, 인(人)과 물(物)에는 차별성도 가치의 위계도 없음을 주장해 인
간과 사물, 그리고 자연의 인식에 있어 우리 사상사에 획기적인 전환을
이룩했다. 그는 천문학자로서 우주적 관점에서 광대하게 인과 물에 대
해 사유함으로써, 인간 중심의 관점은 물론이거니와 지구 중심의 관점
으로부터도 벗어나 있다. 하늘의 관점, 즉 절대적인 관점에서 본다면 사
람과 물은 귀하고 천함이 없이 똑같다. 인과 물의 성립에는 기(氣) 외에
도 햇빛[火]과 물[水]이 전제되어야 한다. 생명의 탄생과 활동에는 세
가지 요소가 필수적인데, 하늘과 땅과 해가 그것이다. 그래서 '지구는

만물의 어머니요, 해는 만물의 아버지이며, 하늘은 만물의 할아버지'라고 했다. 인과 물의 형성에 불, 물, 흙의 작용이 필요하다는 생각은 이전에 없었던 관점으로 홍대용의 창안이었다.

계곡(溪谷) 장유(張維)는 개구리의 관점에서 인간을 성찰한 글「와명부(蛙鳴賦)」에서 '묵소자(默所子)'라는 인물과 어떤 '객(客)'의 문답을 통해 생태적 깨달음에 도달하도록 객이 각솔기성(各率其性, 저마다 하늘로부터 받은 본성에 따라 살아감)을 주지시킨다.

어우당(於于堂) 유몽인(柳夢寅)은「호정문(虎穽文)」에서 함정에 빠진 호랑이를 대변하는 '창귀(倀鬼, 호랑이에 잡아 먹힌 사람 귀신으로 호랑이를 따라다니며 먹이가 있는 곳을 알려 준다)'와 '홍씨'의 이야기로 호랑이의 죽음이라는 종결에도 불구하고 계속 여운을 남기며 인간에 대한 근본적 물음을 제기한다.

연암(燕巖) 박지원(朴趾源)은「호질(虎叱)」에서 호랑이의 입을 빌려 위선적인 유자(儒者)를 풍자할 뿐만 아니라 유자에 대한 비판을 넘어 '인간'과 그 '문명'에 대해서도 깊은 성찰과 반성을 제기한다. 특히 인간의 잔혹성과 약탈적 면모를 집중적으로 거론한다. 그는 역시 인물성동론(人物性同論)으로 자연과 인간을 분리하지 않고 내면적으로 깊이 결부시켜 파악한다. 인과 물의 근원적 평등에 대한 주장은 과학(혹은 지식)보다 더 높은 차원이라 할 '생태적 지혜'의 차원이다.

화담(花潭) 서경덕(徐敬德)은 기철학자(氣哲學者)로서 특히 우주에 대해 깊이 탐구했다. 그는 천지만물의 시원(始原)을 태허(太虛)라 하고, 기의 본체인 생극(生克)은 음양의 기본적 운동원리이며, 이 생극의 근거가 태극(太極)이고, 선(善)이란 생화(生化)하는 음양의 이치를 따르는 것이라 했다. 화담의 자연철학이 여기서 윤리학과 연결된다.

상촌(象村) 신흠(申欽)은 유불도(儒佛道)를 넘나드는 회통적(會通

的) 면모로 제자백가(諸子百家)를 취했으며, 노장(老莊)의 큰 영향을 받았다. 성리학에 대한 그의 비판적인 태도나 학문의 진실성 및 실천성은 후대의 실학자들과 상통한다. 그의 『상촌집(象村集)』에 「야언(野言, 숨어 사는 야인의 말)」이란 글이 있다. "차 익어 향기 맑을 제 길손이 찾아오니 이 아니 기쁠쏘냐. 새 울고 꽃이 질 땐 아무도 없다 해도 마음 절로 유유하다. 진원(眞源)은 맛이 없고 진수(眞水)는 향이 없다. … 서리 내려 낙엽 질 때 성근 숲에 들어가 나무 뿌리 위에 앉으니, 나부끼는 단풍잎은 옷 소매에 점 찍는다. 들새는 나뭇가지 사이로 사람을 구경하니, 황량하던 땅이 맑고 드넓어진다."

홍대용은 인물균을 설파했고, 박지원은 인물성동론을 폈다.

감나무에서 감을 딸 때 '까치밥'을 남겨 두는 조상들의 생각은, 인간과 동물이 비슷한 정서를 가졌으며 함께 하나의 공생계(共生界)를 이루며 살아간다는 생태사상의 발로이다.

"꿀벌은 같은 종족과 다른 것을 구별할 수 있고, 코끼리는 동료의 죽음에 애도를 표한다. 쥐는 꿈을 꾸고, 여우는 행복에 겨워 할 줄 알며, 침팬지는 약초를 뜯어 스스로 병을 치료한다. 도래까마귀새는 짝을 맺은 후에는 서로에게 정성을 다한다. 서로의 깃털을 다듬어 주고, 새끼들에게 먹이를 먹이는 중에도 틈틈이 서로의 부리를 부딪쳐 사랑을 확인한다. 수컷 회색 기러기는 짝을 잃으면 다른 짝짓기를 멈춘다. 퓨마의 공격으로 남편 여우가 죽으면 땅에 시신을 묻은 후 주변을 하염없이 맴도는 암컷 붉은 여우도 있다. 인간과 침팬지는 천이백일흔한 개의 아미노산 위치 가운데 다섯 개만이 차이를 보인다. 침팬지는 원래 콩고 사투리로 '모조인간'이라는 뜻이다. 사람도 알고 보면 99.6퍼센트 정도 침팬지인 셈이다."[23]

까치 한 마리가 길 위에 죽어 있고 그 주위에 네 마리가 모여 있다. 차

레대로 한 마리씩 부리로 시체를 가볍게 쪼아 댔다. 이윽고 네 마리 모두 숲 속으로 날아가서 지푸라기를 물고 와 시체 옆에 놓았다. 까치들은 몇 초 동안 묵념하듯 서 있다가 한 마리씩 하늘 멀리 사라졌다. 까치들은 장례식을 치렀다. 까치들은 슬픔을 느끼는 능력을 갖고 있다. 슬픔에 젖은 동물은 혼자서 외딴곳에 앉아 허공을 쳐다보거나, 음식 먹는 것을 중단하거나, 짝짓기에 관심을 갖지 않게 된다. 어느 수컷 침팬지는 어미가 죽은 뒤에 단식하다가 결국 굶어 죽었다. 가장 슬픔을 잘 느끼는 동물은 코끼리다. 짝이나 새끼가 죽으면 며칠 동안 밤샘을 하면서 시체 곁을 떠나지 않고 애도를 표한다.

기러기 떼가 V자 모양으로 하늘을 나는 것은 그것이 유체역학적으로 칠십 퍼센트 정도 더 효율적이기 때문이다. 앞장선 기러기가 피곤해지면 다른 기러기가 교대하고, 뒤따르는 녀석들은 규칙적인 울음소리로 리더의 힘을 돋운다. 도중에 한 마리가 병들거나 다쳐서 낙오하면 꼭 두 마리가 함께 남아 회복을 돕거나 임종을 지켜 준다.

조선조 지식인들은 과학적 실험을 거치지 않고도 이런 사실들을 믿고 있었고, 그들이 공통적으로 지녔던 생태사상은 시대를 초월하여 오히려 21세기를 사는 우리들에게 적용되어야 할 혜안이기도 하다.

다시 『택리지』로 돌아가, "산수(山水)가 없으면 감정을 순화하지 못하여 사람이 거칠어진다. 산수란 멀리서 대하면 사람으로 하여금 큰 포부를 갖게 하여 인물을 만들고, 가까이 대하면 심지(心志)를 깨끗하게 하고 정신을 즐겁게 한다"는 이중환의 이 말은, 우리 조상들의 생태사상이자 터 잡기와 집짓기의 기본사상이었다.

시간 時間 Time

서양건축에서는 벽을 먼저 쌓고 그 위에 지붕을 얹었다. 벽을 쌓는 것은 방어를 위한 것이므로 폐쇄적이다. 벽은 주로 돌로 쌓았다. 우리가 필요로 하는 것은 내부 공간임에도, 돌로 쌓아 공간을 만들 때는 바깥으로 형태가 배어 나오기 마련이다. 어쩔 수 없이 외관으로 보여진다는 사실 때문에 건축은 형태를 만드는 일로 오해되었다. 마치 무엇을 담기 위해 질그릇을 빚는 과정과 동일시되었다.

그렇게 세우고〔建〕 쌓았기〔築〕 때문에, 서양건축을 '건축(建築)'이라 하는 것은 바람직한 표현이다. 그래서 서양건축은 돌의 건축이고 오래 남았다.

그들은 비바람을 피하여 사람을 보호하는 막(Shelter)을 만들었다. 그들은 자연을 극복의 대상으로 삼고 그 정복을 이상으로 생각했다. 인류가 생존하기 위해 자연을 희생해도 좋다는, 바로 그 이기적인 생각이 물질지상주의를 거쳐 오늘날 인문학의 몰락과 생태계 파괴를 가져왔다.

우리 것은 '나무'와 '흙'의 건축이다. 나무와 흙은 손쉽게 구하고 가공도 쉽지만 곧 썩고 닳아 없어진다. 우리는 돌을 써서 오래 남길 줄 몰라서가 아니라 오래 남는 집을 추구하지 않았다.

기둥을 세우고 지붕을 씌우는 일은 '건축'이라고 말하기에 적당하지 않다. 그래서 우리 선조들은 성을 쌓을 때 '축성(築城)'이라 하고, 집을 지을 때는 '영조(營造)'라는 말을 썼다. '만들어 경영한다'는 뜻이다. 여기에는 '집'이라는 하드웨어(구조체)보다는 '생활'이라는 소프트웨어(내용물)가 더 중요하다는 의미가 담겨 있다. 나무와 흙으로 된 우리 건축은 곧 소멸하여 자연으로 되돌아간다. 그러나 오백 년, 천 년 후 주춧돌만 남아 있어도 그 터에는 건물이 복원될 수 있다.

지난날 인류에 벗어난 큰 죄 또는 나라에 대역죄를 지은 죄인에게, 남자는 가족의 씨를 말리고 여자는 종으로 삼고 그가 살던 집은 헐어 없애고 그 터에 물을 대서 연못을 만들어 다시 집을 짓지 못하게 하는, 파가저택(破家邸宅)이라는 형벌이 있었다. 주춧돌만 남아 있으면 그 집은 다시 살아날 수 있으므로 주춧돌을 아예 없애야 한다고 생각했던 것이다. 주춧돌만 있으면 다시 살아나는 집, 그것은 영원한 회귀이며 영구불멸이다.

서양사람들은 돌을 쌓아 영구불멸을 희구했지만 그것은 불멸이 아니다. 그냥 오래가는 듯이 보이는 것이다. 세상에는 카이사르의 개선문과 콘스탄티누스의 원형극장이 너무 많다. 그것들은 제정(帝政) 로마의 황제들이 얼마나 잔혹했던가를 증명해 주고 있을 뿐이다.

고대 도시의 잔해가 증언하는 것은 위대한 제국의 영광이 아니라, '무너지게 마련인 사물의 중심'이다. 카뮈(A.Camus)는 그의 수필집 『제밀라의 바람(Le Vent à Djémila)』(1978) 끝부분에서 알제리의 로마 유적에 대해 이렇게 썼다. "여러 사람들과 여러 인간 사회들이 이곳에서 일어났다가 스러졌다. 정복자들은 이 고장에다가 졸병급(卒兵級) 문명의 자취를 찍어 놓았다. 그들은 위대함에 대하여 저속하고 우스꽝스러운 관념을 지니고 있었으며, 정복한 땅의 넓이로 제국의 위대함을 가늠했다. 신기한 것은 그들 문명의 폐허가 바로 그들의 이상(理想)을 부정하고 있다는 사실이다."[24]

서양건축 역사상 가장 아름다운 건축물 중 하나인 파르테논 신전은 기술이나 구조에 있어 크게 성취한 바가 없다. 어렵사리 돔을 쌓은 것도 아니고 매력있는 디자인을 한 것도 아니고, 구조로 이야기하자면 스톤헨지(Stonehenge)의 린텔(lintel, 上引枋)에서 한 걸음도 못 나아간 구조물이다. 그런데 그것은 아름답다. 그 아름다움은 형태와 공간의 예술성에 있다기보다 신화의 시간성과 역사의 판타지에서 오는 것이다. 그리스 사람들이 지금 하고 있는 것처럼 파르테논 신전의 없어진 부분들을 새 대리석으로 끼워 넣는 복원공사가 완성되어 처음 만들었을 때처럼 페디먼트(pediment, 牔栱壁)의 조각들을 금색으로 칠했을 때, 그 판타지는 사라질 것이다.

수많은 영웅들의 수많은 기념비들은 그들의 불멸을 기원해 세워졌지만, 그것들은 그들의 필멸을 증명했을 뿐이다. 위대한 영웅들이 다투어 기념비를 세워 불멸을 기원한 것은, 역설적으로 그들이 죽음에 대한 공포에 사로잡혀 있었음을 보여준다. 죽음에 대해 의연할 수 있는 진정한 영웅이었다면 그렇게 애써 불멸의 방도를 강구하지 않았을 것이기 때문이다. 그들은 저 유명한, "너희는 흙에서 왔으니 흙으로 돌아가고, 먼지에서 왔으니 먼지로 돌아가리라(「창세기」 제3장 19절)"라는 성서의 말씀을 자주 잊는다.

어느 누구도 인류 최초의 영웅 길가메시(Gilgamesh)만큼 삶과 죽음에 대해 오래 방황하고 깊은 사유를 해 본 사람이 없다. 인간의 운명으로부터 탈출해 불사의 능력을 얻는 일에 삶의 목적을 둔 길가메시에게 시두리(Siduri)가 한 말대로 "불멸은 신들이 가져갔고 인간에게는 필멸을 주었다."[25]

그런데 그 신들이 가져갔다는 불멸도 꼭 신들을 불멸하게 한 것만은 아니었다. 테오티와칸(Teotihuacán)은 '신(神)들이 만든 도시'라는 이름이 말해 주듯이 '해의 피라미드'와 '달의 피라미드'를 중심으로 십팔 제곱킬로미터 넓이에 건설된 아스텍의 고대 도시였다. 아직 그 전체 규모의 십 퍼센트도 발굴이 안 된 거대도시는 해발 이천삼백 미터 고지에, 천문학과 기하학의 엄격한 규칙에 따라 세워졌다. 기원전 1세기에 세워져 5세기에서 7세기 사이에 전성기를 이룬 이곳은 권력을 가진 종교 엘리트들에 의해 지배되던 신정도시(神政都市)였다. '해와 달의 피라미드'는 도시 중앙에 있던 거대한 신전의 기단부이다. 기단만으로 이렇게 크고 높으니 신전이 그 위에 서 있을 때를 생각하면 엄청난 감동으로 사람들을 짓눌렀을 터이다. '달의 피라미드' 지하에서 최근의 발굴로 발견된 수많은 인골들은 아마도 그 신전에 제물로 바쳐진 희생물들이었을 것이다. 달의 피라미드를 정점 삼아 남북으로 뻗은 대로는 폭이 사십에서 백 미터에 길이가 이천오백 미터이다. 누군가 이 길을 '사자의 길(The Causeway of the Dead)'이라고 명명했다. 지금도 이 길의 분위기는 정말 희생물로 바쳐진 처녀들이 제단을 향해 걸어가는 길처럼 느껴진다. 그런데 그들은 그 찬란한 문명과 함께 8세기경에 홀연히 사라졌다. 사람들이 사라지자 그들이 만든 신들도 이제 날개 달린 뱀의 모습으로 고고학자들의 연구 보고서에만 남아 있다.

몽골군은 이십오 년 동안 로마군의 사백 년 정복기보다 더 많은 땅을 복속시켰다. 태평양에서 지중해까지 동서 팔천 킬로미터 길이로, 미국과 캐나다와 멕시코를 합친 것보다 훨씬 더 넓은 지역이었다. 지금으로 보면 서른 개 나라, 인구 삼십억 명이 넘는 유라시아 대륙 전역에 걸쳐 문명인과 미개인이 사는 곳을 막론하고 몽골 기병의 말발굽이 닿지 않

경복궁 마당엔 삼봉 정도전(鄭道傳)이 품었던 경국(經國)의
기본정신이 배어 있고, 세종대왕의 여민락(與民樂)이 들려올
듯하다. 정암(靜庵) 조광조(趙光祖)의 개혁정치와 실패가 이곳에서
일어났고, 왕조의 흥망성쇠가 모두 여기 녹아 있다.

은 곳이 없었다. 인류 역사상 최초로 구축된 사실상의 세계 체제였다. 그때 칭기즈 칸(Chingiz Khan)의 종족은 겨우 백만 명이었고 세계를 공포에 떨게 한 몽골 전사는 십만 명에 지나지 않았다.

18세기 계몽주의자 볼테르(Voltaire)는 그를 가리켜 '오만하게 왕들의 목을 짓밟은 파괴적인 압제자'로 묘사했고, 우리 또한 고려시대의 고달픈 압제 생활만을 기억하지만, 이런 평가는 종합적이 아니며 전체로 보아서는 엄청난 왜곡이다.

이와는 반대로 영국 최초의 작가 제프리 초서(Geoffrey Chaucer)는 『켄터베리 이야기(*The Canterbury Tales*)』에서 "이 고귀한 왕의 이름은 칭기즈 칸이었으니 그는 당대에 큰 명성을 떨쳐 어느 지역 어느 시대에도 그렇게 뛰어난 군주는 없었다"고 묘사했다. '보편주의자' 칭기즈 칸은 최초로 국제법을 만들어 '법의 지배'를 국가 원리로 삼았다. 기독교와 이슬람교와 불교 같은 모든 종교에 관용을 베풀었고 종교간의 대화를 주선했으며, 선거와 우편제도와 공립학교 등 근대적 문화를 이룩하였다. 그러나 놀랍게도 이 세계사적 위업은 이후 칠백 년 동안 완벽하게 잊혀졌다. 건설자 칭기즈 칸은 사라지고 파괴자 칭기즈 칸만 기억에 남았다. 몽골인은 피에 굶주린 전형적인 야만인이 되었다.[26] 역사는 많은 경우 진실을 왜곡한다.

그들은 개선문을 세우지 않았다. 어떤 기념물도 없다. 칭기즈 칸이 어디에 묻혔는지, 무덤이 어디에 있는지 알려져 있지도 않다. 그렇지만 그들은 지구상에 누구도 지울 수 없는 문화의 개선문을, 복속의 기념비가 아니라 용융(熔融)의 기념비를 세웠다. 정복자로서 칭기즈 칸은 알렉산더와 카이사르와 나폴레옹을 훨씬 능가했지만, 그의 진정한 위대함은 문명의 발흥에서 돋보인다. 그는 파괴자가 아니라 건설자였다. 몽골군은 문명을 실어 날라 동과 서를 교류, 융합시켰다. 단절되었던 비단길

(silk road)이 복원되어 풍요로운 '자유무역지대'가 되었고, 몽매하던 유럽에 '세계 인식의 대전환'을 가져왔다.

그러고도 그들은 정복지의 사람들을 채찍으로 혹사하여 자신들의 업적을 뽐내는 개선문을 세우지 않았다. 그들은 산뜻하다.

그러나 몽골이 망한 후 이를 계승하여 최대의 유목제국을 세운 아미르 티무르(Amir Timūr, 帖木兒)는 정복지에서 약탈한 물자와 포로가 된 노예들을 부려 그 수도 사마르칸트에 거대한 궁전인 악사라이— '백색의 궁전'이라는 뜻—를 짓고 그 정면 벽에 이렇게 새겼다.

"티무르의 위대함을 보려면 악사라이의 거대함을 보라."

그러나 오늘날 그 궁전은 정면 벽만 남아 있고 티무르를 기억하는 자는 별로 많지 않다. 게다가 거대 건축물과 호화 도시에 집착한 나머지 가장 사랑했던 왕비 비비 하눔(Bibi Khanum)이 궁을 짓겠다며 이란에서 데려온 젊은 건축가와 사랑에 빠지자 이를 질투하여 두 사람을 처형하는 비극을 초래한다. 허무의 극치다.

법정(法頂) 스님은 2006년 하안거(夏安居)를 끝내고 "모든 것이 한때다. 영원한 것은 없으니 한때에 집착하는 것을 버려야 한다"고 말했다. 그런데 성철(性澈) 스님이 입적(入寂)한 후 해인사(海印寺) 경내에 거금을 들여 세운 성철 사리 부도탑은 그 문도들이 주장해서 세워진 것이었지만, 스님 자신이 이 일을 보았다면 크게 역정을 내실 일이다. 평생을 가사장삼(袈裟長衫) 한 벌을 꿰매어 입으신 분이 그 거대하게 반들거리는 석조 조형물을 보았다면 틀림없이 생전에 상좌승을 야단치던 대로 '너 이놈아, 이 뭣들 하는 짓이냐'라고 혼내셨을 것이다. 훌륭하게 모시고 싶은 것은 우리들 마음일 뿐, 본인이 그걸 반기셨을지는 의문이다.

최치원이 왕명을 받아 쓴 하동 쌍계사 「진감선사대공령탑비문(眞鑑禪師大空靈塔碑文)」을 보면, 신라 문성왕(文成王) 때의 큰스님 진감선

종묘(宗廟)의 어도(御道)는 신도(神道)다.
시간을 초월하여 사자(死者)와 교통하는 길이다.
대문에서 혼전(魂殿)을 향한 이 길은 지상에서
영원으로 열려 있다.

사에 관한 다음과 같은 기록이 있다. "대중 4년 정월 9일 새벽 문인(門人)에게 말하기를 '만 가지 법(萬法)이 다 공(空)이니 내 장차 가려 한다. 하나의 마음(一心)이 근본이니 너희들은 힘쓸지어다. 탑으로써 형해(形骸)를 갈무리하지 말고 명(銘)으로써 행적을 기록하지 말라'고 말을 마치자 앉아서 열반에 들었다…. 문성대왕이 청정(淸淨)한 시호를 내리려 하다가 그 유계(遺戒)를 듣고 부끄러워하며 이를 그만두었다. 삼기(三紀, 삼십육 년)가 지난 뒤… 헌강대왕(憲康大王)이 지극한 덕화(德化)로 넓히고 진종(眞宗)을 흠앙하여 진감선사라 추시(追諡)하고 대공령탑이라 이름하여 전자(篆字)의 새김을 허락하므로 아름다운 이름을 영구히 하도록 했다." 사람의 죽음과 시간의 미래에 대한 생각이 이쯤은 되어야 가히 사람들이 선승(禪僧)이라고 우러러볼 터이다.

2000년 11월 5일 한 장의 사진이 일본 고고학계의 역사 조작을 생생하게 보여주었다. 당시 쉰 살이던 도호쿠(東北) 구석기문화연구소의 후지무라 신이치(藤村新一) 조사단장이 발굴조사 중이던 유적지에서 자신이 소장하고 있던 구석기 유물을 자신이 판 구덩이에 파묻는 장면을 찍은 마이니치 신문기사였다. 일본 구석기 연구 발굴의 제일인자인 그는 한 달 전 이 유적에서 "약 육십만 년 전 원인(原人)의 주혈적(住穴跡)과 칠십만 년 전 석기 등 서른한 점을 발견했다"고 발표했었다. 그는 구석기시대 전기 유적으로 알려진 홋카이도 소신후도자카(總進不動坂) 유적의 석기도 자신이 조작한 것이라고 털어놓았다. 이에 따라 일본의 전기 구석기 연구는 근본적 재검토가 불가피하게 되었다.

그는 왜 구석기 유적을 조작하여 그 시대를 계속 올려야만 했을까. 일본의 역사가 중국이나 한국보다 더 오래되었으며 그들의 문화연대가 올라간다는 것을 증명하여야 하는 강박관념과, 일본이 고대에도 선진국이었으며 세계를 지배했다고 하는 신화 구성을 위한 필요 때문일 것이다.

후지무라의 발굴은 당연히, 누가 보아도 이상하게 느껴지는 의문들이 많았다. 그러나 일본 고고학계는 이를 간과했고 검증하려 들지 않았다. 이 어처구니없는 역사 조작은 그래서 그 혼자만의 '일인극'이 아니라는 얘기도 나온다. 자신들의 문화연대를 올리기 위한 조작극은 아직도 국수주의자들이 일본학계에서 큰 영향력을 가지고 있음을 말해 준다. 인위적 가공에 의해 시간을 거슬러 역사의 지평을 넓혀 보려 한 그들의 노력은 처절하다. 임나일본부설(任那日本府說)과 광개토대왕비, 칠지도(七支刀) 음각문, 『니혼쇼키(日本書記)』에서부터 고종황제의 수결(手決)을 거쳐 대동아 공영권과 독도 영유권에 이르기까지 조작의 시도는 다양했다. 그러나 역사의 진실과 시간의 흐름은 조작될 수가 없다.

이 사건의 가장 큰 교훈은 글로 씌어진 모든 역사의 왜곡 가능성이다. 조선의 사관들이 죽음으로 사초(史草)를 지켰던 이유가 그것이다. 우리는 칠십만 년 전 유인원의 돌도끼에서 그들의 손자국을 느낄 수 있다. 그것만이 돌에 새겨진 기념비의 과장된 문구보다 진실에 가깝다.

우리의 주거와 사찰과 궁궐들은 모두 그 땅을 자연에서 빌리고, 집은 자연에 덧대어 짓는다는 개념에서 출발한다. 그리하여 그것들은 항상 원래 상태로 돌려질 수 있고, 없어졌다가도 복원 혹은 중건될 수도 있다. 거기에는 유불선(儒佛仙) 삼천 년의 가르침과 깨달음이 고스란히 녹아 있다. 그것은 기술이나 예술의 술(術)이 아니라, 우주적으로 삶을 이해하는 하나의 도(道)로서 시행되었다.

도는 미묘하여 말로 표현할 수 없는데 억지로 이름하여 도라고 하였다. 말로 표현할 수 있는 도는 진정한 도가 아니다.[27]

생자(生者)는 필멸(必滅)이다. 죽음이 있어서 생명은 아름답다. 죽음은 그것으로 끝이 아니라 새 생명을 위한 것이기 때문에 필연적이다.

미국의 옐로스톤 국립공원에서 1988년 번개로 인한 큰 산불이 일어나

공원 서쪽의 삼분의 일을 태웠다. 원인은 자연발화로 추정되었는데, 당국은 '렛 잇 번(Let it burn)' 이라는 식물학자들의 주장에 따라 불을 끄지 않았고 이 불은 석 달이나 지속되어 큰 피해를 입히는 듯했다. 그런데 '자연소진정책(Natural burn policy)' 이라고 하는 이 새로운 정책의 결과는 훗날 숲이 훨씬 더 빨리 회복된다는 사실을 보여주었다. 오백 년 이상 된 늙은 삼나무들이 타 죽은 후 새로 자란 나무들로 숲은 더욱 건강해졌다. 번개에 의한 자연발화는 숲을 건강하게 하는 섭리였던 것이다. '씨앗 발아' 에 의해서가 아니고, 오히려 늙은 나무들이 불에 탄 뒤 그 주된 뿌리 한 개로부터 다섯 개 정도의 움싹(萌芽)이 다시 올라와 자라나기 때문이다. 산불은 재앙이 아니라 자연이 스스로를 정화하는 과정이었다.

기본적으로 인간이 지구상에 돌이나 스테인리스스틸로 영구적인 건축 구조물을 만들겠다는 생각과 행위는 죄악이다. 콘크리트로 지은 집은 이십 년 후에 또 하나의 산업 폐기물이 되지만, 강철로 지은 집은 녹이면 다시 강철로 재생되고 나무로 지은 집은 흙으로 되돌아갔다가 나무로 되살아난다.

Space 空間 공간

지붕은 하늘(陽)을 한정하여 사람 살 공간을 구획하고, 기단(基壇)은 대지(陰)를 한정하여 살 공간을 구획한다. 그리고 지붕과 기단 사이에 생긴 공간에 사람이 들어가게 된다. 이것이 단군신화 이래 우리에게 전해진 천지인(天地人)의 사상이다. 그래서 지붕은 양이고, 기단은 음이고, 사람 살 공간은 중용(中庸)이 된다.

지붕은 형태를 위한 것이 아니다. 햇볕을 가리고 비바람을 피하기 위한 것이다. 그래서 지붕은 모두가 맞배지붕을 원형으로 하여 변형된 모습들이다. 같은 모양이 겹쳐 있거나 꺾여 있거나 중복되고 반복될 뿐이다. 원, 삼각형, 사각형, 육각형, 팔각형 또는 다른 곡면 같은 형태를 만들 때는 단지 파격(破格)이 필요한 때뿐이다.

'형태는 기능을 따른다(Form follows function)' 라는 근대건축의 표어는 우리의 것이 아니었다. 우리는 기능에 따라 다른 형태를 만들지 않았다. 우리는 기능이 달라질 때 다른 공간을 필요로 하지 않았다. 우리의 공간은 스스로 변신하여 달라진 요구를 수용하였다.

하늘을 상징하는 지붕은 그 중심 뼈대인 용마루가 가장 의미심장하

소쇄원(瀟灑園)의 광풍각(光風閣). 모든 공간은 무엇인가로
채워지기 위해 비어 있다. 사람들은 이 빈 공간을 여러 가지
방법으로 채울 수 있다. 그 해답은 하나가 아니다.

다. 용마루의 양쪽 끝에 세운 치미(鴟尾)와 취두(鷲頭)는 하늘의 상징인 용을 잡아먹는 물고기의 꼬리와 독수리의 머리를 말한다.[28]

지붕은 용마루를 중심으로 수키와·암키와가 만드는 기왓골이 수막새·암막새로 마무리되는 조합으로, 새의 날개나 깃털과 같다. 막새기와의 귀면(鬼面)을 필두로 치미와 취두, 토수(吐首), 잡상 등 모두가 하늘로부터 오는 액을 막아 준다고 믿었다. 잡상들은 『서유기(西遊記)』에 등장하는 열 명의 인물과 토신을 형상화하여 하늘의 잡귀를 막으려 한 희화적 장치이다. 새 모양의 수막새 기와는 지붕이 하늘임을 상징한다.

기둥은 기단의 연장이다. 그래서 기둥은 땅을 상징하며, 지붕과 기단 사이의 빈 공간은 중성이 된다. 이것은 다시 천지인 사상의 반복으로 의철학(醫哲學)에도, 식문화(食文化)에도, 음악에도, 심지어는 한글 창제에서도 중심 사상이 되었다.

'천원지방(天圓地方)'. 하늘은 둥글고 땅은 네모나다. 그 사이에 사람이 있다.

그 천지인의 철학들이 밖으로 배어 나와 하나의 건축이라는 실체를 이루어 우리 눈에 비친다. 그렇게 배어 나온 아름다움은 그 안에 내재된 사상이고 그것을 만든 사람들의 인격이다. 우리의 건축에서 형태는 거기 서 있지만 움직이고, 없어지고, 다시 나타날 수도 있으며, 공간은 비어 있으되 가득 차 있다. 공간의 내부와 외부가 하나이기 때문이다. 우리의 건축은 우리의 철학사상 그 자체이고, 그래서 우리는 건축이 인문학적인 접근으로만 이해될 수 있다고 믿는다.

어떤 사람이 천문과 지리에 능통했다면 그 사람은 대단한 사람이다. 옛날부터 비상히 공부가 많은 사람을 말할 때 '궁천문(窮天文) 통지리(通地理)'란 말을 썼다. '천문의 끝자락에 닿아 있고 지리를 통달했다'는 뜻이다. 하늘을 공부하는 것은 천문(天文) 즉 하늘의 문학(文學)이고, 땅을 공부하는 것은 지리(地理) 즉 땅의 이학(理學)이다. 하늘과 땅을 문과와 이과로 나눈 데는 이유가 있다. 하늘과 땅 사이에 있는 사람을 공부하는 인학(人學, humanity)을 인문학(人文學)이라고 한 것은, 사람을 연구하는 일이 사람 된 이치를 통달해서 되는 일이 아니고, 사람의 삶과 생각을 인문학적으로 받아들여야 하기 때문이다. 그것은 어쩌면 인문(人文)의 학(學)이 아니라 인(人)의 문학(文學)인지도 모른다. 건축은 인문학이기 때문에 오늘날 인문학의 위기와 몰락은 건축의 위기와 몰락이다.

사찰건축의 아름다움에는 공식이 없다. 부처님의 아름다움이 때로는 묘령의 여성으로 나타나기도 하고 다섯 살 난 어린 동자의 모습으로 나타나거나 연꽃의 모양으로 변상(變相)하기도 하고, 심지어는 무상(無相)이라고 말해지듯이 아예 형체가 없어지기도 하는 것과 같다.

정자가 아름다운 것은 물이 함께 있기 때문이라고 한다. '물 좋고 정자 좋은 곳 없다'는 말은 그래서 둘 다 좋기가 힘들다는 뜻으로 쓰이는데, 우리의 경우 정자는 정자만으로 존재하지 않음을 말하는 것이다.

우리의 모든 사찰건축은 고승들의 터 잡기에서 시작된다. 사실상 이는 절집 짓는 일보다 더 중요하다. 어느 곳을 가든지 "신라 때 도선국사(道詵國師)가 창건하고 임란(壬亂) 때 소실된 것을 중건했다"는 식으로 씌어 있다. 그러므로 모든 사찰건축은 그 터가 중요하고, 건축은 그 위에 서 있다가 없어질 수도 있고 다시 세워지기도 한다. 건축이 없어도 절터는 아름답다. 수백 년 폐사지(廢寺址)라도 그 자체로 아름답다. 건축은 다시 세워지고 아름다움은 되살아난다.

우리의 모든 사찰과 서원이 아름다운 풍광 속에 세워지는 이유는 정진(精進)과 강학(講學)과 제향(祭享)을 위해 정주사회(定住社會)와 멀리 떨어진 곳에 자리할 필요가 있었기 때문이다. '절간같이 고요하다'라는 말에서처럼 산사(山寺)가 고요하다 해서 스님들이 모두 잠들어 있는 것이 아니다. 사람들은 그 정적 속에서 치열한 철야 용맹정진과 면벽수도의 내공이 쌓이고 있음을 안다. 우리 건축에서 느끼는 감동이란 서양건축의 그것과는 근본적으로 다르다. 그것은 건축적 감동이 아니라 인간적인 내면의 감동이다.

장혼(張混)은 이렇게 말했다. "아름다움은 스스로 아름다운 것이 아니라 사람으로 인하여 빛이 난다.(美不自美 因人而彰)"[29]

장혼이 그런 말을 할 수 있었던 것은 그의 사람됨으로 보아 당연해 보인다. 그는 중인 출신의 학자이며 위항시인(委巷詩人)으로, 정조의 감인소(監印所)에 교서관(校書館) 사준(司準)이 되어 서적 편찬에 종사하였으며, 인왕산 옥류동(玉流洞, 지금의 옥인동)에 '이이엄(而已广)'이라는 아호의 집을 짓고 천수경(千壽慶) 등과 함께 송석원시사(松石園詩社)의 중추적 구실을 하였다.

사준이란 출판물의 편집과 교정을 맡은 정구품의 잡직(雜職)으로, 기술직 중인들이 맡는 말단 벼슬이었으나, 규장각의 여러 고관들이 모두 칭찬하여 그에게 일을 맡겼다. 책 한 권을 다 만들면 으레 품계를 올려주는 법인데, 그는 번번이 받지 않고 사양하였다. "적은 봉급은 어버이를 모시기 위해 받지만, 영예로운 승진은 제가 욕심낼 일이 아닙니다." 그래서 정조는 봉급을 더 많이 주었다. 모친상을 당한 삼 년을 빼고는 1816년까지 줄곧 사준으로 일하며, 사서삼경을 비롯해 『이충무공전서(李忠武公全書)』『규장전운(奎章全韻)』 등 여러 책들을 간행하였다. 정조의 문집인 『홍재전서(弘齋全書)』도 그가 교정을 보았다. 그는 인왕산 서당에서 천수경과 함께 천자문으로 아이들을 가르쳤는데, 더 좋은 교과서가 필요했다. 중국의 '천자문'이 좋은 교과서가 아니라는 점에 대해서는 이미 다산 정약용을 비롯, 많은 학자들의 비판이 있었다. 그가 처음 만든 대안 교과서는 아이들이 배워야 할 내용을 가려 뽑은 『아희원람(兒戲原覽)』이다. 인쇄 전문가였던 그는 스스로 필서체(筆書體)의 목활자를 만들었다. 크기가 작지만 솜씨가 정교하고 모양이 예뻐서, 이 활자로 찍은 책들은 금속활자본과 달리 부드러운 맛이 있다. 장혼은 아름다움이 스스로 아름답지 않고 사람으로 인해 빛을 낸다는 사실을 증거하는 사람이었다.

우리 조상들의 책읽기 습관은 괄목할 만했다. 어느 집에서나 어린이들은 철들면서부터 책읽기로 공부를 시작했고, 책을 읽지 않는 청년은 폐인이라 불려 마땅했다. 규방 처녀들조차 기본적으로 떼어야 할 서적 목록이 있어서 그 중 어디까지 읽었느냐를 가지고 교양과 품위를 잴 수 있었다. 남자는 기본적으로 사랑채에서 생활하며 독서를 바탕으로 그림, 글씨, 음악을 병행하며 교우하고 사색하였다. 말하자면 한국의 건축공간이 담아야 할 가장 중요한 인간활동은 '독서'라 해도 과언이 아니었다. 서양의 건축공간에서 잠자고 밥 먹고 배설하는 동물적 행위가 우선시되는 것과 대조적이다. 어느 쪽이 옳으냐가 아니라 서양식으로는 생리 현상 위에 독서가 따라다닌다. 식탁에서, 침대에서, 화장실에서, 나아가 수영장에서, 여행 중의 기차 안에서도 책을 보는 것과 다르다는 뜻이다.

세종은 즉위 4년(1426) 사가독서(賜暇讀書)라는 제도를 만들어 집현전 학사 가운데 젊고 유능한 관리들을 뽑아 육 개월에서 일 년씩 유급의 독서휴가를 주었다. 바쁜 업무 때문에 자기계발을 게을리하지 않도록 일종의 안식년 제도를 만든 것이다. 뽑힌 관리들은 그 기간 집에서 책을 읽었다. 특별히 책을 좋아하고 독서를 즐겼던 성종(成宗)은 예문관(藝文館)을 설치하고 세종 이후 허술해진 사가독서를 부활시키면서 "학문에 큰 뜻을 둔 선비가 직책에 얽매여 있으면 글에 전념할 수가 없다. 그들의 원대하고 큰 뜻이 방해받게 된다면 이는 결코 내가 선비를 불러들여 도움을 구하는 도리가 아니다. 나이 젊고 재주있는 자에게 특별히 여가를 주어 산방(山房)에 나가 독서하게 하라"라고 말했다.

서거정(徐居正)이 이렇게 아뢰었다. "휴가를 주어 독서를 하는 문신들이 도성 안 여염집에 자리를 잡으면 필시 사귀는 벗들이 찾아와 만나는 일이 많을 것입니다. 세종대왕 때에 신은 신숙주(申叔舟) 등과 함께 산사에서 글을 읽었습니다."

이후 독서는 용산사(龍山寺), 진관사(津寬寺) 등 주로 사찰에서 이루어졌다. 그러나 '억불숭유' 정책을 폈던 성종은 "학성인(學聖人, 성리학자)이 어찌 사찰에서 공부하는 것이 좋겠는가"라며 용산에 빈 사찰을 증축하여 별도의 '독서당'을 짓도록 했다. 서울 약수동에서 옥수동으로 넘어가는 길을 '독서당 길'이라고 하는 것은 동호당(東湖堂)이라는 독서당이 칠십오 년 동안이나 거기 있었기 때문이다. 임금은 매월 세 번씩 과제를 주어 글짓기 시험을 치르게 했고 불시에 내관을 보내 독서량을 점검했다. 그러면서도 옷과 음식과 술을 내려 보내 격려하였다. 이율곡이 서른네 살 때 쓴『동호문답(東湖問答)』은 동호당에서 글 읽으며 매달 제출한 월과(月課)를 모은 책이다.

사가독서는 임금들도 책을 좋아했기 때문이고, 또한 신하들의 공부가 목적이 아니라 독서가 정치에 도움이 된다고 생각했기 때문에 생긴 것이다. 우리 사회에서 독서라는 행위는 가장 중요한 문화전통이었다.

1866년 병인양요(丙寅洋擾) 때 강화도를 침공했던 프랑스 해군장교 주베르는 이렇게 썼다. "조선에서 감탄하면서 볼 수밖에 없고 우리 프랑스인의 자존심을 상하게 하는 또 하나는, 아무리 가난한 집이라도 어디든지 책이 있더라는 사실이다."[30] 그는 군인이었지만 프랑스인답게 조선 사람들의 책사랑에 주목하였다. 그리고 프랑스인답게 그런 일에 자존심이 상했다. 만일 그가 "고구려에서는 말몰이꾼도 공부를 한다"는 『신당서(新唐書)』의 기록이나 "고려에서는 하인들도 시를 읊는다"는 『고려도경(高麗圖經)』[31]의 구절들을 읽었더라면 그렇게 놀라지 않았을 것이다.

강화부는 그 해 10월 16일 로제 준장이 지휘하는 프랑스 극동 함대의 군함 일곱 척과 군인 천사백예순 명에 의해 함락되었다. 11월 9일 프랑스군 상륙부대 백삼십여 명은 강화부에서 십오 킬로미터 떨어진 삼랑성(三郎城)의 사고(史庫)에 접근했다가 양헌수(梁憲洙) 휘하 조선군의 맹렬한 공격을 받아 부상자만 삼십여 명을 내고 퇴각했다. 사고의 『조선왕조실록』과 책들은 피해를 입지 않았고 현재 서울대학교 규장각 도서관에 보존되어 있다. 프랑스군이 강화부에 이십여 일을 주둔하고 11월 11일 퇴각할 때는 외규장각·행궁·장년전·관아·창고 등에 불을 질러 파괴하고, 외규장각에서 서책·족자·지도 등 삼백오십구 점을 군함에 실어 본국으로 가져갔다.

그들은 다음과 같은 기록을 남겼다. "외규장각 서가 안에는 왕실 기록들, 공자의 저서들, 의학서적 등과 조선 역사서 등 모두 수천 권 정도 있는 것 같았다. 우리는 양피지로 만든 것 같은 뛰어난 종이와 수많은 책들을 경첩과 걸쇠와 구리 쇠붙이로 장식한 제본 기술을 보고 감탄했다. 이 책들은 비단천에 싸여 모두 붉은색과 금빛으로 칠한 나무상자 속에 들어 있었다. 잘 정리된 왕실 도서였다." "다른 상자가 있었는데 한 번도 사용한 적이 없어 보이며 완벽하게 조각된 대리석 거북이 그 안에서 발견되었다. 거북 받침대에는 왕의 도장이 새겨져 있었다. 일반 한국인으로서는 볼 수도 없으며 만질 수도 없는 아주 훌륭한 도장이었다." 그들의 약탈품 목록에는 우리 옥새(玉璽)도 들어 있었던 것이다.

왕립도서관인 규장각 보관품 중 영원히 보존할 가치가 있는 것들을 보다 안전하게 보관하기 위해 1781년 정조(正祖)가 부속 도서관으로 설립한 외규장각은 안전을 고려하여 천연의 요새라는 강화도에 세웠다. 그러나 당시 외규장각에는 왕실 관련 귀중품 아흔아홉 점과 도서 천일곱 종과 오천예순일곱 책이 보관되어 있었는데, 약탈된 삼백쉰아홉 점을 제외한 나머지는 이날 퇴각군의 방화로 모두 소실되었다. 이때 두 나라는 모두 승리를 주장했다. 프랑스는 약탈과 분탕질을 자랑했고 조선군은 적군의 격퇴를 축하했다. 그로부터 백삼십 년이 지난 1993년 프랑스 미테랑 대통령은 외규장각 도서 한 권을 가지고 와서 나머지 도서를 반환할 수도 있다는 감언이설로 경부고속철도사업을 따내려고 구애(求愛)했다. 결국 사업권은 프랑스에 넘어갔지만 우리가 원했던 『직지심경(直指心經)』〔『직지심체요절(直指心體要節)』〕은커녕 외규장각 도서라고는 다른 것 한 권도 지금까지 반환되지 않았다.

포함과 병력 대신에 지혜와 문화예술의 힘으로 프랑스에 처음 상륙한 사람은 백남준(白南準)이었다. 그는 1978년 퐁피두 센터 개관기념전에 초대되어 사백 대의 텔레비전으로 삼색의 프랑스 국기를 만들어 그들의 찬탄을 받았다. 이 전시 기간 중 『렉스프레스(L'Express)』지와 가진 인터뷰에서 그는 "사람들은 마야의 방언에 대하여, 수메르의 고적 발굴에 대하여 수백 권의 책을 썼으면서도, 현대의 가장 중요한 현상들 중 하나인 전화에 대해서는 겨우 네 권의 에세이를 썼을 뿐입니다. 인간이 무엇을 발명해낸 일은 한 번도 없었습니다. 다만 인간은 새로운 관계를 설정할 뿐이지요"라고 말했다. 백남준은 '비디오 삼색기(Tricolor Video)'를 만듦으로써 한불간의 새로운 관계를 설정했고, 창조적 발상으로 비디오 아트를 발명해 세계적 아티스트가 되었다. 그가 이런 일을 할 수 있었던 것은 한국인으로서 가졌던 엄청난 독서량과 관련이 있다.

실학자였던 유금(柳琴)은 자신의 시집 이름을 '말똥구슬 모음'이라는 뜻으로『낭환집(蜋丸集)』이라고 지었다.

"말똥구리는 제가 굴리는 말똥을 사랑하므로 용의 여의주를 부러워하지 않고, 용도 또한 자기에게 여의주가 있다 하여 말똥구리를 비웃지 않는 법일세."[32]

병인양요 때 프랑스 군대가 용의 여의주를 가졌고 우리가 말똥구슬을 가졌었다 해도 그것은 별 관계가 없다. 다만 중요한 사실은 그때나 지금이나 프랑스인들이 가장 두렵고 자존심 상한 것이 그 책들이었고, 그래서 그 책들을 약탈했고, 지금도 그 책들을 아까워 못 내놓고 있다는 점이다.

자신의 삶이 그러했듯이 유목민을 자처했던 백남준은 초원지대로 연결된 유럽과 아시아가 둘이 아니라는 유라시아(Eurasia) 개념을 증명해 보이려고 했다. 이는 판구조론(板構造論, plate tectonics)[33]대로 유럽과 아시아가 지구의 지각 구조로 보아 이억 년 전의 태고 이래 지금까지 '유라시아판'이라는 하나의 지각판 위에 얹혀 있다는 사실과도 일치한다. 그래서 그는 항상 요제프 보이스(Joseph Beuys)와 자신을 동일시했고, 그런 생각은 1984년에 발표한 〈굿모닝 미스터 오웰(*Good Morning Mr. Owell*)〉에서, 1986년에 발표한 〈바이 바이 키플링(*Bye Bye Kipling*)〉[34]에서, 1988년에 발표한 〈세계는 하나(*Wrap Around the World*)〉에서 보여준, 도쿄와 파리와 뉴욕을 연결하는 우주 라이브 쇼 동서양 텔레비전 동시 방송의 발상에 잘 나타나 있다. 그것은 인간과 과학기술의 화해, 동서양의 화해, 세계 민족의 소통과 화해를 제안한 세계 최초의 시도였다.

몽골군이 유라시아 전체를 하나의 체제로 만든 것은 그러므로 당시로선 하나의 지각판이라는 위대한 이상의 실현이었다.

사람이 좋은 책을 아끼는 것과 좋은 집을 짓겠다는 인류 보편의 가치는 따라서 유럽과 아시아에서 공통이어야 옳다. 천지인의 사상은 하늘

병산서원(屛山書院) 만대루(晩對樓). 아무것에도 구애받지 않고
무한을 향해 비어 있는 이 형태 없는 공간은, 그러나 우주의 질서로
가득 차 있고 그 기운이 느껴진다. 학문하는 사람들에게 전해지도록,
이 집을 지은이들은 그 기운을 이 공간에 가득 채워 두었다.

과 땅 사이에 있는 모든 인류가 평등하다는 생각이고, 그 하늘과 땅 사이에 사람이 살 곳을 한정하는 작업은 그러므로 인류 보편의 공통되는 가치가 되는 것이다.

'사람은 건축을 만들고 그 건축이 사람을 만든다'라는 말에서, 사람이란 건축가를 말함이 아니고 그 건축 속에서 '아무리 작은 집이라도 책들이 쌓여 있는' 뛰어난 문화를 만든 훌륭한 사용자의 창조적 사용을 말하는 것일 터이다.

우리의 건축은 그 내부에 이 아름다운 인간 생활을 채울 공간을 만드는 것이 그 목적이었다. 건축은 바깥으로 아름다움을 뽐내기 위해 지어지기보다는, 독일 소설가 하우프트만(G. Hauptmann)이 말한 것처럼 '사람의 육체가 그 정신을 담는 그릇'이라면 사람의 몸을 담는 건축은 사람의 정신을 담아야 한다.

"동에 가든 서에 가든, 집이 최고다(East or west, home is best)"라는 서양 사람들의 말이 있다. "즐거운 곳에서는 날 오라 하여도 내 쉴 곳은 작은 집, 내 집뿐이리(Mid pleasures and palaces, though we may roam, be it ever so humble, there's no place like home)"라는 유명한 「즐거운 나의 집(Home sweet home)」 노래의 가사처럼 서양에서도 집은 사랑으로 충만해야지 크고 화려한 것으로 그것을 대신하지 못하였다. 건축공간을 채우는 그것은 겉으로는 겸양으로 나타나지만 속으로는 공간의 절제이며 스스로 공간의 내실이 된다.

김수근(金壽根)은 "집이란 나에게는 어머니가 계신 곳"이라고 했다. 누구나 하기 쉬운 말이지만 이 말을 받아들이기 가장 어려운 사람들이 지금의 건축가들일 것이다.

라틴어의 '에클레시아(ecclesia)'라는 말은 '교회 건물'이라는 뜻도 있고 '교회 공동체'라는 뜻도 있다. 교회 건물은 신앙공동체를 위해 서 있지만 신앙공동체는 교회 건물 없이도 존재한다. 오늘날 남아 있는 중세 유럽의 거대한 교회들은 부끄럽게도 텅텅 비어 있지만 어느 성탄 전야 김수환 추기경이 달동네의 작은 마당에서 드린 미사는 기쁨과 감사의 눈물바다였다. 크고 좋은 건물이 종교적 감동을 주는 것이 아니라는 증거이다.

건축가가 '하우스(house)' 대신 그런 '홈(home)'을 만들 수 있을까. 건축가가 진정한 믿음을 위한 교회를 설계하여 만들 수 있을까. 아니다. 만들 수 없다. 다만 건축가가 자신을 내세우지 않을 때, 자신의 '작품'을 주장하거나 자신의 특정한 느낌을 감동으로 요구하지 않을 때, 그리고 건강하고 편안한 보편성 위에 다양한 느낌을 가질 수 있는 융통성을 실현했을 때, 그것은 가능해질 수도 있다.

우리의 공간은 열려 있다. 어떤 기능도, 어떤 크기의 물체도, 얼마나 많은 사람도, 어떤 프로그램도 받아들일 준비가 되어 있다.

컨테이너로서의 공간에서 특별히 컨텐츠가 아름다운 것은 가령 이런 때일 것이다. "담헌(湛軒) 홍대용(洪大容)은 가야금을 앞에 놓고, 성경(聖景) 홍경성(洪景性)은 거문고를 잡고, 경산(京山) 이한진(李漢鎭)은 소매에서 퉁소를 꺼내 들고, 김억(金檍)은 양금(洋琴)을 끌어 놓고, 장악원(掌樂院) 악공 보안(普安) 역시 국수(國手)로 생황을 연주하며 담헌의 유춘오(留春塢)에 모였다. 성습(聲習) 유학중(兪學中)은 노래로 거들고, 효효재(嘐嘐齋) 김용겸(金用謙)은 나이 덕으로 높은 자리에 앉았다. 맛있는 술로 취기가 돌자 모든 악기가 함께 어우러진다. 정원이 깊어 대낮인데 고요하고 떨어진 꽃잎은 섬돌 위에 가득하다. 궁조(宮調)와 우조(羽調)가 번갈아 연주되니 곡조(曲調)가 그윽하고 요원한 경지로 들어간다. 김용겸이 갑자기 자리에서 내려와 절을 하니, 모든 사람들이 놀라 일어나 피하였다. 김공(金公)이 말하였다. '그대들은 이상하게 여기지 말 것이다. 우임금은 옳은 말을 들으면 절을 했었다. 이것이 곧 천상의 음악인데, 늙은이가 어찌 절 한번 하는 것을 아까워하리오.' 태화(太和) 홍원섭(洪元燮)도 그 모임에 참여했는데, 나를 위해 이와 같이 들려주었다. 담헌이 세상을 떠난 다음해에 쓰다." 성대중(成大中) 의 『청성집(靑城集)』 권6, 「유춘오의 악회를 기록하다(記留春塢樂會)」 라는 글에 한 폭의 그림처럼 묘사된 여름 밤 한양 선비들 모임의 정경이 다.[35]

Scale 規模 크기

동물은 원래 자기보다 큰 것 앞에 무조건 끓어앉는 습성이 있었다. 상대방의 덩치만을 보고 제가 감당할 수 있는지를 속단하여, 공격할 것인가 도망칠 것인가를 결정하는 것은 동물의 본능이었다. 그래서 동물이나 사람이나 어떤 방법으로든 크게 보이기를 열망했다.

그 습성이 건축사에 구체적으로 남은 첫 사례가 피라미드이다. 파라오 조세르(Djosēr) 때 일한 인류 최초의 건축가 임호텝(Imhotep)이 사카라에 계단식 피라미드를 처음 만든 이후로, 모든 파라오들은 "묘지에 무덤 마련하는 일을 주저하지 말라. 그대의 삶이 어디까지 미칠지 모르니"라는 이집트의 격언처럼 피라미드라는 '큰 것' 만들기에 열광했다.

훗날 그리스인들은 한편으로 피라미드에 열광하면서 다른 한편으로는 '피라미드는 폭정과 착취의 결과물'이라고 혹평했다.

로마의 역사가 대(大)플리니우스(Gaius Plinius Secundus)[36]는 『박물지(Natural History)』에 "피라미드는 허풍장이 왕들의 부귀영화를 과시한 불필요하고 어리석은 건축물에 불과하다. 그 건설은 후계자와 적들에게 돈 한 푼도 남겨 주지 않고 주민에게 무언가 할 일을 마련해 주기 위해서였다"라고 썼다. 르네상스 시대에도 알베르티(L. B. Alberti)는 그의 『건축론(De re aedificatoria)』[37]에서 피라미드를 '미치광이의 발상'이라고 썼다. 지금은, 그 피라미드들이 어린 투탕카멘을 신으로 보이도록 하기 위해 수십만 누비아 원주민들의 참혹한 강제노역과 죽음 위에 세워졌다는 일은 아무도 기억하지 않는다.

모든 종류의 과장된 크기는 그 찬양의 대상을 과장하는 역사적 왜곡을 범한다. 열아홉 살에 죽은 파라오는 그 무덤의 크기만큼 위대하지 않았음에도 위대한 인간으로, 아니 신으로 표현되었다. 카이사르건 알렉산더 대왕이건 그 위대함이 기념탑의 규모와 비례하지 않음에도, 사람들에게는 그 크기만큼 훌륭한 사람이라는 착각을 불러일으킨다. 이것이 역사의 왜곡이다. 대부분의 이런 인간들은 히틀러처럼 자신을 스스로 과장한다. 이것은 또한 범죄이기도 하다.

마틴 루터(Martin Luther)는 당시 독일의 가톨릭교회가 인간 위에 군림하며 면죄부를 팔아서 대부분 성당들이 거대하게 지어진다는 사실을 고발했고, 그것이 인류의 정신문화사상 최대의 사건인 종교개혁으로 발전했다. 그는 가난한 교회, 작은 교회를 지향하였고, 초기 교회의 정신으로 돌아가야 한다는 '항의자들(protestant)'의 외침은 정당하고 옳은 일로 받아들여졌다. 그의 항의문 아흔다섯 개 항은 파문에 이어 화형(火刑)에 처해질 수도 있을 그 자신을 구원했고, 부패에 빠진 중세 가톨릭교회를 구원했다.

오천 년을 전해 내려온 서양인들의 열광은 아직 끝나지 않았다. 오늘날도 큰 건물, 높은 건물은 그것을 지은 자들이 가진 힘의 상징으로 받들어진다.

1931년 5월 1일 후버(H. C. Hoover) 대통령은 세계에서 제일 높은 현대판 바벨탑 엠파이어스테이트('제왕의 나라'라는 뜻) 빌딩의 점등 버튼을 눌렀다. 신은 바벨탑을 허물었지만 이 마천루엔 너그러웠다. 1945년 B-25 폭격기가 칠십구층을 들이받았지만 잠시 흔들렸을 뿐이고 일년에 백여 차례씩 내리치는 번개에도 끄떡없다. 1933년 영화 〈킹콩(King Kong)〉을 본 사람들은 빌딩에 오른 킹콩이 떨어져 죽는 모습을 보며 강철이 만든 '문명의 힘'을 되새겼다.

이 빌딩은 1972년 세계 최고 자리를 세계무역센터(백십층, 사백십칠 미터)에 빼앗겼으나 무역센터가 구일일 테러로 '그라운드 제로'가 되자 다시 뉴욕의 왕좌를 되찾았다. 그러나 뉴욕에서 가장 높은 마천루 자리를 되찾은 게 오히려 탈이었다. 높이로 왕이 되면 또다시 테러의 표적이 될까 봐 사람들이 입주를 꺼리는 것이다. '엠프티(empty) 스테이트 빌딩'이라는 별명이 그래서 붙었다. 세계무역센터를 무너뜨리고 엠파이어스테이트 빌딩을 속 빈 강정으로 만든 건 인간들 사이의 동물적 증오심이다.

2007년까지 세계 최고이던 캐나다 토론토의 오백오십삼 미터짜리 CN 타워는 시공 중인 아랍에미리트의 두바이 타워(Burj Dubai)에게 추월당했다. 두바이 타워는 팔백 미터까지 계속 올라갈 것이지만, 그 기록 역시 오래 못 가 깨질 것이다. 어리석은 키재기 싸움은 인간들 사이의 동물적 경쟁심이다. 그러나 이런 유아독존과 안하무인의 교만함은 기술의 성취라는 미명으로 찬미받고 있다.

건물이 지나치게 크고 높아서 사람을 주눅들게 만드는 일은 동양이건 서양이건, 옛날이건 지금이건 옳지 않은 일이다. 건물은 사람의 쓰임새를 위해 있기 때문에 건물이 사람을 기죽이는 일은 있어서는 안 된다. 그래서 그런 목적으로 크고 높은 건물을 만드는 일이나 만드는 사람은 옳지 않다. 또 그런 목적에 부응이나 하듯이 크고 높은 건물에 주눅드는 사람 역시 옳지 않다. 그것이 정치권력의 상징이건, 하느님 권력의 상징이건, 자본권력의 상징이건 옳지 않다.

창세기에 대홍수가 휩쓸고 지나간 후 노아의 후손들이 다시 시날(바빌로니아) 땅에 정착하면서 사람들은 도시를 건설하고 '하늘에 닿는' 탑을 세우기로 하였다. 그들의 목적은 세상에서 가장 큰 탑을 쌓아 올려 자기들의 이름을 떨치고 홍수와 같은 야훼의 심판을 피하기 위해서였다. 헤로도투스(Herdotus)의 『역사』 등 여러 고증을 통해 보면, 이 탑은 일층이 길이 구십 미터, 너비 구십 미터, 높이 삼십삼 미터로 시작해서 칠층의 총 높이가 구십 미터로 알려져 있다. 그러나 하느님은 일하는 사람들의 언어를 혼란시켜 서로의 말을 알아듣지 못하게 해 그 일을 막았다. 그 탑은 완성되지 못했고 사람들은 온 땅에 흩어졌다. 성경에 기록된 바벨은 교만으로 일그러져 약자들을 억압하고 착취하는 불의한 구조를 낳는 도시의 상징으로 제시된다.

진(秦)나라의 옛 수도 함양(咸陽)에서 최근 발굴되어 아방궁(阿房宮)의 전전(前殿)으로 추정된 거대한 판축(板築) 기초는 동서 천이백칠십 미터에 남북 사백이십 미터, 높이가 십이 미터 이상의 거대한 건물이 있던 자리임을 보여준다. 그 건설에는 죄수 칠십만 명이 동원되었으나 시황제(始皇帝)의 등극과 동시에 시작된 공사는 그의 생전에 완성되지 못하고 이세(二世) 황제에 의해 나머지 공사가 끝났다. 수백 개의 부근 궁전은 이층으로 지은 복도와 담장 때문에 밖에서는 보이지 않는 길로 이어져 아방궁에서 위수(渭水)를 건너 직접 함양이나 남산(南山)의 정상에도 갈 수 있었다. 황제들은 그 사이를 오가며 자기의 소재를 비밀로 하였다. 사마천(司馬遷)은 『사기(史記)』·「항우본기(項羽本紀)」 중 초왕(楚王) 항우가 아방궁을 불태우고 주민을 약탈한 대목에서 "투항한 진나라 왕 자영(子嬰)을 죽이고 진의 궁궐을 태운 불은 석 달 동안 꺼지지 않았다"고 썼다.

바벨탑과 아방궁은 인류의 어리석음과 그 욕망의 허무함을 보여주는 작은 사례에 불과하다.

삼국시대에는 개인 집들을 다투어 크게 짓고 호사스런 장식을 서슴지 않았던 모양이다. 그래서인지 『삼국사기(三國史記)』 권33, 「잡지(雜志)」 2, '옥사(屋舍)' 조의 기록에서는 사회계급에 따라 주거용 건축물의 규모와 형식을 세밀하게 규제하고 있다. 왕족과 성골에게는 규제가 없지만 진골집 이십사 척(東魏尺)은 현재의 이십이 척 이 촌 이 분이며 팔 미터 오십오 센티미터이다. 실장광(室長廣) 이십사 척을 환산하면 칠십삼 평방미터를 넘어서는 안 된다. 사두품과 일반 백성은 십오 척을 못 넘기므로 사방 오 미터 사십 센티미터 미만이다. 물론 아래채나 창고를 빼고 일단 주건물은 귀족이 칠십삼 평방미터, 일반 백성 삼십 평방미터가 상한이었다.

세종 13년(1481)에 공포된 가옥 건축의 제한은 다음과 같다. "나라에 가사제도(家事制度)가 없어서 일반 백성들이 귀족집을 지나치고, 귀족이 궁궐을 능가하는 치장을 하려고 다투어 대니 상하가 넘나들어 참으로 외람되다. 이제부터 임금의 친형제나 왕자나 공주의 집은 오십 칸, 대군은 거기에 열 칸을 더하고, 이품 이상은 사십 칸, 삼품 이하는 삼십 칸, 백성의 집은 열 칸을 넘지 않게 하라. 주춧돌 말고는 다듬은 돌[熟石]을 쓰지도 말고, 화공[花栱, 꽃모양으로 장식한 공포(栱包)]을 구성하지 말며, 진채(眞彩)로 단청도 못 하게 하여 검약을 무종하게 하라."

박지원은 소수의 부자가 토지를 크게 많이 소유하는 것을 막기 위해 토지 소유의 상한선을 두자고 제안하지만 이루어지지 못했다. 연암의 제안이 채택되지 않은 것은 예나 지금이나 같은 이유 때문이 아닌가.

경복궁 근정전은 왕궁으로서 왜소하다는 말을 듣는다. 왜 한국의 고건축은 서양의 그것들에 비해 그 웅장함이 미치지 못한다고 말해지는

비원 애련정(愛蓮亭). 단 한 칸의 이 작은 공간에 앉으면, 넓은
연지(蓮池)와 부용정(芙蓉亭), 주합루(宙合樓), 주변의 산과
하늘까지 가 닿는 거대한 우주를 하나의 공간으로 포용하게
된다.

가. 여러 가지 이유 중 하나의 단서로서 조선조의 역대 왕이 즐겨 쓰던 '불치불루(不侈不陋)'라는 말이 있다. '사치하지 않고 누추하지 않다'는 중용의 사상이다. 이것은 왕궁과 사찰과 민가를 통틀은 조선조 건축 사상의 첫번째 교리로서, 왕조가 끝날 때까지 철저히 지켜졌다. 백제, 신라, 고려시대까지 호화롭고 사치스러웠던 건축은 조선조에 와서 절제와 겸손을 제일로 추구하게 된다.

『고려사(高麗史)』「세가(世家)」'충렬왕(忠烈王)'조의 다음 기록이 그 연원이었다. "『도선밀기(道詵密記)』에 의해 관후서(官候署)에서 아뢰기를, 우리나라는 산이 많아 큰 집을 짓는 것은 여러 산과 어우러지기를 약하게 하므로 반드시 쇠손(衰損)을 초래할 것이다."[38] 그리하여 우리 고건축은 장엄함이 요구되는 궁궐의 경우에도 하늘의 눈치를 보아가며 주변에 어울리는 친환경적 건물을 인간적인 크기로 만들었다. 이것이 우리 궁궐들이 지나친 위압감을 풍기지 않는 이유다.

우리 문화는 유교적 전통의 영향으로 큰 것을 배척하는 보편적 특성이 있었다. 검약·단순·소박한 것이 가장 큰 특징이었고, 이것은 생태환경적이고 에너지 절감형인 생활방식으로 현대와 미래 시대의 요구에도 잘 맞는 것이다. 사람 몸 하나 누일 작은 방을 만들고도 그 속에 무한한 세계를 담을 수 있다. 우리처럼 국왕이 자신보다는 백성을 우선하여 정치를 하고, 시인과 철학자가 다스리던 나라에서는 당연히 큰 것, 많은 것에 큰 의미를 부여하지 않았다.

자고로 큰 것 좋아하고 높이 되기를 꿈꾸는 자들을 우습게 보는 것이 우리의 오랜 믿음이고 자랑이었다. 작지만 섬세하고 의미심장하여 그 뜻으로, 내용으로 크기를 가늠할 수 없는 것을 높이 사는 것이 우리네 의식이었다. 내 집이 크다, 내 차가 크다, 내 물건이 크다고 뻐기는 일은 그래서 용렬함과 속물근성의 대명사였다. 키가 크고 눈이 크고 코가 큰 것은 서양사람들의 자랑거리일 뿐, 우리에겐 흉이었다. 큰 것, 높은 것 따지는 것은 동물적인 본능일 수는 있어도 문화된 지식인이 추구할 바는 못 된다. 그래서 큰 것에 주눅드는 일은 세계 제국을 주창하던 서양인들이 우리 마음속에 심어 준 우리 안의 오리엔탈리즘이다.

베르사유의 크기를 부러워하려면 루이 십사세의 사치와 낭비벽을 기억해야 하고, 또한 루이 십오세의 애첩 마담 드 퐁파두르(Madame de Ponpadour)³⁹의 호사를 잊어서는 안 된다. 그것이 국민들을 도탄에 빠뜨려 대혁명을 일으키게 한 사실도 함께 기억해야 한다. '우리에게는 왜 그렇게 크고 사치스런 궁전이 없었을까'라고 부러워하는 것은, 그러므로 왜 우리에게도 그런 폭압정치가 없었을까를 안타까워하는 것과 같다.

북경의 자금성(紫禁城)을 본 사람들은 옛날 조공 사절로 천안문(天安門)을 들어갔던 우리 조상들이 그 엄청난 규모에 얼마나 기가 질렸을까를 걱정한다. 그리고는 우리 경복궁의 크기가 자금성의 작은 전각 하나만도 못하다고 자조(自嘲)한다. 이것은 열등의식이다. 중국은 큰 나라이고 그래서 궁궐도 큰 것일 뿐이다. 풍속과 문화도 다르다.

자금성은 처음 지어진 지 삼십 년 만에 낙뢰(落雷)로 전소한 것을 비롯해 지금까지 여섯 번 전소되고 중건되었다. 드넓은 벌판에 높이 세워진 전각은 벼락을 맞기 가장 알맞은 조건에 있었다. 자금성은 공간으로 보아도 비인간적인 스케일이고 사람 살 곳이 못 된다. 그런 것을 부러워해서는 안 된다. 우리가 그것을 본떠서 교태전(交泰殿), 신무문(神武門) 등 같은 이름을 갖다 붙인 것도 있지만, 큰 궁궐 짓는 흉내를 내려다가 실력이 모자라서 작게 짓고 만 것이라고 에둘러 슬퍼할 필요는 없다. 경복궁은 훨씬 더 주변과 잘 어울리고 훨씬 더 아름답고 훨씬 더 인간적이다. 주변 산과 크기를 다투지 않으므로 벼락을 맞는 일도 없다.

경복궁은 왕가의 권위를 극대화해 보여주려는 인위적 노력 대신 입헌

오녀산성(五女山城)의 웅혼(雄渾)한 위용. 고구려의 발상지로
추정되는 초기 산성이다. 압록강 지류인 혼강(渾江)의 광대무변한
지역이 내려다보인다. 산성 아래에는 같은 때 쌓은 고구려의
평지성(平地城)과 해자(垓字)가 있어, 평상시에는 이 토성(土城)을
외성(外城)으로 삼았고, 전쟁 시에는 오녀산으로 올라 내성(內城)을
지켰으리라 추측한다.

군주제(立憲君主制)에 가까운 민족국가를 지향한 이성계와 정도전 등 개혁세력의 이상이 표현된 건물이다. 그것은 『경국대전』의 철학 그대로 임금이 백성을 위해 정성을 다한다는 정신 위에 세워졌다.

자금성과 만리장성과 진시황릉을 보고 그 규모에 감읍하는 사람들은 그것을 만드는 데 동원되어 죽어 간 그 많은 혼령들을 생각해야 한다. 특히 우리는 만리장성을 보면서 헤아릴 수 없이 많은 중국인들을 울린 두보의 망향시(望鄕詩)[40]만 생각할 것이 아니라, 수없이 많은 인부들이 성을 쌓다가 죽으면 시체를 그 자리에 묻고 그 위에 또 성을 쌓았다는 끔찍한 옛 이야기를 생각해야 한다. 장성(長城)은 그들의 무덤이었다.

유럽 제국들의 영토 확장기에 남미 대륙 원주민들이 스페인과 포르투갈 군대에 몰살당하여 멸종에 가깝도록 죽은 사연과, 그들이 약탈한 은이 얼마나 많았기에 중국의 도자기를 사들이는 사치에 모두 쓰였으며 따라서 그 남미산의 은이 만리장성 개·보수에 기본자금으로 쓰인 비극의 역사를 생각해야 한다. 그때 멕시코의 인구는 이천오백만 명에서 이백오십만 명으로 줄었고, 페루 인구는 구백만 명에서 백삼십오만 명으로 줄었다. 만리장성은 부분적으로나마 지구 반대쪽인 남미 원주민들의 억울한 떼죽음을 댓가로 한 것이다.

사람들을 죽음으로 몰아넣으면서까지 자신들의 권위와 영화를 과시하려 했던 그 폭군들을 장대한 건축물의 크기로 미화해서는 안 된다.

검투사들과 기독교도들의 피로 물든 콜로세움을 보면서 그 벽돌쌓기의 기술에 감탄하는 일은 비인간적이다. 언젠가 콜로세움 마당 한가운데 세워졌던 거대한 십자가와 거기 길게 드리워졌던 검은 천은 그곳에서 죽어 간 모든 사람들을 추모하는 애도의 상징물이라고 했다. 그 검은 천은 콜로세움이 무너져 없어질 때까지 거기 그대로 있어야 한다. 건축은 사람을 위해 있고 사람의 삶을 위해 있다.

큰 것으로 말하자면 누가 감히 장군총(將軍塚)과 오녀산성(五女山城)을 작다고 하겠는가. 그 산성은 해발 팔백이십 미터의 오녀산 꼭대기에 동·남·북 삼면을 돌로 쌓았는데 약 삼백 미터이다. 남쪽은 절벽이며, 길이가 약 천 미터이다. 서쪽 편에는 성벽 없이 산봉우리와 자연절벽들을 이용하여 장벽을 만들었다. 이것이 바로 고구려식 성 쌓기가 지닌 우리의 지혜이다. 성 안에는 샘물과 성 안팎을 한눈에 볼 수 있는 점장대(点將臺)가 있다. 2003년의 발굴에서 온돌구들의 유적 등 고구려 유물들이 대량 발굴되었다.

내용으로 보자면, 광개토대왕릉비는 돌의 크기보다 그 돌에 새겨진 내용의 크기를 헤아려야 한다. 이것을 누가 작게 보겠는가. "대왕께서 을미년(영락 5년, 395년)에 부산(富山)을 지나 염수〔鹽水, 현재의 내몽고 북부 시라무렌강(西拉沐倫河)〕에 이르러 칠백 영(營)을 쳐부수고 소·말·양떼를 얻은 것이 헤아릴 수 없었다"고 비석에 적힌 것은 그가 얼마나 큰 인물이었는지를 잘 말해 준다. 바로 그 이유 때문에 오늘날 중국인들이 '동북공정(東北工程)'이라는 치밀한 작업을 통해 광개토대왕을 중국인이라고 몰아 가고 있는 것이다. 또 북한산의 진흥왕순수비(眞興王巡狩碑)는 그 역사의 이야기를 생각하건대 누가 그것을 산꼭대기의 한낱 작은 돌덩이라고만 말할 수 있겠는가.

경주 석굴암(石窟庵)은 실크로드의 종점인 장안(長安)에서도 멀찌감치 떨어진 변방의 끝자락에 세워진 가장 작은 석굴이지만, 신라 사람들(스님들과 왕자들과 기록에 없는 장인들)이 인도로부터 중국에 이르는 무수히 많은 거대 석굴들을 다 돌아보고 그 종합편으로, 헬레니즘과 페르시아 문화와 간다라 미술과 인도와 아프가니스탄과 중국의 모든 아름다움을 담아 둘도 아닌 그것 단 하나로, 세계 어느 것보다 섬세하고 완벽하게 만든 최고의 정수(精髓)이다.

집을 작게 짓는 일은 그 어떤 것보다도 중요한 일이며 우리 후손을 위한 미덕이다. 요샛말로 '지속 가능한, 환경적으로 건강하고 사회경제적으로 타당한(ecologically sustainable sound & socioeconomically just)' 생태적 태도를 정의한다. 집터를 차지함에서 자연 훼손을 최소화하고, 건축 재료의 사용을 줄이고, 건물이 서 있는 기간(life cycle)을 통틀어 유지·관리·운영 비용을 총체적으로 절감함으로써만 미래 인류는 살아남을 수 있다.

공간의 크기는 마음먹기에 달렸고, 공간의 기능은 쓰기에 달렸다. 그러므로 사용공간을 줄이는 것은 자연과 인간의 관계를 통찰하는 지혜의 산물이다. 한국의 조상들은 그 점을 일찍 간파한 사람들이었다. 거기에는 사회적 공공성과 도덕성이 전제된다. 이 절제의 생활방식은 고도의 사회적 공감을 요구하는 것이다. 특별히 현대와 같은 고밀도의 시대에는 더욱 효율화된 최소 공간이 필연적인 결론이며, 미래의 인간 정주사회(定住社會)와 인공환경에 대한 유일의 해결 방법이다.

슈마허(E. F. Shumacher)[41]는 이미 1973년에 그의 책『작은 것이 아름답다(*Small is beautiful*)』에서 성장을 외면하지 않으면서 생태계의 파괴를 지양할 수 있는 반성과 전망을 설파했다. 생태계의 파괴는 인류 문명 전체에 대한 하나의 명백한 위협이다. 그가 '파생된 사유체계로서의 경제학', 즉 메타경제학적 관점으로 현실을 보아야 한다고 말하는 것도 이러한 성장과 생산에 대한 근대인의 일방주의를 돌아보기 위해서다. 오늘날 경제성장은 모든 국가의 목표다. 그러나 모든 나라와 민족·집단이 무한히 성장할 수는 없다. 간디가 말한 대로 대지는 모든 사람의 필요를 충족시키기에 충분하지만 모든 사람의 탐욕에 대해서는 그렇지 않다.

Landscape 風景 풍경

우리나라는 '금수강산(錦繡江山)'이라고 불렸다. '산자수명(山紫水明)'은 가장 단순하고 극명하게 아름다운 우리 강토를 묘사한 말이다. 중국인들이 『삼국지(三國志)』「위지(魏志)」 '동이전(東夷傳)'에서 우리를 "산과 골짜기를 따라 거주하며 계곡물을 마신다(隨山谷以爲居食澗水)"라고 묘사한 것은 우리가 생활한 자연환경의 아름다움을 그들이 얼마나 부러워했는지를 알게 한다. 세상에 계곡물을 그렇게 아무데서나 풍부히 그냥 마실 수 있는 나라는 흔치 않다.

몽골인들은 우리를 그렇게 많이 괴롭혔지만 사실 그것은 우리나라를 너무 부러워했던 나머지 그렇게 했을 것이다. 오죽했으면 우리나라를 '무지개 뜨는 나라'라며 '솔롱고스(Solongos)'라고 했을까. 왜 무지개라고 했는지는 여러 가지 가설이 있지만, 단조로운 색조의 초원에 사는 그들에게 우리의 봄 풍경과 가을 단풍은 무지개 이상으로 찬란하게 보였으리라.

사람이 '어디에 사느냐' 하는 것은 '어떻게 사느냐' 하고 같은 말이다.

사람들은 그 아름다운 땅의 정기를 받고 태어나서 그 맑은 물을 먹고 자랐다. 거기에 더하여 우리에게 익숙한 사계절의 변화는 이 땅의 동식물에게도 그 생명력에 폭넓은 다양성과 강한 적응력을 주었고, 한국인들은 그 아름다운 변화 속에서 살아왔다. 그래서 그 사람들은 자연과 그 풍경에 가장 잘 어울리는 일부분이었다.

우리는 경치를 정의하고 의인화한다. 정도전은 단양의 삼봉(三峰) 출생으로 고향의 경치 삼봉을 그의 아호로 했고, 정철은 담양의 죽록천(竹綠川)을 송강(松江)이라 하여 자신의 호로 삼았고, 이황은 양진암(養眞庵) 앞의 토계(兎溪)를 퇴계(退溪)라 부르며 스스로 산골의 물이 되어 물러나〔退〕 앉았다. 차를 사랑한 정약용은 스스로 강진의 차밭이라는 뜻에서 다산(茶山)을 아호로 하였다.

자고로 숲을 보고 사는 자는 심성이 깊어지고 물을 보고 사는 자는 심성이 넓어진다고 했다.

풍수에서 산을 용(龍)에 비유해 말하는 것은 산을 최대한으로 존중하고 공경하는 표현이다. 사람이 상상한 최고의 동물처럼 산은 살아 움직이는, 신령하고 귀한 존재였다. 그래서 우리나라에는 '용(龍)' 자가 들어가는 지명이 가장 많다. 와룡(臥龍)은 낮게 누운 듯한 산을 가리키고, 반룡(盤龍)은 또아리를 튼 모양이고, 회룡(回龍)은 머리를 꼬리 쪽으로 돌린 모습이다. 심지어는 산이 평지를 지나다가 없어져도 잠룡(潛龍)이라 하여 땅밑으로 산줄기가 흐르고 있다고 보았다. 용이 있으면 여의주가 있기 마련이어서 풍수에서 최고로 치는 오룡쟁주형(五龍爭珠形)이라는 산 모양도 있다.

뒷산이 쌍봉(雙峰)일 때는 그 마을에 쌍둥이가 많고, 모양이 뾰족한 앞산은 문필봉(文筆峰)이라 하여 문인재사(文人才士)가 태어날 고을이라고 했다. 사람이 어디에 사느냐가 그 삶을 결정한다고 믿은 것이다. 우스개처럼 이야기되는 말, '벌교 가서 힘 자랑하지 말고, 여수 가서 돈

자랑하지 말고, 순천 가서 인물 자랑하지 말라'는 말은 가까운 지역 사이에서도 삶에 차이가 생긴다는 통계적 근거가 있어서 생겼을 것이다.

또는 사람들이 한 지역의 빼어난 경치를 선택하여 팔경(八景)으로 정리하고, 각각의 경(景)을 그림틀에 넣어 감상하며 읊었다. 경승지는 사람이 편안하게 살 곳이라기보다는 사람의 마음을 맑게 하고 문학적 감성을 자극하여 정신을 승화시키는 곳이다.

팔경이란 말은 원래 11세기 북송(北宋)의 화가 송적(宋迪)이 동정호(洞庭湖)의 남쪽에서 합류되는 소수(瀟水)와 상수(湘水)의 아름다운 경치 여덟 장면을 그려 소상팔경(瀟湘八景)이라 한 데서 유래하여, 우리에게는 고려말로부터 최근까지 시와 그림의 제목이 되어 왔다. '평사낙안(平沙落雁)'은 모래벌판에 기러기떼가 내려앉는 모습, '원포귀범(遠浦歸帆)'은 먼 바다에서 돌아오는 돛단배들, '산시청람(山市晴嵐)'은 산마을에 아지랑이 걷히는 광경, '강천모설(江天暮雪)'은 눈 덮인 저녁의 강과 하늘, '동정추월(洞庭秋月)'은 동정호에 비친 가을 달, '소상야우(瀟湘夜雨)'는 소상에 내리는 밤비, '연사모종(煙寺暮鍾)'은 연무에 쌓인 산사의 저녁 종소리, '어촌석조(漁村夕照)'는 어촌의 저녁노을을 묘사한다.

우리에게는 고려말에 수도 개성을 읊은 「송도팔경(松都八景)」이 『신증동국여지승람(新增東國輿地勝覽)』에 이제현(李齊賢)의 시로 남아 있다. 송도팔경은 '자동심승(紫洞尋僧)' '청교송객(靑郊送客)' '북산연우(北山烟雨)' '서강풍설(西江風雪)' '백악청운(白嶽晴雲)' '황교만조(黃郊晚照)' '장단석벽(長湍石壁)' '박연폭포(朴淵瀑布)' 등 여덟이다.

고려 왕조를 타파하고 조선을 개창한 정도전은 자신이 구상하여 만든 한양 신도읍을 읊은 「신도팔경(新都八景)」을 남겼다. '기전산하(畿甸

山河)'·'도성궁원(都城宮苑)'·'열서성공(列署星供)'·'제방기포(諸坊
碁布)'·'동문교장(東門教場)'·'서강조박(西江漕泊)'·'남도행인(南渡
行人)'·'북교목마(北郊牧馬)' 등 여덟 경치로서, 새 왕조의 신수도가 자
신들이 계획했던 대로 활기있게 움직이는 모습을 국정 홍보처럼 묘사하
는 내용이다.

　예컨대 '열서성공'에서는

활줄 같은 곧은 거리 넓기도 한데	弦直長街闊
별처럼 여러 관청 나뉘어 있다.	星環列署分
천문에 구름같이 모여든 관개	天門冠盖藹如雲
훌륭한 선비들 밝은 임금 보좌하네.	濟濟佐明君
정사는 모두 공을 이루고	庶政皆凝績
인재도 사람마다 뛰어났구나.	英材惣出群
갈도 소리 거리를 뒤덮었는데	籠街喝道遞相聞
퇴식(退食) 때라 한창 시끄럽구나.	退食正紛紛
―권근(權近), 『양촌선생문집』 제8권[42]	

라고 하여 새 도시의 자부심을 읊었다.

　그리고 이후의 역사를 통틀어 우리에게 가장 낮익고 유명한 것은 '관
동팔경(關東八景)'이다. 즉 통천의 총석정(叢石亭), 고성의 삼일포(三
日浦), 간성의 청간정(淸澗亭), 강릉의 경포대(鏡浦臺), 삼척의 죽서루
(竹西樓), 양양의 낙산사(洛山寺), 울진의 망양정(望洋亭), 평해의 월
송정(越松亭)이다. 희한한 일은, 관동팔경은 모두 건축물로 이루어진다
는 사실이다.

　'관서팔경(關西八景)'도 비슷하다. 강계의 인풍루(仁風樓), 의주의

소쇄원(瀟灑園) · 식영정(息影亭) · 환벽당(環碧堂),
그 일동지삼승(一洞之三勝)을 끼고 흐르는 자미탄(紫薇灘)과
지수석(止水石)의 조대(釣臺)는 마치 인공으로 만들어진 풍경
같다. 송강(松江) 정철(鄭澈)의 「성산별곡(星山別曲)」을 낳은
문학과 학문의 고향이다.

통군정(統軍亭), 선천의 동림폭(東林瀑), 안주의 백상루(百祥樓), 평양의 연광정(練光亭), 성천의 강선루(降仙樓), 만포의 세검정(洗劍亭), 영변의 약산동대(藥山東臺). 역시 대부분 건물을 지칭하고 있다.

중국에서 자연을 찬탄하며 시작된 팔경은 우리에게 와서 신도시와 건축물로 치환되는 것이 의미있게 보인다. 다시 말해 중국의 팔경이 구체적인 장소를 지정하지 않고 계절과 시간과 날씨 등 자연경관에 대한 느낌을 강조하여 동의를 구하는 반면, 우리의 팔경은 구체적인 장소, 즉 어떤 건물을 지정해 말하되 각자의 느낌에 대해서는 어떤 것을 강조함이 없이 자유롭게 보라고 한다.

그러나 1930년대 경성방송국이 전국의 경승지를 인기 조사한 조선팔경은 해운대의 저녁달, 한라산 고봉, 석굴암 해돋이, 금강산 일만이천봉, 압록강 뗏목 풍경, 모란봉 을밀대(乙密臺), 백두산 천지, 부전(赴戰) 고원 등 여덟 경치를 지목하기도 했다. 시대에 따른 변화이지만 역시 어떤 특정 느낌을 강조하지는 않는다.

전남 담양의 소쇄원(瀟灑園)은 그것 자체로 혼자 있지 않고 그 주변에 풍광 좋은 산세와 계류가 있어 이들 모두가 함께 이 지역의 인문학적 분위기를 흠뻑 느끼게 한다. 소쇄원과 함께 삼승(一洞之三勝)이라고 불린 환벽당(環碧堂)과 식영정(息影亭)을 성산동(星山洞)의 네 신선(四仙)이라 한 기대승(奇大升), 임억령(林億齡), 고경명(高敬命), 정철(鄭澈)이 식영정 주인 김성원(金成遠)과 번갈아 오가면서 시를 읊고 학문을 강론하였으므로, 소쇄원 주인 양산보(梁山甫)도 이들과 교유하면서 소쇄원을 삼승의 하나로 완성시켜 나갔음을 추측할 수 있다.

환벽당은 자미탄(紫薇灘) 상류에 있는 강학당으로, 김성원의 숙부 김윤제(金允悌)가 지었고, 송강 정철이 「성산별곡(星山別曲)」을 쓴 식영정과는 이름 그대로 자미(紫薇, 백일홍)를 닮은 개울(灘) 자미탄을 사이에 두고 마주 바라보고 있어 주위가 벽계(碧溪)로 둘러싸여〔環碧〕 있다. 물가에 내려오면 취가정(醉歌亭)이라는 아름다운 이름의 정자가 있고, 더 아래 노송과 반석을 그대로 정원으로 만들어 '지수석(止水石)'이라고 이름 붙인 낚시 자리가 있고, 달필로 '조대(釣臺, 낚시 바위)'라고 새겨 놓았다.

식영정은 김성원이 시문을 배운 스승 임억령(林億齡)을 위해 지은 정자로, 발아래 흐르는 자미탄을 굽어보며 멀리 지리산 연봉이 바라보이는 뛰어난 위치를 잡았다. 이곳의 우리말 이름이 지금도 '별뫼'라고 하는 것을 보면 송강의 「성산별곡」은 이 지역의 아름다운 풍광을 읊은 것이다. 이런 풍광이 이런 문학을 낳은 것이다.

엇던 디날 손이 성산(星山)의 머물면서
서하당(棲霞堂) 식영뎡 쥬인아 내 말 듯소
인생(人生) 세간(世間)의 됴흔 일 하건마ᄂᆞᆫ
엇디 흔 강산을 가디록 나이 너겨
적막 산중의 들고 아니 나시ᄂᆞᆫ고

조선의 선비들에게 최고의 이상은 구곡(九曲)의 경영이었다. 대체로 심산유곡의 경승지에 계류를 따라 굽이굽이 산책로를 만들고, 아홉 개 정도의 명소를 구경(九景)으로 지정하여 이름을 짓고 완상한다. 관직에서 물러나 한거(閑居)하거나 제자들을 모아 강론(講論)하면서 아홉 굽이의 변화에 자신을 내맡긴 채 담론과 시화(詩畵)로 내면세계를 닦는 것을 선비의 이상으로 삼은 것이다.

여기서 건축은 중요하지 않다. 구경 가운데 한 군데쯤 초옥이나 정자를 지어 잠시 쉴 수 있는 곳을 만들었다. 경영이라는 뜻은 그러므로 구곡

소쇄원은 구곡(九曲)을 축약해 한마당에 모았다. 아마도 그
축약이라는 약점을 보완하기 위해 뒷산의 풍경을 빌려와
끌어들이고 담장을 뚫어 더욱 그것을 실감하게 하고
원규투류(垣竅透流)로 실제의 계곡물을 받아들여 그 사실을
입증했다. 오곡문(五曲門)이라 이름 붙인 사연이 거기 보인다.

을 가꾸고 관리하는 일뿐만 아니라 그곳에서 학문과 인생을 닦는 일을 통틀어 말한다.

길이는 대개 이 킬로미터에서 오 킬로미터에 달하고, 꼭 개인의 소유일 필요는 없다. 그래서 구곡의 끝자락에 암자나 작은 절이 있는 경우가 있다. 이는 승려들에게 그 관리를 위탁했던 관행에서 유래한 것이 아닌가 생각된다.

고려말에 남송(南宋)에서 들어온 주희의 학설인 성리학은 그의 자연관과 정사생활(精舍生活)[43]을 통하여 창작된「무이도가(武夷櫂歌)」와 〈무이구곡도(武夷九曲圖)〉를 우리나라에 전해주었다. '9'라는 숫자는 많다는 뜻이다. 홍범구주(弘範九疇) 즉 동양의 고전철학에서 '가장 큰 수는 9'였다.

원래 무이구곡은 중국 복건성(福建省) 무이산(武夷山) 계곡의 아홉 굽이에 펼쳐진 승경(勝景)을 말한다. 주희는 이 구곡의 제오곡(第五曲)에 무이정사(武夷精舍)를 짓고 구곡의 빼어난 경치를 두고 도학 공부의 단계적 내용을 읊은「무이도가」열 수를 지었다.

이후 조선시대 유학자들 사이에서도 구곡 경영은 유행이었다. 특히 퇴계와 율곡 이후 성리학자들 사이에 구곡시(九曲詩)와 구곡도(九曲圖)가 유행하였다.

퇴계의「도산십이곡(陶山十二曲)」이나 〈도산도(陶山圖)〉는 국한문 혼용이나 조선의 산수로 대체되었지만, 기본적으로는 이러한 주희의 학행을 기리는 뜻으로 제작되었다. 그 중에서도 〈고산구곡도(高山九曲圖)〉는 〈무이구곡도〉로부터 영향을 받아 자연의 대상물을 구체적으로 묘사하였고 우리나라에서 실경산수화(實景山水畵) 발전의 계기가 되었다.

옛 선비들과 같은 방식으로 만들어져 구곡이라고 확인된 곳만도 전국에 서른 개소가 넘는다.

소백산 죽계구곡(竹溪九曲)은 고려 후기의 명현이자 문장가인 근재(謹齋) 안축(安軸)의 별곡이다. 이퇴계와 주세붕 등 조선시대 유현(儒賢)들의 자취로 잘 알려진 죽계구곡은, 초암사(草庵寺) 앞에서 제일곡이 시작되어 시냇물을 따라 내려 삼괴정(三槐亭)을 못 미쳐 있는 제구곡에 이르기까지 약 이 킬로미터 사이에 분포되어 있다. 영조 초에 순흥부사(順興府使)를 지낸 신필하(申弼夏)가 처음으로 옛 초암 법당 앞 바위벽에 '죽계일곡(竹溪一曲)'이라 새겼고, 시냇물이 넓게 고여 흐르는 물밑 반석에 행서(行書)로 '제일수석(第一水石)' 네 글자를 썼다. 계곡을 따라가면 최초의 사액서원(賜額書院)인 소수서원(紹修書院)이 있다.

속리산 화양구곡(華陽九曲)은 충북 괴산군 청천면 화양리에 있다. 조선 중기에 우암 송시열이 이곳에 은거하면서 무이구곡을 본받아 경천벽(擎天壁), 운영담(雲影潭), 읍궁암(泣弓岩), 금사담(金沙潭), 첨성대(瞻星臺), 능운대(陵雲臺), 와룡암(臥龍岩), 학소대(鶴巢臺), 파천(巴串) 등 구곡을 이름 지었다. 화양동 계곡은 속리산 국립공원에 포함되었으며 괴산 선유동(仙遊洞) 계곡과 칠 킬로미터 거리에 있다.

속리산 선유구곡(仙遊九曲)은 송면에서 동북쪽으로 이 킬로미터에 걸쳐 있으며, 퇴계 이황이 칠송정(七松亭, 현 송면리 송정마을)에 있는 함평 이씨댁을 찾아갔다가 산과 물, 바위, 노송 등이 잘 어우러진 절묘한 경치에 반해 아홉 달을 돌아다니며 구곡의 이름을 새겼다고 한다. 선유동문(仙遊洞門)을 비롯해 경천벽, 학소암(鶴巢庵), 연단로(鍊丹爐), 와룡폭(臥龍爆), 난가대(爛柯臺), 기국암(碁局岩), 귀암(龜岩), 은선암(隱仙岩)이 구곡을 이룬다.

이외에 덕유산 무이구곡(武夷九曲), 지리산 용호구곡(龍虎九曲), 화악산 곡운구곡(谷雲九曲), 용문산 벽계구곡(檗溪九曲), 월악산 용하구곡(用夏九曲), 가야산 무흘구곡(武屹九曲) 등이 알려져 있다.

곡(曲)은 산과 계곡으로 이루어진다. 물이 흐르다가 바위산을 만나 꺾어지는 곳이 곡이다. 산은 우리 조상들에게 이상향이었다. 신라시대부터 화랑들이 심신을 연마하려고 산과 계곡을 찾아다녔다는 기록을 보아도 그렇고, 불교가 처음 들어올 때 절 안에 산신각(山神閣)을 허용했던 이유를 생각해 보면 우리 민족의 산사랑은 유별나다.

산은 항상 감동을 준다. 변화무쌍한 채로 그것 자체가 감동이다. 사람이 만든 것은 세상 어느 것도 그런 항시적인 감동을 줄 수 없다. 우리 선조들은 '산에 오른다'고 하지 않고 '산에 든다'고 말을 했다. 산에 '드는' 일은 마치 따뜻한 어머니의 품속에 파고드는 어린이 같은 느낌을 준다. 어머니에게 안겨 있는 어린이의 모습은 『화엄경(華嚴經)』에서 말하는 아름다움의 극치이다.

그래서 자고로 "지자(知者)는 요수(樂水)요, 인자(仁者)는 요산(樂山)이라"고 했다.⁴⁴

거기에 더하여 물은 우리 조상들에게 생명사상의 근원이었다. 물은 사람을 생각하게 한다. 깊은 산은 사람의 심성을 깊게 하고, 넓은 물은 사람의 심성을 넓게 한다.

노자는 "최고의 선(善)은 물과 같다(上善若水)"⁴⁵라고 표현했다. "물의 좋은 점은 만물을 이롭게 하면서도 다투지 않고 여러 사람이 싫어하는 낮은 곳에 자리하는 것이다.(水善利萬物而不爭 處衆人之所惡)" 물은 이처럼 덕과 도를 통틀어 최고의 선이기 때문에 우리 선비들이 중요하게 생각한 철학의 대상물이었다.

소쇄원은 양산보가 자신의 영역 안에 구곡을 축소 재현한 것으로 보아야 한다. '원규투류(垣竅透流, 담장 밑으로 개울물이 흘러 들어오게 한 것)'라고 「사십팔영(四十八詠)」에 표현한 대로 담 밑을 뚫어 뒷산의 계곡물을 끌어들인 수법을 일컬어 오곡문(五曲門)이라고 이름한 것이 그렇게 보인다.

별서(別墅)라는 정원양식은 구곡의 축소 형식이며 '별서의 경영'은 구곡의 경영 다음으로 선비들이 희구한 생활방식이었다. 심지어는 마당에 작은 연못을 만들고 가운데 석가산(石假山)을 만들거나 댓돌 앞에 기암괴석을 늘어놓거나 방 안에 수석을 수집하여 완상하는 취미까지가 하나의 계열이라고 보아야 할 것이다. 우리는 해와 달, 구름과 바람을 삶 속에 불러들일 수 있고 먼 산의 경치를 끌어다 제 것으로 만들 수 있었다.

아무리 축소하고 재현해도 그것은 축소된 것으로 보이지 않으며 차경(借景)⁴⁶이라는 수법을 통해 그 심상의 풍경을 더 확대시켰다. 차경이란 풍경을 빌리는 것이다. 집 밖에 보이는 먼 산이나 수목 등 기존의 자연을 정원 조성의 배경으로 이용하는 조원법(造園法)이다. 외부 경관을 정원 내의 경관과 융합시키는 수법으로 동양 삼국에서 이용되었다. 그러나 중국이나 일본보다는 우리나라에서 더 많은 사례를 발견한다.

우리 전통 조경에서는 정원을 자연경관 속에 끼워 넣는 방법을 썼기 때문에 주위 자연경관은 정원의 일부이다. 따라서 정원의 내부 경관과 연결시키기 위해 별도로 인공의 차경수법을 쓰지 않았다. 전통 정원의 담장은 그것이 방범을 위한 것이 아니라, 안과 밖을 구분하는 선에 불과한 것이기 때문에 대부분 낮게 만들었고, 정원 내 정자나 건물의 댓돌과 마루 위에서 담장 밖 주위경관을 충분히 감상할 수 있었기 때문에 이것도 훌륭한 하나의 차경이다. 주위경관은 정원의 터를 잡을 때부터 함께 어울리도록 미리 고려하여 그렇게 시각적으로 활용하는 것이다. 차경은 자연스럽게 한국 정원에서 가장 많이 쓰였다. 그것은 시각의 흐름을 연결하려는 노력이자 기운의 흐름을 차단하지 않으려는 노력이었다.

풍경 속에서 그들은 살아서는 도인이 되기를 희구했고, 죽어서는 신선이 되기를 갈망하였다. 그래서 '나물 먹고 물 마시고 팔베개 하고 누운' 유유자적(悠悠自適)의 상태를 이상으로 생각하였다. 서양사람들이 이제서야 깨달아 21세기 최첨단으로 유행시킨 '느리게 살기(slow life)'의 전형이며, 이것이 의식주 전반에 걸쳐 소위 '웰빙'과 개인 생활의 효율적 에너지 관리를 위한 모범 사례이다. 그러면서도 그들은 결코 유약한 백면서생(白面書生)들이 아니었다. 정신은 맑고 육체는 강건했다. 참선과 명상과 좌선으로 정신을 맑게 유지하였고, 기수련·호흡법·단식법을 연마하여 몸을 단련하였고, 각저(角抵, 씨름), 수박(手搏, 손으로 주로 하는 무술), 택견(托肩, 발을 주로 하는 무술) 같은 방어술과 선무술(禪武術), 봉술(棒術) 등 호신술뿐만 아니라 축지법과 둔갑술과 비행술도 알았다.

퇴계 이황은 젊어서 병약했으나 명나라 태조 주원장(朱元璋)의 아들 주권(朱權)이 의술과 도술을 결합해 지은 『활인심(活人心)』이라는 책을 직접 필사하여 『활인심방(活人心方)』이라는 책을 만들고, 그 묘방(妙方)에 따라 자신도 건강을 유지하며 일흔 살까지 장수했다. 이런 수련은 체력을 보전하기 위해서나 남을 공격하거나 공격으로부터 자신을 보호하려는 것이 아니라, 정신의 집중과 궁극적 깨달음을 얻기 위한 것이었다.

우리나라 역사에서 무수히 나타나는 훌륭한 선비들은 대부분 '문무(文武)를 겸비했다'고 표현되어 있다. 놀라운 사실은 나라가 어려울 때마다 나타난 의병들이 선비들과 스님들이었다는 점이다. 그들은 내우(內憂)가 있을 때 선비의 목숨을 걸고 상소문을 올렸고, 외환(外患)이 있을 때 군인의 목숨을 걸고 외적과 싸웠다. 공부가 어느 경지에 달하면

시짓기, 글쓰기, 음악, 그림 그리고 나아가 문과 무의 경지를 넘나들게 되고, 그들의 사생관(死生觀)은 삶과 죽음을 넘나들게 되는 것이다. 대의와 명분을 위해서는 자신과 상대방의 죽음을 불사한 것도 기록할 만한 일이다.

그 대표적인 사례가 퇴계 이황과 동갑내기 라이벌로 지극히 대조적인 삶을 살았던 남명(南冥) 조식(曺植)[47]이었다. 그는 옷자락에 방울을 달아 그 소리로 자신의 행동을 단속했다는 엄격한 선비였으며 '칼을 찬 유학자'라는 이름에 걸맞게 어지러운 시류에 단호한 거취를 보였다.

아버지와 숙부를 사화(士禍)에 잃은 그는『장자』에서 이름을 따 스스로 호를 남명이라 하였다. 그는 "자식 관계는 천륜(운명)이요, 왕과 신하의 관계는 인륜(계약)인바, 왕이 부모를 죽인 상황에서 정권에 저항할 수는 없지만 선비의 가장 큰 일은 정치에 나아가고 물러나는 그 순간이 있을 뿐"이라며 출사(出仕)하지는 않겠다는 뜻을 지켰다. 그것이 유자(儒者)이면서 장자(莊子) 풍의 은둔을 택할 수밖에 없는 이유였지만 그의 은둔은 더 정치적 영향력을 발휘하여 정권에 깊은 타격을 주었다. 은둔은 도피가 아니라 권력의 정당성에 항의하는 강력한 의사표시였다. 그는 상소문에서도 임금에게 "군의(君義)로서 몸을 닦고 나라의 근본으로 삼으라"며 정의의 실현을 공개적으로 요구하였다. 임진왜란 때 곽재우(郭再祐)[48]를 비롯한 그의 제자들이 전국 각지에서 의병을 일으킨 것은 우연이 아니었다.

선비들의 삶이 그러했기에 그들의 생활환경, 주택, 강학당이 어떤 모습이었을지, 어떤 풍경 속에 있어야 했는지 상상이 되고 공감이 간다. 죽기를 각오하고 사초(史草)를 사수한 사관들의 이야기는 선비의 삶이 어떠해야 하는지를 웅변한다.

조선의 임금들은 실록을 볼 수 없었다. 사고(史庫)를 지키는 고지기에게는 임금이라도 실록에 접근하는 것을 제지할 권한이 있었다. 어느 임금은 '내가 무서워하는 것은 오로지 하늘과 사관뿐'이라고 했다. 절대 군주 아래서 그런 제도를 둔 것과 그런 직책의 독립성을 지킨 것이 조선 왕조를 오백 년이나 지탱한 요인이었다. 세상에 오백 년이나 지속한 왕조는 흔치 않다. 그리고 사관들의 이런 행동이 진정한 용기이고 본받아야 할 신념일 것이다. 그런 사람들의 생활과 환경이 어떠했을지 짐작하기는 어렵지 않다. 그리하여 그들이 인생의 말년에 도달했을 때 그들이 갖게 되는 풍경의 미학은 드디어 신선이 된 고운(孤雲) 최치원의 모습으로 돌아간다.

아마도 생전에 높은 벼슬을 많이 지낸 경력으로 어느 누구에게도 뒤지지 않을 어세겸(魚世謙)[49]은 다음의 시에서 폐허의 아름다움에 대해 읊었다.

옛절에 놀러 오니 중이 예스럽지 않고
신라 천년의 지난 일이 도리어 새롭구나.
궁전 터는 남았는데 농부들이 차지했고
산하는 주인 없이 진인(眞人)에게 귀속되었네.
외로운 탑은 이미 앞·뒷면이 허물어졌는데
늙은 소나무는 여전히 반쪽이 남았구나.
—『신증동국여지승람』21권,「경상도」'경주부-제영'

옛절은 분황사(芬皇寺)를 말하고 외로운 탑은 분황사탑을, 진인은 고려 왕건을 말하는데, 이렇게 스러져 가는 것의 아름다움을 읊조리는 폐허의 미학은, 건축을 심상(心象)의 풍경으로 보고 폐허를 시간의 심상으로 보는 도인의 경지를 보여준다. 그는 관직이 높아질수록, 나이가 들어 갈수록, 학문이 깊어 갈수록 폐허의 아름다움에 심취했다.

풍경 중에는 첫 여름의 신록이 가장 아름답지만 거기에 시간의 더께가 쌓여 이야기와 의미가 생긴다. 시간의 환상이 풍경을 감싼 아름다움을 알기에는 시간이 필요하다. 그 극치가 폐허에서도 아름다움을 느끼는 경지일 것이다. 폐허는 오히려 생명의 싱그러움을 새로이 깨닫게 한다. 어둠이 있어 빛은 더 밝고, 비오는 날에야 맑은 날의 귀중함을 안다.

Emptiness 餘白 **여백**

'지붕'이라는 말은 '집'에서 나왔다. '지붕'은 '집'에 '웅'을 더한 것이다. '웅'은 의미 없는 접미사이므로 우리말에서 집은 지붕이다. 맞배지붕은 맞배집이고, 팔작집은 팔작지붕집이다.

지붕만 있으면 그게 집이다. 햇볕을 가리고 비를 피하는 지붕을 집이라고 생각했던 것이다.

집을 지으려면 기둥을 세우고 지붕을 올렸다. 그러므로 사람의 공간을 만드는 것은 지붕을 얹는 것으로 우선 성립하였다. 지붕을 받치기 위해서는 최소한의 버팀목으로 네 개의 기둥이 필요하다. 이것이 한국건축의 기본형이다.

1914년에 르 코르뷔지에(Le Corbusier)가 발표한 도미노 시스템이 서양건축사에 큰 반향을 일으켰던 것은 벽 대신에 여섯 개의 기둥만으로 집이 세워졌기 때문이었다. 그들은 그것을 가지고 '자유로운 평면과 자유로운 입면'이 가능해졌다며 환호작약하였다. 그들은 오천 년 동안 벽을 세워 공간을 막는 건축을 해 왔기 때문에 막은 벽을 필요한 만큼 뚫어내기가 얼마나 어려운가를 뼈저리게 경험했고, 확 트인 도미노 시스템을 보자 먼저 터놓고 필요한 곳을 막아 쓰는 일이 얼마나 쉬운가에 환호했다. 그리고 그것을 '근대건축의 오원칙'이라고 떠받들었다.

우리에게 기둥 네 개로 만들어진 공간은 삼천 년을 전해 내려온 기본형이다. 그 기본형 안에 건축의 구조와 형태와 공간과 기능이 모두 수용되었다.

하나의 기본형이 한 칸 집을 이루고 두 개가 두 칸 집을 이루고 세 개가 세 칸 집을 이룬다. 이렇게 반복되어 아흔아홉 칸까지 조립된다. 길이에 따라 필요에 따라 기역자, 니은자, 디귿자, 미음자, 리을자로 꺾일 수도 있다. 레고 장난감 같은 조립 시스템이다. 거기에는 형태 또는 형태를 만드는 조형, 그리고 그 조형을 행하는 조형적 태도가 없다. 거기에는 공간, 참으로 빈 공간이 있을 뿐이다. 그것은 무엇을 채워 넣을 목적으로 만들어진 내부공간이 아니다. 무한한 자연공간의 일부로서 구획된 한 부분이 내외를 관통하며 존재할 뿐이다.

지붕과 기단의 사이는 비어 있다. 양과 음 사이의 중성공간이다. 그리고 내부와 외부는 관통한다. 동북아 세 나라 가운데 특히 우리 건축에서 이 중성공간의 비움은 엄격히 지켜진다. 중성공간에는 기둥이 있지만 이 기둥조차도 존재하는 것이 아니라 기단(음)의 연장이라고 볼 만큼 철저히 개방되어 있다.

개방이란 기둥도 벽도 없다는 의미이다. 중국건축에서는 벽이 지붕을 받치는 (벽)구조가 많이 보이고, 일본의 경우 막부(幕府)처럼 막을 두르는 형식으로 가려지기도 하지만, 우리의 건축은 기본적으로 철저히 개방되어 있다.

서양건축이 외부로부터 내부를 보호하기 위한 차폐물이고 거기서 필요한 부분을 뚫어 나간 반면, 한국건축은 기본적으로 개방이 원칙이고 필요한 부분만 차폐하였다. 기둥 네 개로 하늘을 가리고 그 사이에서 흙으로는 온돌방을 만들고 나무로는 마루방을 만들었다. 차폐의 방법도 창호지로 된 미닫이(미서기)창(문)이 기본이고 들(창)문, 덧(창)문 같은 개방형이 보통이다. 이런 (창)문들은 닫혀 있어도 공기가 통하고 소리가 들리는 반개방 상태이다. 닫았다가도 열고 싶을 때는 열어젖힌다. 그러면 다시 (기본으로 돌아가) 내부와 외부는 구분이 없어진다. 방이라는 폐쇄 공간이 있었다 없어지고 없다가 생겨나는 변상(變相)의 마법이다.

이 경우 그 (창)문들로 구획된 방들도 기본적으로 빈 공간이다. 고정된 벽이 없으므로 가구 집기가 기대어 설 곳이 없고 따라서 지나치게 많은 고정 가구의 소유가 불가능하다. 특히 사랑채에는 안방처럼 옷장이나 이불장도 없다. 선비의 방은 책상과 등잔처럼 벽에 기대지 않고 방 가운데 서 있는 것이 전부이다. 옷은 평면이 되어 의걸이 횃대에 걸려 있다.

담장은 있되 그 너머로 밖이 내다보이고 까치발을 하면 밖에서도 안이 들여다보인다. 담장은 그저 안과 밖을 구분하는 선에 지나지 않는다. 제주도의 정낭은 그 대표적인 표현이다. 대문 정주먹에 긴 나무를 걸쳐 놓았으면 들어오지 말라는 이야기다.

빈 공간에 대해 이야기한 건축가는 많다. 빛에 대해 열광한 건축가들도 있다. 그러나 바람에 대해, 물소리에 대해 생각한 건축가는 많지 않다. 더구나 땅의 기운과 하늘의 기운이 맞닿은 사이공간에 건축이 있고 그 빈 공간이란 정말 비어 있는 것이 아니라는 것, 그리고 그 건축 공간에 흐르는 기운이 사람의 체질에 미치는 영향을 따져 본 건축가는 없었다.

서양건축은 장인-예술가들에 의해 만들어졌다. 레오나르도 다 빈치, 미켈란젤로, 베르니니같이 화가와 조각가를 겸한 예술가들이었다. 그들은 천재들이었으며 질투하고 탐욕하고 사랑하고 배신하고 결투하고, 카라바조[50]처럼 자살하기도 했다. 그래서 그들이 만든 작품들은 예술적으로 창조적이고 감동을 준다. 그들의 건축은 거듭된 도전과 실패로 이룩된 성취의 금자탑이었다. 그 건축과 예술에는 끊임없이 사람을 긴장시키는 공간과 조형의 으르렁거림이 있다. 그들은 심지어 반 고흐처럼 자신의 귀를 잘라 버리고 권총으로 자살한 천재의 격정과 광기를 인정하고 안타까워하고 최고로 미화하고 우러러보기까지 한다.

우리의 장인-예술가들 중에 그런 격정을 가진 사람은 많지 않았다. '미치지 않으면 미치지 못한다(不狂不及)'를 되뇌며 살다 간 열혈한(熱血漢)들이 없었던 건 아니나, 자신을 알아주지 않는다고 스스로 눈을 찔러 한쪽을 실명했던 최북(崔北)—그는 북(北)이라는 글자를 둘로 쪼개어 스스로 호를 칠칠(七七)이라고 한 괴짜였다—이나 취화선(醉畵仙)으로 잘 알려진 오원(吾園) 장승업(張承業), 과음으로 세상을 떠난 목재(木齋) 허행면(許行冕) 정도의 격정적 행위들은 크게 본받을 바는 못 된다고 치부되었을 것이다. 그런 종류의 열정이란 우리로 말하자면 원시적이고 비문화적이며 세련되지 못해 유치한 행위였을 뿐이다. 기본적으로 감정을 밖으로 표출시키지 않고 자제하는 일에 훈련된 사람들은 속으로 그것을 삭여야 한다.

그들 서양의 예술가들 중 누구도 부인하지 않을 천재인 모차르트가 위대한 점은 그의 숨은 열정보다도 그 천의무봉(天衣無縫)의 순진무구함이다. 그는 그의 오페라에서 결코 가수들 특히 소프라노에게 고음의 어려운 발성을 요구하지 않았다. 그가 만일 세상에서 가장 쉬운 노래인 '반짝반짝 작은 별(Twinkle, twinkle little star)'의 주제에 의한 변주곡(K265)[51] 대신 같은 주제로 「차라투스트라는 이렇게 말했다(Also sparach Zarathustra)」 같은 대곡을 변주곡으로 쓰도록 부탁을 받았더라도 그 이

이황(李滉)은 풍기군수로 부임한 다음해에, 주세붕(周世鵬)이 세운
백운동서원(白雲洞書院)의 '경(敬)'자 바위에 백운동이라 새로 새기고 소나무,
잣나무, 대나무를 심어 취한대(翠寒臺)에서 건너다보이게 했다. 서원의 건축이
강학을 위한 기능공간이라면 이것은 그 여백이다. 마찬가지로 사색은 학문의
여백이고, 때로는 그 여백이 더욱 중요한 것이다.

상 가는 엄청난 것을 만들었을 것이다. 쉽게 만들기는 어렵고 단순하게 만들기는 복잡한 과정의 노력이 필요하다. 서양 사람들의 사고는 단순하지 않기 때문에 모차르트가 돋보인다.

2007년 세계 패션의 경향은 절제의 아름다움이다. 수년간 세계 패션을 주도해 온 모피와 보석의 화려함 대신에 소박한(sober) 스타일이 나설 것이라고 『타임』지 특집이 보도했다. 할리우드 최고 여배우 안젤리나 졸리는 제64회 골든글로브 시상식에 장식이 없는 심플한 드레스를 입고 나와 다른 연예인들의 현란한 의상과 대비되어 더 돋보였다는 평을 받았다. 제79회 아카데미 시상식을 빛낸 리즈 위더스푼과 매기 질렌할의 드레스도 심플했다. 이런 추세는 파리와 밀라노의 '2007년 가을 컬렉션'에서도 그대로 드러났다. 미니멀과는 거리가 멀었던 베르사체조차 이번에는 고전적인 검은색과 회색의 코트와 수트에 빨간색 무늬를 간간이 넣었을 뿐이다. 『타임』지에서는 '모든 장식들에 안녕(Goodbye to all that gaudy stuff)'이라며 '좀더 절제된 드레스가 우리 주변의 번잡함에 해독제 역할을 하기를 바란다'고 했고, 1990년대초 '올 블랙(all black)' 패션을 선도한 고급 의류매장 바니스 뉴욕의 패션 디렉터도 '과도함(excessiveness)은 더 이상 쿨하지 않다'고 말했다. 이런 현상은 1990년대초에 유행한 "적을수록 많다(Less is more, 단순성을 강조한 모더니즘 건축용어)"라는 말의 조용하지만 강력한 부활이다. 이런 '간소화(austerity)'를 향한 열망을 '지각있는 절제(conscious abstention)' 또는 '양심적 소비자 운동(conscience consumerism)'이라고 부른다. 자신이 구입하는 물품에 대한 생각은 이제 단순한 미적 취향이 아니라, '삶의 방식'이 변하면서 반성적 소비로 바뀌기 시작했다. 쓰레기 배출에 신경을 쓰고 에너지 절약형 하이브리드카를 사듯이 소비자들은 단순하고 안정된 라이프 스타일을 찾는다. 즉 시간이 돈보다, 경험과 관계가 전자제품이나 고급 구두보다 더 소중해진 것이다. 건강과 마음의 평화가 우선하는 삶의 흐름이 이렇게 소비 패턴에도 이어져서 이제 한마디로 "더 소유하기보다는 더 오래 '살고' 싶어한다.(Want to live more, not own more)"

그런데 패션산업의 이런 절제미 트렌드를 마냥 반가워해서는 안 된다. 그들은 어느 때라도 복고풍으로 돌아갈 것이다. 그래서 건축가들은 패션디자인이라는 일을 변덕스럽고 가볍다고 본다. 그렇다고 해서 현대건축이 패션만큼 경박하지 않은 것도 아니다. 논리도 없고 즉흥적이며 상업적이라는 점에서 건축이 패션을 경시할 이유가 없다.

그들은 진정한 의미의 여백미와 단순미를 모른다. 백자 달항아리는 그래서 그들에게는 불가사의하다. 컴퍼스나 템플릿이나 컴퓨터로 그려진 기하학적 원이 아니라 손으로 빚어진 순수한 아날로그의 둥근 형태에 사람의 손길이 느껴지고 마음이 전달되고 영혼이 깃들여 있으면서도 특정한 느낌을 강조하지 않는다. 우리의 건축은 동양화가 그 여백을 위해 그려지는 것과 같다.

당신은 하얀 진달래의 화려함을 보았는가. 하얀 소복의 슬픈 아름다움을 보았는가. 조선 사람이 백의민족이라는 것은 그들 단순성의 표현이다. 그들은 '적을수록 많다'를 원래부터 알았다.

2006년 한 해 동안 미국의 동영상 사이트 '유투브(www.youtube.com)'가 전 세계에서 가장 인기였다. 누구든지 동영상을 올리고 감상할 수 있는 무료 온라인 방송이다. 동영상 자료를 억 개 이상 보유하고 있으며 하루 검색인 수가 천만 명을 넘는다. 2006년 10월 십육억오천만 달러(약 일조오천억 원)로 '구글(Google)' 52에 합병되었다. 당시 스물아홉 살이었던 유투브의 타이완 출신 창업자 스티브 첸은 자신의 성공 비결을 '쉽게 만들었기 때문'이라고 말한다. 복잡한 기술은 알 필요도 없고, 그냥 즐길 수 있게 만들었다는 뜻이다.

우리는 때로 엠피쓰리와 디엠비(DMB)를 겸한 휴대폰이나 디지털 카메라의 복잡한 사용설명서에 당혹한다. 사실 설명서 읽기를 포기하는 사람들이 틀린 것은 아니다. 그 복잡한 카메라가 잘못된 것이다.

"단순함은 올바름이다."[53] 기능이건 디자인이건 단순한 것이 시장에서도 잘 팔린다. 구글의 성공은 그 단순한 검색 기능 때문이었다. 그런데 그 유명한 구글과 야후도 한국에서는 토종의 네이버와 다음, 엠파스(네이트에 병합)에 비해 기를 못 펴고 있다. 엄청난 검색능력으로 세계 최고의 브랜드 가치를 자랑하는 구글이 2000년에 한글 검색 서비스를 시작했으나 2006년 국내 시장 점유율은 네이버의 칠십이 퍼센트에 비해 부끄럽게도 이 퍼센트에 불과했다. 구글은 한국 업체를 기업 합병하는 대신 한국에 세계에서 유일하고 최초인 연구개발본부(R&D Center) 설립을 결정했다.

그 구글도 그 단순함을 성취하기 위해서는 서양식으로 복잡한 과정을 거쳐야 했다. 존 마에다가 말하는 단순함의 법칙 열 가지. 먼저 시스템을 훼손시키지 않으면서 없앨 것을 모두 없애는 축소, 이를 위해서 압축(shrink), 은폐(hide), 구체화(embody)를 비롯해 같은 종류끼리 모으고 정리해서 단순하게 하는 조직화, 또 이 조직화를 위해서는 분류(sort), 명명(label), 통합(integrate), 순위 매기기(prioritize), 이런 복잡한 과정을 거쳐야 단순화에 이른다고 믿는다. 단순화를 한다는 일이 이렇게 복잡해졌다.

그러나 우리의 단순함은 그런 복잡한 과정을 거쳐 된 것이 아니다. 우리는 건축을 기둥 네 개로 단순화했다. 건축의 구조와 형태와 공간과 기능이 모두 이 기둥 네 개의 원단위로 단순화되었다. 거기에서 시작해 모든 것을 더 보태어 만들어 나갈 수 있었다.

우리의 건축은 인문학자-철학자들에 의해 계획되고 장인들이 만들었다. 그들은 내공을 쌓으며 인생을 관조하였다. 우리 것들은 그러므로 그 장인들의 솜씨에 감동하기 이전에, 그 인문학적 철학적 배려에 따라 사유하게 한다. 그들은 동시에 시인이며 문장가이고 (문인)화가이며 철학자로서 음악과 춤을 알았다. 그러면서도 그들은 서양의 예술가들과 달리 격정을 다스릴 줄 알았다.

우리 건축은 인문학이고, 그 작품들은 그래서 그 모든 감수성을 통틀어 다듬어진 총체적 체험을 통해서만 감지된다. 우리의 이런 오랜 인문학적 전통은 우리 내부에서 존중되어야 하고 외부로부터 존경받아 마땅하다.

건축과 그림의 관계에서 서양과 우리를 비교해 보는 것은 재미있다. 프레스코화가 되었건 유화가 되었건, 서양건축에서는 고정된 벽면에 그림을 그렸다. 그래서 그림들은 건물에 일체가 되었다. 우리에게는 그런 벽이 없으므로 따로 그려서 창이나 문이나 벽의 여백에 그림을 걸었다. 동양의 독특한 예술 장르인 글씨(書道)도 마찬가지였다. 횡액(橫額)이건 현판(懸板)이건 주렴(珠簾)이건, 들보 위에나 문짝 좌우의 남는 벽에 따로 그려 걸었다. 병풍 그림이건 부채 그림이건, 더 나아가 사당의 영정(影幀) 그림조차도 글씨 액자와 그림틀은 건물과 따로 있었다. 서양건축은 벽의 건축이라, 벽은 완강하고 여백이 없다. 벽 뒤에는 항상 그림자가 있고 무언가 숨은 듯하다. 우리 건축에서 벽은, 가볍고 낮고 때로 움직이며 없어진다. 벽은 있어도 투명하고 그것은 여백일 따름이다.

또 우리가 서양건축을 볼 때 재미있는 점은 건물 안의 각 방이 명확하게 용도 구분되어 있는 점이다. '잠자기 위한 방(La Chambre à coucher)'은 침실을, '먹기 위한 방(La Salle à manger)'은 식당을 가리킨다. 침실에 침대가 놓이면 침대가 그 방의 주인이 되고, 식당에는 식탁이 그 방의 주인이다. 침대가 일인용이냐 이인용이냐에 따라, 식탁이 사인용이냐

종묘(宗廟)의 진정한 아름다움은 이 마당에 있다. 이 여백이 사실상 이 건축을 있게 한다. 동양화가 그 여백을 위해 그려지는 것과 같다.

팔인용이냐에 따라 그 방의 사용 인원이 한정된다.

노자의 『도덕경』 제11장에서는 "흙을 빚어 그릇을 만들면 당연히 그 비어 있음이 그릇의 쓰임새가 되고, 집에 문과 창을 내어 방을 만들면 당연히 그 비어 있음이 방의 쓰임새가 된다. 그러므로 공간이 있음은 이(利)가 되고 비어 있음은 용(用)이 된다(埏埴以爲器 當其無 有器之用 鑿戶牖以爲室 當其無 有室之用 故有之以爲利 無之以爲用)"라고 했다.

그릇은 비어 있어야 무엇을 담을 수 있고 방은 비어 있어야 어디 쓸데가 있다. 그것은 이렇게 말할 수도 있다. 그릇에 설탕이 들어 있으면 물그릇으로 쓸 수가 없고 방에 침대가 들어앉았으면 다른 용도로 쓸 수가 없다.

우리에게 온돌방은 거실이자 서재이지만 요와 이불이 깔리면 침실이고 밥상이 들어오면 식당이다. 마루는 평소에는 거실이자 가족실이지만 베틀이 놓이면 작업공간이다. 대청은 봉당(封堂)과 마당까지 연장되는 반 외부공간이다. 한겨울 추위에는 마루를 포기하고 안방과 건넌방으로 생활권역이 축소된다. 온돌방은 두 사람, 네 사람, 열 사람이라도 받아들인다. 가변적(soft) 고정(hard)이라고 할까. 우리 건축은 서양건축의 고정적(hardware) 성격보다는 가변적(software) 요소가 많다. 가변적이고 융통성있고 다목적이다. 건축에서 답은 항상 하나가 아니다.

자크 데리다가 비슷한 말을 했다. "하나뿐인 진리란 없다. 확정적이고 고정된 자기동일성이란 애초에 존재하지 않는다. '해체(deconstruction)'[54]란 어떤 구조물도 어떤 텍스트도 내적 모순이 없을 수 없으므로 이를 피해 갈 수 없다는 뜻이다. 애초에 자기 완결적 구조란 없으며 그 구조를 지탱하는 중심도 없다. 콘텍스트밖에는 아무것도 없다. 모든 텍스트는 자기 완결적이지 않고 열려 있으므로 콘텍스트 속에서만 이해될 수 있다. 어떤 의미도 콘텍스트 바깥에서는 결정될 수 없지만, 어떤 콘텍스트도 그 의미를 충족시킬 수 없다. 모든 규정은 잠정적이고 보완적일 뿐 영원하고 완전한 규정은 없는 것이다. 삶이, 세상이, 역사가 모두 그렇다. 단 하나의 고정된 중심에 들어앉아 오직 하나뿐인 진리를 호령하는 일은 불가능한 일이다. 그런 진리도 없고 그런 중심도 없다."[55]

경회루(慶會樓)가 아름다운 것은 디자인 때문이 아니다. 태종의 명을 받은 공조판서 박자청(朴子靑)이 『주역(周易)』의 '천원지방(天圓地方)' '양의삼재(兩儀三才)' '삼십육궁(三十六宮)'의 원리에 입각하여 이 누각을 지었다. 둘레의 연못은 하늘을, 연못 안의 네모난 기단은 땅을 상징한다. 일층 내부 기둥을 원기둥(圓柱), 외부 기둥을 사각기둥(方柱)으로 한 것은 천원지방의 뜻이다. 이층 기둥도 외진주만 사각기둥이고 내진주는 모두 원기둥이다. 외진(外陣)·내진(內陣)·내내진(內內陣) 세 겹으로 구성된 이층 평면의 제일 안쪽 내내진은 세 칸으로 이루어져 천지인 삼재(三才)를 상징하고, 이 세 칸을 둘러싼 여덟 기둥은 천지만물이 생성되는 기본인 『주역』의 팔괘(八卦)를 상징한다. 제일 안쪽 세 칸을 둘러싼 다음 겹인 내진은 열두 칸인데 일 년 열두 달을, 매 칸마다 네 짝씩 열여섯 칸에 달린 예순네 개의 문짝은 육십사 괘를, 가장 바깥을 둘러싼 외진의 스물네 개 기둥은 일 년 이십사 절기와 이십사 방(方)을 상징한다. 경회루는 유가(儒家)의 세계관을 건축형식으로 만들어낸 철학의 직설적 표현이다.

종묘(宗廟)가 아름다운 것도 디자인 때문이 아니다. 한국에서 가장 긴 건물인 종묘는 이십칠대 519년 왕조의 역사를 담아야 하는 필요 때문에 정전(正殿) 열아홉 칸, 영녕전(永寧殿) 열여섯 칸으로 만들어졌다. 그러나 이 건물이 태조 4년(1395)에 처음 지어졌을 때는 일곱 칸으로 시작해, 열한 칸, 열다섯 칸, 그리고 마지막으로 광해군 즉위년(1608)에 다시 짓고 이후 영조, 헌종 때 증축하여 열아홉 칸으로 되기까지 세 차례에 걸쳐 증축되었다. 필요에 따라 원래 길이에서 세 배가 늘어난 것이다. 말하자면 미리 계획된 완결성보다는 필요에 따라 성장하는 건물이 된 것이다. 그리하여 종묘는 그 필요 때문에 가장 아름다운 건물이 되었다. 종묘에서 가장 아름다운 월대(月臺)는 건물과의 조화를 위해 그런 크기로 만들어진 것이 아니라, 제례 때 악사(樂士)들과 팔일무(八佾舞)를 추는 예순네 명의 무용수들이 여덟 명씩 여덟 줄로 서서 춤출 때 서로 닿지 않을 만큼의 크기로 만들어졌다. 과장도 없이 축소도 없이, 필요한 것을 필요한 만큼 썼기 때문에 의도되지 않은 아름다움이 태어난 것이다.

종묘는 천의무봉이다. 그 전율할 아름다움은 죽음의 침묵에서 온다. 하늘에 떠도는 조상의 영혼을 부르는 건물이다. 인간이 그 재주와 솜씨와 기교로 하늘을 움직일 수 있는 것이 아니다.

절제 節制 Moderation

건축을 예술이라 하고 건축가를 예술가라고 생각하는 데서 소위 작가의지와 작품성 논란이 생긴다. 우리 전통건축이 예술이 아니고 그 작품을 만드는 건축-예술가가 존재하지 않았다는 사실은, 우리에게 건축을 예술품으로 만들려는 '작가의지'라는 개념이 애초에 없음을 말한다. 그들은 '조형예술'로서 건축적 감동이라는 것을 만들 생각이 없었다. 그들은 차라리 말하자면 풍경을 만들고자 했다.

　김인후(金麟厚)가 지은 「소쇄원사십팔영(瀟灑園四十八詠)」[56]을 읽으면 양산보(梁山甫)가 소쇄원을 지을 때 송순(宋純)[57]과 김인후의 도움을 받았겠다는 느낌을 지울 수가 없다.[58] 면앙정(俛仰亭) 송순은 양산보와 이종사촌 사이이고 김인후는 사돈간이며 지척에 살았다. 그들은 함께 돌과 나무와 물과 꽃으로 소쇄원이라는 풍경을 만들고 물소리, 바람소리, 거문고 소리를 즐겼다. 송순은 「면앙정 잡가」에서 바로 "초당 세 칸을 지어 한 칸에 청풍(淸風)을, 한 칸에 명월(明月)을 담겠다"고 노래한 유명한 사람으로, 소쇄원이 지어진 지 삼 년 후에 그 자신이 면앙정을 지었다. 그는 "강산은 들일 데가 없으니 둘러두고 보리라"고 했다. 여기에

서 건축은 풍경 속의 한 요소로서 존재하는 것이다.[59]

의재(毅齋) 허백련(許百鍊)과 그 동생 목재(木齋) 허행면(許行冕)의 대화에 "너의 그림에는 문기(文氣)가 없다"는 형의 말이 나온다. 요절한 목재는 치열하게 그림에 매달린 화가였다. 형인 의재가 걱정한 것은 '그렇게 하면 환쟁이가 된다'는 것이었다. 우리 조상들은 그림을 위한 그림, 감동을 위한 의도적 노력을 경멸했다. 겉으로 보기에는 그저 여유 있는 풍류, 절제된 멋, 고단수의 은유, 점잖은 해학, 때로는 가벼운 파격 같은 형태로 나타날 뿐이다.

그러면 그들은 치열한 예술혼이 없었는가. 그 대신에 그들에게는 '치열한 내공(內功)'이 있었다. 그것은 여간해서는 겉으로 드러나지 않는 것이다. 우현(又玄) 고유섭(高裕燮)은 이것을 일컬어 '무기교의 기교' '무계획의 계획'이라고 불렀다. 그러나 이 설명은 어딘가 부족하다.

서예의 시작은 '일(一)'자를 천 번 베껴 쓰기에서부터 비롯한다. 동양화를 그리는 데는 규범과 절도가 우선이다. 사군자는 스승의 화첩을 베끼는 일에서부터 시작하고, 탁족도(濯足圖)조차도 한쪽 다리는 꼬아 올리고 나머지 한쪽 발만 물에 담그는 격식에 따라 그려졌다. 그럼에도 불구하고 그림의 개성과 독창성과 예술성은 그대로 살아났다.

한국의 인물화(초상화)는 중국과 일본에 비해 훌륭한 작품들이 많이 남아 있는데, 그것들이 잘된 이유는 사람을 닮게 그리는 그림의 테크닉에 있지 않고, 때로는 어떤 종류의 내과 질환을 앓고 있는지 아는 것을 이상으로 한 '전신(傳神)'의 사상에 따라 그렸기에 인물의 성격과 정신과 인품까지를 담아 옮겼으며, 그 인물의 내면이나 정신세계를 밖으로 끌어내어 지극히 단순한 선화(線畵)만으로 절제된 화폭에 그렇게 표현할 수 있었다는 통찰력에 있고, 여기에 감탄하게 되는 것이다.

그냥 아름다운 그림이 아니라 이론과 실제가 일치하는 진경산수화[眞

景(實景)山水畵)로 유명한 겸재(謙齋) 정선(鄭敾)은 그의 자화상에서 보듯이 누구보다도 인물을 잘 그렸다. 그의 인물화와 산수화는 율곡 이이의 조선 성리학에 그 계보가 닿아 있다. 겸재는 삼연(三淵) 김창흡(金昌翕)의 제자이고, 김창흡은 조선 성리학을 집대성한 우암 송시열의 제자이고, 우암은 청음(淸陰) 김상헌(金尙憲)의 제자이고, 청음은 사계(沙溪) 김장생(金長生)의 제자이고, 사계는 율곡 이이의 제자이기 때문이다. 그것이 겸재로 하여금 화원의 일개 화공이 아니라 산수를 진경이라는 하나의 철학 장르로 개척하게 한 연유이다.

추사(秋史) 김정희(金正喜)가 말년을 보낸 서울 봉은사(奉恩寺)에는 그의 절필(絶筆)이 된 '판전(板殿)'이라는 두 글자가 남아 있다. '칠십노과병중작(七十老果病中作)'이라는 낙관을 보면 그의 몰년(沒年)에 쓴 것이고, 일설에는 이 글을 쓴 지 사흘 뒤 세상을 떴다고도 한다. '병중에 썼다'고 밝힌 점이 보는 이의 마음을 아프게 한다. 그 고졸한 글씨는 진실로 '대교약졸(大巧若拙)'[60]의 극치다. 학문으로서도 중국과 일본에까지 명성을 떨쳤던 조선조 최고 명필의 이 최고 명작은 죽음을 앞둔 인생 최고의 예술적 경지에 올랐을 때 일견 유치해 보이는 동자체(童子體)로 돌아가 있었다.

김중업은 건축의 예술성을 강조한 나머지 그의 주택 설계에서 '어드메 울고 싶은 구석이 있어야' 한다고 절규한다. 그러나 건축가가 누구의 주택을 설계하면서 '울고 싶은 구석'을 만들어 주었다고 해서 거기 사는 사람이 그 구석에만 가면 매번 눈물이 절로 나지는 않는 법이다.

인위적으로 어떤 감동을 연출하려 한 경우라면 차라리 양산보의 소쇄원을 보는 것이 낫다. 그는 집 들머리에 대봉대(待鳳臺)라는 작은 원두막을 만들어서 봉황이 날아오기를 기다린다며 친구를 맞았고, 담 밑을 뚫어 뒷산의 개울물을 끌어들이고 그 물을 건너는 외나무다리를 놓아

자신의 호를 따서 면앙정(俛仰亭)을 지은 송순(宋純)은 일찍이
정자 터를 구해 두었다가 대사헌에서 물러나 이 집을 지었다.
십 년을 경영하여 이루어진 꿈이다. 이 작은 집을 지은 기쁨에 겨워
그는 유명한 「면앙정가(俛仰亭歌)」를 지었다. 기대승(奇大升)이
「면앙정기(俛仰亭記)」를 쓰고 임제가 「부(賦)」를 쓰고
김인후, 임억령, 박순, 고경명이 시를 지어 바쳤다.

위교(危橋)라고 하였다. 광석(廣石)이라는 너른 바위 위에는 달이 내려와 앉으라고[臥月] 준비하고 상암(床岩)에는 바둑 두는 자리를 정해 두었다. 외부공간의 이런 연출에도 불구하고 광풍각(光風閣)과 제월당(霽月堂), 두 건물은 그의 도가적 기품을 따라 광풍제월(光風霽月)을 노래하듯 아무런 표정이 없다.

우리의 예술은 고구려 벽화와 신라 금관과 백제 석탑에서 그 화려한 아름다움의 절정을 이루었고 고려 불화로 그 아름다움이 더욱 승화되었지만, 조선조에 와서 철저한 금기와 절제로 돌아섰다. 조선시대 선비의 수양(修養)은 철저한 극기의 수도생활 같았다. 그 수양 위주의 학문생활을 공부라고 했다. 그들의 이상은 금기와 절제의 성인(聖人)[61]이 되는 일이었다. 그런 점에서 절제라는 명제는 노자의 가치관과 일치한다. 만월이 기울기 시작한다는 원리를 터득한 사람은 절제의 가치를 안다.

노자의 『도덕경』 제39장에서는 "계곡이 채워질 여유가 없으면 바야흐로 말라 버릴 것이다. 만물은 생장하지 않는다면 바야흐로 멸한다.(谷無以盈 將恐竭 萬物無以生 將恐滅)"라고 했다. 만물은 무(無)에서 시작해서 불완전으로부터 완전으로 성장한다. 완성은 바야흐로 생명이 멈추는 것이니 소멸을 예고한다. 그러므로 모든 살아 있는 것은 불완전한 것이 정상이다.

오늘날 세계에서 음악 감상을 위해 가장 좋은 건물은 어디일까. 수없이 많은 음악당들이 엄청난 돈을 들여 위용을 뽐내지만 음악당의 사치나 위용으로 인해 음악이 더 좋아지는 것은 아니다.

영국 서포크에 있는 스네이프 몰팅(Snape Maltings)의 음악당은 옛날 몰트 위스키(malt whiskey)를 만들던 귀리 창고를 개조하여 만들었다. 오브 애럽(Ove Arup)[62]의 음향기술로 되었다고는 하지만, 원래가 창고로 만들어진 벽돌 건물이므로 건축계획상 어떤 현대적인 음향이론도 적용되지 않은 '원시적' 형태의 구두 상자형 평면이다. '구두 상자(shoe box)' 같은 육면체는 음향학 교과서에는 음향설계에 가장 부적합한 형태라고 나와 있다. 그럼에도 한번 여기 와서 음악을 들어 본 사람들은 그 아름다운 음향의 울림에 감탄하지 않는 이가 없다. 세상에서 가장 까다롭고 신경질적인 기악, 성악 모든 분야의 연주자들도 불만이 없다. 세계 최고의 카네기홀(Carnegie Hall)이 그렇게 여러 번 대대적으로 음향설비를 개보수했지만 아직도 연주자들 사이에서 음향문제로 논란을 일으키는 것과 대조적이다. 이런 사실은 우리가 앞뒤 깊이 파인 드레스에 보석으로 치장하고 음악을 들어야 한다는 위선을 건축으로 꼬집고 있다.

그 가장 직설적인 사례를 프랑스 서쪽 끝 브르타뉴 지방에 있는 인구 일만 명의 소도시 디나르에서 열리는 국제음악제(Dinard Music Festival)에서도 볼 수 있다. 드뷔시가 살고 산보하고 명상하며 작곡하던 바닷가 마을이다. 우리 피아니스트 백건우가 음악감독을 맡은 지 십 년이 되었다. 해마다 8월 여름 밤의 이곳 음악축제는 이제 세계적으로 유명해졌지만 개막 연주는 바닷가 공원의 잔디언덕에서 열린다. 삼천 명의 관객들은 모두 캐주얼한 복장으로 잔디에 앉거나 반쯤 누워서 음악을 감상한다. 어느 비싼 음악회보다 감동적이다.

하나 더 비슷한 사례를 오스트리아의 소도시 브레겐츠에서도 볼 수 있다. 만년설을 이고 앉은 아름다운 알프스 산록의 콘스탄츠 호수에 띄워진 수상무대(Floating Stage)에서는 여름마다 페스티벌이 열린다. 인구 삼만 명의 작은 도시에서 열리는 음악제(Bregenz Festival)는 유럽에서 세 번째로 유명하다. 호수를 배경으로 하는 낭만적 분위기 때문에 이 역시 어느 음악제보다 감동적이다.

두 경우 모두 거창한 건조물 없이도 분위기만으로, 음악만으로, 사람들만으로도 최상의 음악이 전달될 수 있다는 사실을 실증해 보인다.

건축가의 작가 의지 문제는 프랭크 로이드 라이트의 뉴욕 구겐하임 미술관과 게리(F. Gehry)의 빌바오 미술관에서 잘 드러난다. 여기 전시되는 미술작품과 작가들은 불행하다. 미술관은 전시되는 미술품의 배경으로 조용히 남아 있어야 함에도, 여기서는 건축물과 전시벽면이 미술작품들보다 더욱 자랑스럽게 얼굴을 내밀고 큰소리로 발언하고 있다.

  그와는 반대되는 일이 덴마크 코펜하겐 근교의 루이지애나 미술관에서 일어난다. 이 미술관은 북해가 내려다보이는 언덕에 있다. 건물들은 작고 평범해서 별로 눈에 띄지 않는다. 바닷가 언덕에 전시된 헨리 무어와 알렉산더 칼더의 조각들은 하늘과 바다를 배경으로, 파도소리를 바탕음악으로 한껏 그 자태를 뽐낸다. 무어의 여인 와상(臥像)은 꽃 잔디 위에 누워 있다. 가까이 가서 작품을 보면 꽃 잔디의 옅은 향기가 바닷바람에 섞여 얼굴을 스친다. 이 작품들은 하늘과 바다와 땅 위의 큰 나무들과 함께 들고 보도록 배려되어 있다. 조각작품들은 실내에 갇혀 인공조명 아래서 그 자태를 보이기보다 여기서 아주 행복해 보인다. 만일 어떤 스타 건축가가 여기 초빙되어 왔더라면 자신의 '작품'을 만드느라 이 평화로운 풍경을 깨뜨렸을 것이다.

  독일 뒤셀도르프 부근의 노이스 홀츠하임이라는 마을에 있는 인젤 홈브로이히(Insel Hombroich) 미술관은 작은 섬 같은 습지의 자연 속에 작은 미술관들을 흩어 놓았다. 입장료를 내고 지도를 받아 인공의 흔적이 없는 물풀 길을 따라 숲 속으로 들어가면 열여섯 개의 작은 전시장들이 안내표지도 없이 아무렇게나 산재해 있고, 매번 하나씩 직접 문을 열고 들어가 안내원도 없이, 고대 중국을 비롯, 리트벨트와 브로이어, 칠리다와 이브 클라인, 마티스와 세잔, 브랑쿠시와 자코메티, 렘브란트와 로트렉에 이르기까지 전 시대 전 장르의 미술품들을 만난다. 그러나 작가 이름도, 작품 이름도 적혀 있지 않다. 알면 알고, 몰라도 좋다. 감상 후에

도산서당(陶山書堂) 암서헌(巖栖軒). "서당은 세 칸이다. 행례(行禮)에 편하도록
좌향은 정남으로 한다. 이름은 방 한 칸을 완락재(玩樂齋), 대청 한 칸은 암서헌이라
하여 재를 서쪽에, 헌을 동쪽에 둔다." 퇴계(退溪)는 완락재 서쪽 벽에 서가를 만들어
천여 권의 책을 두고 화분 한 개, 책상 한 개, 연적과 지팡이 하나씩, 그리고 침구와
돗자리, 향로, 혼천의(渾天儀)를 넣는 궤를 두었다. 이것이 그의 전 재산이었다.
그러나 선비에게 천 권의 책보다 더한 재산은 없었다.

는 문을 닫고 나오면 된다. 늪지와 초원과 정원의 들풀과 야생화로 이어지는 동선은 자연 그 자체다. 식당의 음식은 입장료에 식비가 포함된 건강한 유기농 식단이다. 미술관의 운영과 설립 정신에 있어 자연과 명상이라는 주제가 강조되어 있지만 모든 느낌은 참여자에게 방임되어 있다. 오늘과 같은 정보의 홍수시대에 사람들은 항상 안내와 지시에 따라 행동하다가 이곳에서처럼 마음대로 해 보라고 할 때 당황하지만, 사실 그것이 우리의 원래 모습이고 진실로 바람직한 것이겠다.

다시 강조하거니와 미술품과 미술 감상자의 입장에서 미술관을 말하자면, 이 둘이 구겐하임 뉴욕이나 구겐하임 빌바오보다 훨씬 훌륭하다. 미술관은 미술품 감상을 위해 있는 것이지 건축가의 솜씨 자랑을 위해 있지 않기 때문이다. 미술품이 걸릴 벽은 미술품보다 앞에 튀어나오면 안 된다. 그림을 보기 위함이지 벽을 보려는 것은 아니기 때문이다. 마찬가지로 미술관이 미술품보다 더 앞장서 얼굴자랑을 해서는 안 된다. 요리상에서 전채(前菜, appetizer)의 맛이 강하고 기름지고 양이 많으면 본요리(main dish)를 망치는 법이다. 모름지기 미술관을 설계하는 자의 미덕은 사람들이 미술품을 잘 보고 마음대로 느낄 수 있도록 자신의 목소리를 낮추는 일이다.

건물로 사치를 하자면 참으로 끝이 없다. 세상에는 사치스런 왕궁을 지어 멸망한 왕조가 많다.

다시 『삼국사기』 '옥사(屋舍)'조의 기록을 보자. "진골은 집의 길이와 폭이 이십사 척을 넘을 수 없고, 막새기와를 사용할 수 없으며, 부연(附椽, 이중서까래)을 달지 못하고, 현어(懸魚, 물고기 꼬리 모양의 조각)를 장식하지 못한다. 금, 은, 유석(鍮石, 놋쇠 장식품)으로 꾸미지 못하고, 오색단청을 할 수 없다. 계단의 돌을 곱게 다듬어 사용해서는 안 되며, 계단의 단수는 삼중으로 할 수 없다. 담을 회랑으로 돌릴 수 없으며, 담에 석회를 바를 수 없다. 발의 가장자리를 비단이나 야초라(野草羅, 얇은 여름용 비단) 등으로 꾸미지 못하고, 병풍에 수를 놓을 수 없으며, 마루를 대모(玳瑁, 열대지방의 바다거북), 침향(沈香, 향 중의 왕이라는 남방의 고귀한 향)으로 꾸미지 못한다."[63]

임금의 궁궐과 귀족의 저택과 민간의 살림집을 지을 때도 이같은 사치에 대해 규제가 심했거늘, 하물며 불가의 수신 도량(道場)으로서 절을 지을 때 순천적(順天的) 친환경 철학은 그 최고의 경지에 이른다. 절터는 땅의 기운이 가장 잘 모아진 곳을 찾아 지혜롭게 정하고, 원지형(原地形)을 가장 적게 훼손하는 최소한의 터 잡기와 터 고르기가 행해진다. 건축의 재료는 주변에서 얻어지는 가장 손쉬운 자연재료로, 가장 건강하고 재사용이 가능한 한도에서 선택된다. 수양생활의 공간은 꼭 필요한 크기만을 자연으로부터 빌려 쓴다는 개념을 넘어서지 않는다. 당연히 가재도구와 의복은 지극히 간소화한다. 방 밖에는 댓돌 위에 신발 한 켤레, 방 안에는 횟대에 걸쳐진 장삼 한 벌이 전부이다. 그 옷은 생활복이면서 일할 때는 작업복이며, 수도할 때는 수도복이며 죽었을 때는 수의가 된다.

더욱 당연하게도 이곳에서는 최소의 식량을 섭취해 최고의 효율로 머리와 몸을 활용하며 최소로 배설한다. 불가에서 살생을 금하는 것은 생태론 이상의 고매한 사상이 전제되지만, 결과적으로 채식은 가장 건강하며 고효율이다. 만일 그들이 고기를 먹었다면 축산을 위해 절 주변의 식물과 곡물은 열 배 이상이 소비되어야 했을 것이다.

그러나 스님들의 절약은 자연이 수범(垂範)하는 절약에 비하면 아무것도 아니다. 아무리 사람이 효율을 추구해도 자연의 효율성은 비교 우위의 효율성이 아니라 효율성 그 자체이다. 진화론을 믿거나 창조론을 믿거나 자연의 효율성을 보면, 어느 쪽이나 고개를 끄덕이지 않을 수 없다. 한 그루의 나무를 보아도 어느 구조설계자가 그 구조를 설계했는지, 가지와 뿌리에 분배된 힘의 균형, 나무 잎새들의 고른 분포, 전체 나무의 폭과 높이의 비례, 나무 크기를 계산한 줄기의 굵기 등 그 구조설계는 참으로 하늘의 솜씨임에 감탄한다. 이것을 보면 구조설계에서 사람의 솜씨를 뽐내는 일이 얼마나 우스운 일인지 알 만하다. 더구나 그것이 아름다움이라는 단어에 이르면, 한마디로 우리는 겸손해야 하고 절제해야 한다.

조선 선비들의 절제와 극기는 어느 면에서 불가의 수도자들을 능가했다. 초가삼간을 지어 나물 먹고 물 마시고 팔베개 하고 대청에 눕는 "곡굉이침지(曲肱而枕之)"[64]의 유유자적은 드디어 '집 한 칸을 지어 그 중 반 칸에 청풍(淸風)을, 나머지 반 칸에 명월(明月)을 담는' 도가(道家)의 경지에 이른다. 청풍과 명월로 한 칸을 채우면 "강산(江山)은 들일 데가 없으니 병풍처럼 둘러두고 본다"고 한다.[65] 그러면 사람도 들어갈 곳이 없으니 청풍명월 사이로 들어가 사는 수밖에는 없어진다. 전통적으로 집을 크고 호화롭게 꾸미지 않는 것이 선비되는 제일의 전제 조건이었다.

오늘날 나물을 먹는 것은 최고의 건강식이고 물을 많이 마시라는 것은 최신의 장수비법 중 하나이다. 베개를 높이 하지 않는 것이 오래 사는 비결이며, 집을 작게 짓는 에너지 절감은 인류를 구제하는 복음이다. 더구나 이처럼 욕심을 버리고 마음을 평안하게 하는 것이 최고의 건강법이다. 이것은 얼마나 현대적으로 앞서가는 사고방식인가. 아마도 그들은 절대로 스트레스성 질환이나 암에는 걸리지 않았을 것이다. 이것은 가난한 자들의 억지가 아니다. 누구든 속에 가득히 든 것이 있으면 누가 무어래도 불안해하지 않는 법이다.

1974년에 안동댐 수몰 예정 지구였던 예안(禮安) 이씨(李氏) 종가 마

을에서 들은 일화로, 퇴계 선생이 이웃마을에 살던 한 세도가의 집에 초
대받아 가던 중, 마을 어귀 언덕에서 내려다본 그 집이 선비의 집으로서
너무 크다 하여 사정없이 발길을 돌렸다고 한다. 우리 선비들의 이런 종
류 이야기는 너무도 많이 들어서 놀랍지도 않다. 거기에 집은 작고 식탁
은 누추한 것이 선비의 도리였다. 추사의 〈세한도(歲寒圖)〉에 그려진
소나무보다도 더 소략한, 그러나 따뜻해 보이는 집 한 채가 그것이다.
백자 달항아리의 절제가 달항아리의 여유를 가져온다는 패러독스를 아
는 것은 지혜다.

노자의 말대로, "좋은 물은 향기가 없다.(眞水無香)"

지혜 智慧 Wisdom

조선집의 처마는 마루와 문과 창에 비가 들이치지 않도록 충분한 깊이를 갖는다. 처마 끝의 빗방울은 정확히 댓돌 밖으로 떨어진다. 뿐만 아니라 방과 마루에 햇빛을 들이기도 하고 막을 수도 있도록, 태양 각도에 따라 계산된 길이로 만들어졌다. 각도가 낮은 겨울의 태양은 방 안 깊숙이 햇빛을 들이지만, 각도가 높고 뜨거운 여름의 태양은 정확히 마루 끝에서 차단된다. 그 밖에도 깊은 처마는 태양의 직사광선을 막아, 대청같은 반 외부공간에는 옅은 반간접 조명효과를 주고, 안방의 깊은 내부공간에는 봉창을 통해 허용된 희미한 간접조명이 휴식과 취침에 적당한 정도로 조절된다. 우리 민족처럼 양달과 응달을 따지고 간접조명과 반음영 공간을 만들 만큼, 즉 햇볕과 햇빛에 대해 건축에서 민감하게 대응한 족속은 없었을 것이다. 그런데 이것은 21세기에 와서 보면 가장 지혜롭게 에너지를 배려한 철학의 건축이었다.

처마 밑 공간은 다목적으로 쓰인다. 호롱불을 걸기도 하고 곶감과 무청 시래기를 걸어 말리기도 한다. 여기에 제비들이 집을 짓고 절반은 한식구처럼 살았다.

온돌이라는 난방방식은 천하에 우리에게만 있는 독창적인 방식이다. 기원전 8-7세기 고조선의 쪽구들(잠자리 부분에만 까는 온돌)을 비롯하여 기원전 3세기부터 『구당서(舊唐書)』「동이(東夷)」편[66] 같은 기록에 나오는 고구려의 온돌구들은 취사와 난방을 동시에 해결하는 기술로 발전하여, 14세기에 건립된 지리산 칠불사(七佛寺)의 아자방(亞字房) 구들고래는 한 번 불을 때고 나서 한달 동안 온기가 보존되었다. 이것은 최고로 열효율을 높이는 지혜일 뿐 아니라 중앙난방 시스템으로, 한 아궁이에 불을 때서 방 세 개를 함께 덥히는 에너지 절감형에 이르는, 소위 웰빙으로 말하자면 최선의 건강시스템이다.[67]

온돌 난방방식의 가장 지혜로운 점은 아랫목과 윗목의 온도 차이를 인정하고 이를 오히려 이용하는 수법이다. 온돌방엔 어쩔 수 없이 문간 쪽에 아궁이가 있기 마련이다. 온도가 높은 아랫목이 문간에 있고, 상대적으로 온도가 낮은 윗목이 방의 안쪽에 있게 된다. 그 사이의 온도 차이가 실내에 대류작용을 일으켜 내부 공기를 순환시키고 신선하게 유지한다. 문 쪽에 생긴 따뜻한 상승기류는 문밖에서 들어오는 찬바람의 하강기류(cold draft)를 차단시키는 효과를 일으킨다. 이럴 때 문 안쪽에 병풍을 두르면 하강기류는 차단되고 상승기류만 허용된다. 윗목은 방의 안쪽으로, 주인어른의 차지가 된다. 윗목에 깔린 보료는 바닥의 온도를 오래 유지하고 노출된 아랫목에서는 계속해서 상승기류가 형성된다.

온돌은 대표적인 친환경 건강시설이다. '두한족온(頭寒足溫)'이란 말은 『동의보감(東醫寶鑑)』이하 모든 전래 의서(醫書)의 건강지침이다. 불에 달궈진 화강석의 구들돌은 사람에게 이로운 원적외선을 발생시키고 바닥과 벽에 발라진 황토흙은 습도를 조절해 준다. 온돌에서 한 걸음 더 나아간 것이 한증막이다. 한증막은 치료시설로서 우리 조상들에게 오래 애용되었다. 연구 개량에 의해 세계적으로 보급될 만한 지혜

해인사(海印寺) 장경판전(藏經板殿). 대장경의 팔만 장에 이르는
경판을 습기와 곰팡이로부터 보호하기 위한 건축기술, 이 지혜들은
수백 년간 완벽하게 그 효과를 증명하였다.

의 산물이다.

온돌바닥에 발라진 황토를 좌식생활에 맞게 안정시키는 재료는 우리 민족만이 유일하게 발명하고 발전시켜 온 장판지다. 한지를 여러 겹으로 겹쳐 붙이고 식물 기름을 매긴 장판지는 열전도율이 높으며 보기에 아름답고 질겨서 청소에 편리하고 위생적이다.

분합문(分閤門)은 쪼개졌다가 합쳐지는 네 개가 되었다가 하나가 되는 마법의 문이다. 이 역시 우리만의 발명품이다. 이 문으로 인해 하나의 방이 있다가 없어지고 없던 방이 생겨난다. 당연히 문틈이 벌어지기 마련이지만 거기에 샛바람을 막기 위한 또 다른 발명품으로 문풍지라는 매력적이고 낭만적이고 과학적인 물건이 태어났다. 그것은 대단히 효율적이며 바람의 강도에 따라 아름다운 소리를 낸다. 우리의 생태사상에는 그러므로 특별히 친환경이나 지속발전 같은 개념이 별도로 존재하지 않고도 그 사상은 태생적으로 생태적이다.

신토불이(身土不二)[68]라는 말은 근래 너무 흔히 쓰이지만 그 뜻은 광범위하고 포괄적이면서도 그러나 아주 정확한 말이다. 사람과 땅은 둘이 아니다. 일체다. 우리들의 집에는 설사 그것이 세 칸짜리라 해도 땅에 대한 애정이 있고 대지와 일체가 된 생명이 있다.

해인사 장경판전(藏經板殿)의 자연통풍 시스템은 여러 차례 이론으로 해명이 시도되었지만 아직까지 어떤 하이테크로도 재현될 수 없는 지혜가 숨어 있다. 건물의 통풍이 잘 이루어지도록 건물 외벽의 붙박이 살창은 아래위 크기가 다르고 건물의 앞면과 뒷면의 살창도 크기와 높이를 달리함으로써, 공기가 실내에 들어가서 아래위로 돌아 나가도록 만들었다. 건물 뒤쪽에서 내려오는 습기를 억제하고 건물 안의 환기를 원활히 하려는 의도로 건물의 뒷면도 마른 흙으로 깔았고, 건물 내부 바닥도 맨 흙바닥으로 둔 채 천장에도 반자가 없이 지붕 구조가 보이는 연등천장을 하고 있어, 습기가 바닥과 지붕 밑에서 조정이 되도록 한 과학적 배려이다.

마당에 나무를 심지 않고 비워 두는 것은 오래된 과학의 경험이 축적된 지혜의 소산이다. 마당은 고추를 말리고 타작을 하고 새끼를 꼬는 등 다목적의 작업공간으로 쓰일 뿐 아니라, 평상에 앉아 저녁을 먹거나 어린이들은 식후 그대로 누워 별을 헤다가 잠이 들기도 하지만, 관혼상제에는 잔치마당으로도 쓰이므로 잔디도 심지 않고 잡풀은 뽑아 주고 매일 비를 들어 쓸어 준다.

그 빈 마당은 최대한의 햇볕을 받고 반사하여 집안을 밝혀 준다. 그리고 장마철에 비가 내리면 잠시 비가 그칠 때마다 빈 마당은 습기를 빨리 증발시켜 집안을 건조하게 유지한다. 한여름 햇볕에 달궈진 앞마당은 온도가 올라가고 대나무, 감나무 등이 심어진 뒤뜰은 그늘져 온도의 차이를 크게 만든다. 뒷산과 연결된 뒤뜰의 찬 공기는 앞마당의 더워진 공기로 인해 공기의 흐름을 만든다. 여기에 앞마당과 뒤뜰의 고저 차이가 흐름을 쉽게 하고, 대청과 안방의 뒤뜰에 면한 작은 창은 베르누이의 정리(Bernoulli's theorem)[69]에 따라 그 흐름의 속도를 높여 준다.

여기에 탁월한 과학적 지혜가 있지만, 그것으로 그치지 않고 바람의 흐름에 대나무 이파리가 설렁이는 소리가 전해지는 낭만이 보태어진다. 그것은 모차르트의 바이올린 소나타보다 아름다우면서 황병기의 가야금 독주처럼 격조가 높다. 그것은 건축예술의 경지를 뛰어넘는다. 그러나 그 모든 지혜와 예술보다도 더 뛰어난 점은 마당이라는 공간을 비워 둔다는 차원 높은 철학이다.

그런데 이런 모든 지혜들은 자연의 섭리를 깊이 성찰하고, 이해하고, 그리하여 그것을 최대한으로 활용하는 데서 온다. 지혜는 모든 것을 억지로 만들지 않는다. 물은 아래로 흐르고 더워진 공기는 위로 올라가는 것과 같은 간단한 원리들을 '자연스럽게' 이용하는 것이 우리의 지혜이다. 흐름을 자연스럽게 하기 위해 막힌 곳은 뚫어 주고 터진 곳은 막아 줌으로써 최소의 노력으로 최대의 출력을 얻는다. 이것은 사람이 하늘의 힘을 빌리는 것이다. 자연은 우리 곁에 너무나 크게 존재하고 있어서, 거기에 조금만 기대도 엄청난 이득을 얻게 되고 그것을 조금만 거슬러도 엄청난 재앙을 불러올 수 있다. 그 생명의 기가 살아 흐르는 그것, 생생지리(生生之理)를 아는 것이 옛 건축의 지혜였다.

기본적으로 우리 주택은 안방과 대청과 건넌방으로 이루어진다. 안방에 부엌이 붙어 있고 좀더 커지면 사랑채가 있게 된다. 부부의 거처는 안방이고, 대청은 다목적 거실이고, 건넌방과 아래채는 아이들 몫이다. 며느리가 들어오면 아랫방에 신방을 차린다. 대청을 건너 있는 시부모의 거처와는 창호지 문이 두 겹 가려져 있을 뿐이다. 그러나 프라이버시가 문제되지 않을 만큼 서로 조심하고 예의를 지켰다. 아이가 태어나면 건넌방에서 자라지만 아기 우는 소리에 시어머니가 건너와서 아기를 돌보기도 한다. 이삼 년 터울로 둘째가 태어나면 첫째는 안방 할머니 옆으로 옮겨진다. 이유(離乳)를 겸한 사회교육의 한 방법이다. 다시 셋째가 태어나면 첫째는 아들딸을 불문하고 할아버지의 사랑채로 거처를 옮긴다. 첫째는 대여섯 살 나이에 할아버지의 담배 심부름을 하며 손님들에게 인사하는 법을 배우고 천자문을 시작하고 어깨너머로 붓글씨와 그림을 익힌다. 야구에서 타자가 순서대로 일루, 이루, 삼루로 진출하는 것과 같다. 아들은 장성해서 건넌방으로 가 아내를 맞고 아이들을 낳는다. 그리고 부모의 사후에는 안방으로 옮긴다.

그리고는 그 사람이 죽은 후에도 사당에 모셔져 문안 인사를 받고 제사상을 받으며 가족의 일원으로 같이 지낸다. 적어도 사대(四代) 제사를 모셨으니 사후 백 년을 가족과 함께 한 집에 지내며 후손을 축복하고 격려하고 반성의 기회에 동참한다. 사람의 삶과 죽음은 동일직선의 연장 위에 있고, 양택(陽宅, 산 자의 집)과 음택(陰宅, 죽은 자의 집)은 똑같이 집으로 여겨졌다.

지금도 전국에 남아 있는 종가(宗家)들 중 규모가 큰 상류주택에서는, 그 집이 지어질 때 평면 계획의 중심이 안채에 있어 그곳을 중심으로 주택 전체의 배치가 시작되었고 가장 섬세하게 배려되어 있음을 본다. 안채는 '집안의 해'라고 불리는 '아내'와 아낙들의 공간이다. 거기에는 최고의 프라이버시가 보장되어 있고 그러기에 더욱 아낙네들의 해방공간이 되었다. 그녀들은 남정네들이 부엌에 드나들면 안 된다는 논리로 자신들만의 독립된 자유공간을 확보했는데, 바로 그 여권(女權)이 건축의 설계 과정에서부터 영향을 미쳐서 집주인조차도 외곽으로 밀려 격리된 사랑채에 머물게 했다. '안주인'이니 '바깥주인'이니 하는 말이 여기서 나왔다. 심지어는 안주인과 합방(合房)하는 일조차도 택일을 하고 허락을 받아야만 사랑채에서 쪽문을 이용한 비밀 통로를 지나서 안방과 통하도록 설계되었다.

그 좋은 예가 소설 『홍길동(洪吉童)』에 나온다. "일일은 승상(丞相)이 난간에 비겨 잠깐 졸더니… 문득 청룡(靑龍)이 물결을 헤치고 머리를 들어… 승상의 입으로 들어오거늘, 깨달으니 평생 대몽(大夢)이라. 내염(內念)에 헤아리되 '필연 군자(君子)를 낳으리라' 하여, 즉시 내당(內堂)에 들어가 시비를 물리치고 부인을 이끌어 취침코자 하니, 부인이 정색 왈, '승상은 국지재상이라, 체위 존중하시거늘 백주에 정실에 들어와 노류장화(路柳墻花)같이 하시니 재상의 체면이 어디에 있나이까?' 승상이 생각하신즉, 말씀은 당연하오나 대몽을 허송(虛送)할까 하여 몽사(夢事)를 이르지 아니하시고… 부인의 도도한 고집을 애달아 무수히 차탄(嗟歎)하시고 외당(外堂)으로 나오시니, 마침 시비(侍婢) 춘

비원(秘苑)의 연경당(演慶堂)은 궁궐 안에 만들어진 민가의
전형이다. 세자들이 민간의 지혜를 경험할 수 있도록 똑같이
지었다. 사랑채 뒤로 중문(中門)을 지나면 안채가 있다.

섬이 상을 드리거늘, 좌우 고요함을 인하여 춘섬을 이끌고 원앙지락(鴛鴦之樂)을 이루시니… 심내에 못내 한탄하시더라. 춘섬이 비록 천인(賤人)이나 재덕(才德)이 순직한지라, 불의에 승상의 위엄으로 친근(親近)하시니 감히 위령(違令)치 못하여 순종한 후로는 그날부터 중문 밖에 나지 아니하고 행실을 닦으니, 그달에 태기(胎氣) 있어 십삭(十朔)이 당하매 거처하는 방에 오색운무 영롱하며 향내 기이하더니, 혼미중에 해태(解胎)하니 일개 기남자라. 삼일 후에 승상이 들어와 보시니 일변 기꺼우나 그 천생(賤生)됨을 아끼시어 이름을 길동이라 하니라."

길동이 부친을 부친이라 못하고 형을 형이라 부르지 못하매 스스로 천생됨을 자탄하게 된 사연은 오로지 그 안방마님의 해방공간이 이유였다.

여성들은 소작인들을 다스리고 곳간 열쇠를 관리함으로써 경제력을 확보하고, 남편을 사랑방으로 격리시키고 사실상 집안 살림을 주도하였다. 대장부는 안살림에 관여하는 게 아니라는 논리는 가정교육을 통해 아들들에게도 전수되었다. 그리고 이 모든 페미니즘의 드라마는 건축설계에 그대로 반영되어 있다.

"무릇 주택에서 왼쪽에 개울과 오른쪽에 긴 길과 집 앞에 연못과 집 뒤에 언덕이 있는 것이 가장 좋고, 여의치 못할 때는 동쪽에 복숭아나무와 버드나무를, 남쪽에 매화나무와 대추나무를, 서쪽에 치자나무와 느릅나무를, 북쪽에 살구나무와 벗나무를 심으면, 청룡·백호·주작·현무를 대신할 수 있다. …집 서쪽 언덕에 대나무 숲이 푸르면 재물이 불어난다. …문 앞에 대추나무 두 그루가 있고 당 앞에 석류나무가 있으면 길하다. …집 마당 가운데 나무를 심으면 한 달에 천금의 재물이 흩어진다. 집 마당 가운데 있는 나무를 한곤(閑困)이라고 하는데, 마당 가운데 나무를 오래 심어 놓으면 재앙이 생긴다."—홍만선(洪萬選), 『산림경제(山林經濟)』 「복거(卜居)」

"거처하는 곳이 지나치게 아름답거나 사치스러워서는 안 된다. 지나치게 아름답고 사치스러운 거처는 사람을 탐욕스럽고 만족하지 못하도록 만들거니와, 그것은 근심과 해악의 근원이다. 그러니 소박하고 정결하게 가꾸어야 한다."—서유구(徐有榘), 『임원경제지(林園經濟志)』 「섬용지(贍用志)」[70]

이런 종류의 건축적 환경적 지혜는 자연스럽게 삶의 지혜로 확산된다.

18세기에 경주시 교동 신라 요석궁(瑤石宮) 자리에 지은 경주 최씨 '교촌가(校村家)'는 당초 아흔아홉 칸에 대지 이천 평, 후원(後園)이 만 평에 달했다. 해방 후 규모가 줄어 대지 천 평에 건물 다섯 채만 남았다. 사랑채는 구한말 영덕 출신 의병장 신돌석(申乭石) 장군이 피신을 왔었고, 면암(勉庵) 최익현(崔益鉉) 선생이 의병 수백 명과 며칠을 묵었고, 일제 때는 스웨덴 구스타프 국왕이 왕세자 시절 경주 서봉총(瑞鳳塚) 금관 발굴 때 묵었고, 의친왕(義親王) 이강(李堈)이 엿새를 머물고 집주인 최준(崔浚)에게 '문파(汶坡)'라는 호를 지어 주었다. 최준은 고운 최치원의 이십팔대 손이다.

삼백 년 만석꾼인 이 집안은 '과거를 보되 진사 이상 벼슬은 말라' '만석 이상 모으지 말라' '과객을 후하게 대접하라' '흉년에 재산을 늘리지 말라' '사방 백 리에 굶어 죽는 사람이 없게 하라'는 등의 가훈을 받들어, 일제 때 임시정부에 군자금을 제공하고,[71] 광복 후에는 대구대(영남대 전신)의 설립에 전 재산을 기부했다. 그 큰 집의 그 많은 방들이 모두 매일 팔십에서 백 명 가까이 지나가는 과객을 위해 개방되어 있었다는 사실이 부잣집을 삼백 년 동안이나 유지하게 한 요체였다. 적선(積善)이 최선의 투자라는 사실을 아는 것은 최고의 지혜였다. 부자의 집이 크다는 것은 그러므로 우리에게서 물리적인 크기의 문제가 아니라 윤리와 도덕과 사회적 책임의 문제였다.

조선시대 학교는 서원이건 향교건 문묘건 성균관이건 제향(祭享)과 강학(講學)의 두 공간으로 이루어졌다. 전강후사(前講後祠) 또는 전학후묘(前學後廟)라 일컫는 원칙이었다. 학문을 위한 강학공간은 그것만으로 존재할 수 없고 도(道)를 위한 제향공간이 함께 있음으로써 의미가 있게 된다. 학(學)과 도(道)가 동시에 추구되어야 하는 공존의 논리는 맹목적인 교육열에 들뜨지 않고 내적 성찰과 욕망의 절제를 동시에 체득하는 교육방법이었다. 지식에 대한 탐욕은 그것 자체로는 사실상 재산이나 음식이나 여자에 대한 탐욕과 다를 바가 없다. 그것이 천박한 출세주의에 빠질 위험을 안고 있음을 그들은 잘 알고 있었다. 더구나 과거제도를 통하여 학문으로 문장으로 출세를 보장받던 사회구조 아래서 공부와 벼슬이 비례할 수 있다는 공식은 어떠한 문민우선(文民優先) 사상보다도 위험했다.

조선시대와 같은 '공부의 황금시대'에는 그에 버금가는 '공부 우대사상'에 제동이 필요했다. 퇴계는 "존천리거인욕(尊天理去人欲)" 즉 "천리를 보존하고 인욕을 막는" 방법으로 경(敬)을 말했는데, 이것은 정좌(正座)하여 각성의 상태를 유지하는 것이고 그 최종 목적은 욕망을 벗어난 순백의 상태를 지향하는 것이다.

퇴계 이황은 『자성록(自省錄)』에서 학문하는 자가 빠지기 쉬운 위험들을 경고하며 그것이 얼마나 위태로운지를 호랑이에 비유했다. "나 자신도 호랑이에게 물려 본 적이 있다. 당신들은 이 전철을 밟지 않길 바란다."

그렇게 함으로써 선비들은 '나아감'과 '물러남'의 중요성을 터득했다. 공부를 하고 과거에 급제하여 출세하는 일은 현실에 충실하여 역사에 관여하는 방법이지만, 그것이 여의치 않을 때 이를 스스로 알아서 돌아섬을 칼같이 하고, 미련 없이 낙향하여 무관(無冠)의 처사(處士)로 돌아간다. 즉 진퇴(進退)를 알고 이를 확실히 하는 것이 벼슬살이의 대전제였던 만큼, 학은 또한 도를 전제로 해야 하는 것이었고, 성균관의 이같은 건축공간의 분리와 공존이 그 철학을 뒷받침해 주었다.

그런데 성균관에서 보는 이 각성의 철학은 사실상 보조국사 지눌(知訥)[72]의 돈오점수(頓悟漸修) 사상과 완벽하게 상통한다. 돈오란 불성(佛性)이 내 안에 있고 내가 이미 부처임을 깨닫는 것이고, 점수란 그 깨달음이 타성에 빠지지 않도록 마음을 닦는 일이다. 바로 학과 도의 공존 원리와 같다. 그런데 또 원효(元曉) 이래의 교종(敎宗) 중심을 선종(禪宗) 중심으로 바꾼 지눌조차도 선종을 세운 뒤 교종을 통합했다. 원효의 화쟁사상(和諍思想)[73]으로 다시 돌아간 것이다. 결국 그들이 이상으로 생각한 사회와 건축은, 인문학적이고 총체적인 방식으로 접근한 그들의 우주관에 대한 화쟁과 원융회통(圓融會通)이라는 철학의 반영이었다.

우리나라 유형문화재의 칠팔십 퍼센트가 불교 관련 문화재인 것처럼, 불교의 영향은 우리 역사문화에 절대적이었으며 실질적으로 여기서 성리학과 불교가 회통하고 있었다. 우리 유적의 여러 곳에서 집 지은 이름으로 승려들이 거론된 것을 보면, 조선조 건축의 터 잡기와 집짓기에 불교의 광범한 지혜가 면면히 스며 있다는 사실에 깊은 의미가 있다.

이름 名稱 Name

서양의 건축에는 지명이나 인명을 따서 이름을 붙인다. 시드니 오페라
하우스, 빌바오 미술관, 퐁피두 센터, 성베드로 성당, 에스테 궁전, 하드
리아누스 궁전, 산 마르코 광장….

사람의 이름은 신들의 이름, 성인들의 이름, 그 집의 주인, 그 집이 바
쳐지고 기념하는 인물…, 그런 연고들을 따져 붙여진다.

우리에게는 지명이나 인명이 앞에 설명적으로 붙을 수는 있지만 대체
로 본 건물 이름은 의미론적인 추상명사가 많다. 불국(佛國), 부석(浮
石), 해인(海印), 통도(通道), 성불(成佛), 화엄(華嚴) 등 절 이름은 물
론이거니와 소수(紹修), 도산(陶山), 필암(筆巖), 자운(紫雲), 묵계(墨
溪), 충렬(忠烈) 등 서원 이름들도 그러하다.

개인의 집도 마찬가지다. '구름 속에 뜬 새'라는 전남 구례의 누각 운
조루(雲鳥樓), '대화를 즐긴다'는 강릉 선교장(船橋莊)의 사랑채 열화
당(悅話堂), '스스로 자신의 낮음을 지킨다'는 양동마을의 수졸당(守拙
堂), '더 보탤 것이 없다'는 무첨당(無添堂), '홀로 고고하게 즐긴다'는
안강 사람 회재(晦齋) 이언적(李彦迪)의 독락당(獨樂堂)….

우리의 건물 이름에는 사상과 철학이 있고 주장과 희구가 있고 지향, 반성 같은 의지들이 숨겨져 있다. 권선과 징악도 있고 고사와 전설도 있다. 인생에서 어떤 의미를 찾아 어떤 건물에 이름을 붙이며 그 의미가 그 건물에 내재하기를 희구하고 그 자신의 이름과 동일시하며 그 대의와 명분을 겉으로 내세우는 것은, 그 사람들이 건축이라는 행위를 한때의 물리적 현상으로 보지 않고 인생을 함께하는 철학적 행위로 파악했다는 뜻이다.

경복궁의 정전(正殿)인 근정전(勤政殿)은 임금이 정치를 근면하게 하겠다는 약속의 표현이다. 임금이 혼자 일하는 편전(便殿)조차도 사정전(思政殿)이라고 했다. 쉴 때도 정치를 생각하라는 뜻이다. 그 문 이름도 사정문이라 했으니, 자기가 지은 이름이 아닌 바에야 드나들 적마다 미상불 부담스러웠을 수밖에 없다.

창덕궁의 인정전(仁政殿)과 창경궁의 명정전(明政殿)과 경희궁의 숭정전(崇政殿)은 모두 어진 정치, 밝은 정치, 존경받는 정치를 표방한다. 특히 창경궁의 문정전(文政殿)은 문치(文治)를 약속한 것으로, 이름이 돋보인다.

조선조 임금들의 왕권에 대한 겸허한 생각과 문치주의에 대한 확신은 영조대왕이 왕실의 수덕(樹德)을 위해 내용을 쓰고 표지 글씨까지 직접 써서 신하들에게 하사한 『어제수덕전편(御製樹德全編)』(1771년, 영조 47년)에 잘 나타나 있다. 영조는 이 책에서 조선왕실을 비유하여 천여 년 전부터 그 덕의 씨가 뿌려져서 오늘날의 왕조가 이룩되었다고 칭송하고, 덕을 오랫동안 닦은 뒤라야 왕의 자리를 누릴 수 있다는 이치를 설명하면서, 세손(정조)과 후왕들에게 덕행을 힘쓰라고 권장하고 있다. 영조는 이 책을 교서관(校書館)에서 간행하여 침전(寢殿)에 다섯 건, 세손궁(世孫宮)에 한 건, 그리고 정부 주요기관과 중신들에게 나누어 하사하고 사국(史局)에 그 판(板)을 간직하게 하였다.

여기에 비해 침전인 교태전(交泰殿)은 남녀교합, 즉 좋은 후손을 기원하는 의미가 담겨 있다. 나라에 경사가 있거나 외국 사신을 위한 연회가 베풀어지던 경회루는 '임금과 신하가 덕으로 만나는 것이 경회(慶會)'라는 뜻이다.

정조대왕은 즉위하던 해에 후원(祕苑)에 신하들과 담론할 연회장을 지으면서 '주합루(宙合樓)'라고 이름했는데, 여기서 주합이란 '우주와 합일한다'는 뜻으로, '자연의 이치에 따라 정치를 하겠다'는 대왕의 정치이념을 표현하고 있다. 그래서 그 건물은 우주와 합일하는 공간 개념으로 지어졌다. 작은 동산의 경사를 활용하여 자연지형과 조화를 이루며 건물의 기둥도 둥근 것과 모난 것을 조화시켜 하늘과 땅의 섭리를 보여주었다. 정조는 친필로 현판을 쓰고, 이곳을 인재를 키워 등용할 장소로 활용했다.

이처럼 모든 집에는 이름이 있다. 글을 읽고 쓰는 사람은 집에 이름을 붙인다. 추사는 구 년간(1840-1848)의 제주 유배 중 기거한 대정현(大靜縣)의 작은 집을 스스로 귤중옥(橘中屋)이라고 불렀다. 이 '귤밭 속의 작은 집'에서 병고와 심적 고통 중에도 추사체와 〈세한도〉를 비롯해 스스로 학문과 예술의 체계를 완성하고 제자들을 키웠다.[74]

집 주위 소나무 숲의 솔바람 소리로 세상의 얼룩을 씻으려 했던 성수침(成守琛)[75]의 청송당(聽松堂)은 청운동(靑雲洞)에 있었다. 퇴계가 도산서당을 구상하면서 삼경(三徑)을 옮겨 올 생각을 했듯이 성수침 또한 그 집을 짓기 전에 소나무가 있는 풍경 속에 집을 앉히고 그곳에서 소나무 바람소리를 듣길 원했을 것이다. 그리고 아호를 또 청송이라 했듯이 소나무 소리를 듣는 듯 조용한 인생을 살길 원했을 것이다.

인곡정사(仁谷精舍)는 겸재 정선이 옥인동(玉仁洞) 계곡에 짓고 살

임금은 자신의 편전(便殿)에 갈 때마다 사정문(思政門)을 지나
사정전(思政殿) 현판을 본다. 그 이름을 지은 사람과 읽는 사람은
한 가지 사실에 동의하고 있다.

던 작은 아틀리에다. '인곡'은 지명이지만 거기에 '정사'라고 이름 붙인 것은 겸재가 도인적 수련생활을 하겠다고 자신에게 다짐한 것이다.

거의 남아 있지 않은 명성황후(明成皇后) 민비(閔妃)의 친필 휘호에 '일편빙심재옥호(一片氷心在玉壺)'라는 것이 있는데, 이 말은 당나라 시인 왕창령(王昌齡)이 지은 "낙양의 친구들이 내 소식을 묻거든 한 조각 얼음 같은 마음 옥항아리 속에 들어 있다고 전해 주게(洛陽親友如相問 一片氷心在玉壺)"라는 시구이다. 민비는 훗날 그가 시해당한 자신의 침전을 옥호루(玉壺樓)라 하였으니, 열강의 위협과 국가 존망의 위기 속에서 당당한 국모의 위엄으로 '옥항아리 같은 집 속에 한 조각의 얼음 같은 냉철함을 간직했던' 한 아녀자의 인생을 돌아보게 한다. 말하자면 옥호루라는 당호는 그녀 자신의 전생(全生)을 함축하는 이름이었다.

'꿩의 울음소리를 들었다'는 미당(未堂) 서정주(徐廷柱)의 문치헌(聞雉軒)이나 '쑥과 마늘을 먹고 웅녀가 여인이 되었다'는 전설을 기린 봉산산방(蓬蒜山房)도 관악구 남현동에 있다.

음악평론가 박용구(朴容九)는 그의 집을 세이장(洗耳莊)이라고 했다. 세상 속된 이야기들을 들은 다음에는 돌아와서 '귀를 씻는다'는 집이다.

최순우(崔淳雨)는 급월당(汲月堂)에서 달을 보며 글을 썼다.[76] 최순우의 옛집 사랑방 한가운데에는 그가 쓰던 서안(書案, 앉은뱅이 책상)이 남아 있다. 편한 의자에 앉아서 쓰는 것보다 방바닥에 앉아서 원고 쓰는 것을 좋아하고 편리함보다는 우리의 아름다움을 더 즐기고 아꼈던 그는, "이런 생활미의 조촐한 터전 속에서 우리 조상들이 지녔던 지조의 아름다움이 샘솟았고 학문과 음악과 시와 문장의 사색이 무르익었다"고 하였다.[77] 편한 의자에서처럼 자유롭게 몸을 굴릴 수 없으므로 서안에서 글을 쓰려면 바닥에 똑바로 앉아야 하고, 이것은 일시적으로 불편해 보이지만 건강한 자세를 유지하는 비법이다.

정약용(丁若鏞)의 여유당(與猶堂)[78]은 자신의 이름이 집 이름이 되기도 하고, 집 이름이 자신의 아호(雅號)가 되기도 한다. 당호와 아호가 일치하는 것은 집이 나 자신이라는 의미가 있다.

이것이 우리 식의 '건축 서명 불필요론'이다. 집은 그 사람의 사상이자 인격의 표현이며 때로는 철학이고 삶의 목표였다. 여기서 집은 인격화하고 이상화하였다. 집짓기 전에 집 이름부터 있을 수도 있고, 집을 계획할 때 그 위치나 마음먹기에 따라 이름을 붙이기도 하고, 완공 전후 작명을 하기도 한다. 때로는 다른 사람이 지어 주기도 하고, 임금이 이름을 지어 하사하기도 한다. 이른바 사액서원(賜額書院)이다. 퇴계 이황의 요청에 따라 명종이 사액하면서 "이미 무너진 유학을 다시 이어 닦게 한다(旣廢之學 紹而修之)"라는 뜻으로 소수서원(紹修書院)이라고 한 사례와 같다.

안동 김씨 김조순(金祖淳)의 서재 애일당(愛日堂)은 '해를 사랑하다', 즉 임금에 대한 충성을 표시한다. 제주 김녕리에 귀양갔던 추사가 세운 연북정(戀北亭)도 임금 계신 '북쪽을 그리워하며' 세웠다는 뜻을 정자 이름에 분명히 했다. 양동마을의 경주 손씨 종가인 서백당(書百堂)은 '하루에 참을 인(忍)자를 백 번씩 쓸 만큼 인내하고 조심하라'는 후손에 대한 가르침을 담고 있다.

집의 이름을 붙이는 데 있어서는 이처럼 의미있는 이름을 앞에 내세우고, 그 뒤에 전(殿)·각(閣)·당(堂)·재(齋) 등 건물의 크기나 성격에 따라 종류를 나타내 주었다. 또는 문(門)·누(樓)·저(邸)·사(舍)·정(亭)·헌(軒)으로 나누기도 한다. 이는 상당히 융통성있는 구분이다. 일례로 정(亭)은 대개 한 칸짜리 정자를 말하지만, 제주의 관덕정(觀德亭)은 거대한 관아건물이고 여수의 연광정(練光亭)은 여러 칸의 군사훈

런소 건물이기도 하였다. 비원에만도 한 칸짜리 애련정(愛蓮亭)이 있는가 하면, 아흔아홉 칸의 연경당(演慶堂)도 있기 때문이다.

소쇄원(瀟灑園) 주인 양산보는 은사 조광조의 영향으로 송나라 성리학의 개조(開祖)인 염계(濂溪) 주돈이(周敦頤)를 숭배하여 그 저서를 애독하였는데, 송의 황정견(黃庭堅)이 주돈이의 인물됨을 평하여 "가슴속에 품은 뜻이 맑고 깨끗해 마치 비 온 뒤의 햇빛과 청량한 바람 불어 맑은 날 밝게 비추는 달빛과 같다(胸懷灑落 如光風霽月)"라고 한 것을 보고 자신 역시 그런 인물이 되겠다는 흠모의 뜻으로 소쇄원의 두 건물에 광풍각(光風閣)과 제월당(霽月堂)이라는 이름을 붙였으니, 소쇄, 광풍, 제월의 세 단어는 양산보가 그의 삶을 의탁할 환경을 생각한 것이 도(道)의 경지에 있었음을 잘 나타내 보인다.

그리고 건축물의 이름 가운데 가장 아름다운 이름은 경복궁과 그 정문, 광화문(光化門)이다.[79] 개국공신 정도전이 "만년에 걸쳐 큰 복을 누리라"는 의미로 궁 이름을 경복(景福)이라 하고 세상 모든 사물을 빛〔光〕으로 변하게〔化〕 하라는 뜻으로 광화문을 지었다.

미당(未堂)은 광화문을 종교로 승화시켜 예찬했다.

광화문은
차라리 한 채의 소슬한 종교
조선 사람은 흔히 그 머리로부터 왼 몸에 사무쳐 오는 빛을
마침내 버선코에서까지도 떠받들어야 할 마련이지만
왼 하늘에 넘쳐 흐르는 푸른 광명(光明)을
광화문—저같이 의젓이 그 날갯죽지 위에 싣고 있는 자도 드물다
―서정주,「광화문」부분.

호숫가의 운제산(雲梯山) 오어사(吾魚寺). 이 절에 신라의
네 큰스님인 자장(慈藏)·원효(元曉)·의상(義湘)·혜공(惠空)이
머물렀다. 호수에는 이름 그대로 물보다 고기가 더 많다고 한다.

대체로 절집의 이름들이 의미심장한 경우가 많다. 간화선(看話禪)의 화두(話頭)가 되어도 부족함이 없어야 한다. 그 중에 포항 근교 운제산(雲梯山)의 오어사(吾魚寺)가 재미있다. 신라 진평왕 때 자장율사(慈藏律師)가 창건했다는 이 절은 일연 스님의 『삼국유사』에 언급된 절들 가운데 아직도 남아 있는 몇 안 되는 하나다. 보통 절들이 심산유곡에 있는데 비해 이 절은 호숫가에 있다는 점이 유별나다. 여기서 신라의 네 큰스님인 자장(慈藏)·원효(元曉)·의상(義湘)·혜공(惠空)이 머물렀다 해서 더욱 유명하다.

그 오어사라는 이름의 유래는 이러하다. 장난이 심했던 원효와 혜공이 하루는 법력(法力)을 겨루는 내기를 했다. 두 스님이 고기를 잡아 술을 마시고 물가에 쪼그리고 앉아 똥을 누었는데 그 중에 한 덩어리가 물고기가 되어서 물속으로 헤엄쳐 갔다. 두 스님은 서로 자기 것이 고기가 되었다고 우기다가 말을 잘한 원효가 이겼다고 한다. 그래서 '나〔吾〕의 고기〔魚〕'가 절 이름이 되었더란다. 『삼국유사』에 있는 이야기다.

물고기를 사람이 먹고 배설을 했는데 그게 다시 물고기가 되었다면, 불교에서 보면 윤회(輪廻)이고 기독교로 보면 부활(復活)이다. 그래서인지 오어지(吾魚池)라는 이 연못에는 물고기가 물보다 더 많다. 방생법회로 유명한 절이라서인지, 부활한 물고기가 많아서인지 이유는 불명하다. 하여튼 이 절 이름은 스님들이 평생 화두로서 매달릴 만한 이야기를 던져 준다.

『삼국유사』에 나오는 대부분의 사찰들은 절을 짓기 위해 좋은 터를 찾은 것이 아니라 거기 좋은 터가 있어서 세워졌다. 그리고 그런 생각과 마음으로 이 절이 지어졌을 때 그 건축은 물 가까이에 이런 모습으로 앉혀졌다. 그리고 그런 이름이 붙여졌다.

도를 닦는 집과 그 이름과의 관계를 노자가 잘 말했다. "도라고 할 수 있는 도는 도가 아니다. 이름이라고 부를 수 있는 이름은 이름이 아니다.(道可道 非常道 名可名 非常名)"(노자, 『도덕경』 제1장)

사람들이 그렇게 철저히 깊이있게 생각해 건축물에 이름을 붙인 노력에 비하면, 그 건축물을 만든 사람들의 이름을 남기는 일에는 크게 신경 쓰지 않은 것이 눈에 보인다. 천오백 년 전 평양성을 쌓은 돌 하나에 공사 시기, 공사 책임자 등 축성 공사와 관련된 사항을 새겨 놓은 평양성 명문석(銘文石)은, 1913년 도로를 건설하기 위해 대동강에 면한 내성(內城) 동벽을 허무는 과정에서 발견되었다. "병술년 2월에 한성하 후부의 소형(벼슬 이름) 문달(文達)이 여기서부터 서북쪽으로 쌓아 갔다.(丙戌 二月中 漢城下 後ß 小兄文達 節自此 西北行 □之)"[80] 글자는 모두 팔 행 스물석 자이며, 이 중 병술년은 내성 축조를 시작한 연대, 즉 평원왕 8년(서기 566년)에 비정(比定)된다. 평양성을 쌓은 고구려인의 벼슬과 이름이 적혀 있다.

한양 도성 성곽돌에는 이런 글씨도 있다. "가경(嘉慶) 9년(1804) 갑자 10월 패장(牌將) 오재민(吳再敏), 감관(監官) 이동한(李東翰), 변수(邊首) 용성휘(龍聖輝)." 총지휘는 군대식으로 오재민이라는 패장이 맡았고 감독관 이동한은 관리, 변수 용성휘는 축성기술자였을 것이다.

우리 조상들이 신봉했던 그 건축의 인문학적 보편성 때문에 우리 건축에는 그것을 설계한 건축가의 이름이 겉에 나타나 있지 않다. 평양성, 한양 도성, 낙안읍성 등 흔치 않은 경우에 돌쌓기 시공에서 실명제로 석공의 이름들이 새겨진 경우가 있다. 부석사(浮石寺)의 돌쌓기가 유명한 만큼 그 대웅전 월대(月臺)에도 석공들의 이름이 새겨져 있다. 분명히 중인 이하의 천민들이었을 석공들에게 이름을 새겨 남기도록 허용했다는 것은 대단히 너그러운 인센티브(insentive, 成果給)였을 것이다.

그러나 한국건축의 어느 경우에도 그 집을 누가 설계했다는 직함은 겉에 나타난 것이 없다.

수원성을 지은 책임자로 기록된 정조 때의 영의정 채제공(蔡濟恭)의 공식 직함은 화성성역도감(華城城役都監)일 뿐이다. 그는 남인·북인의 당쟁 속에서도 정조의 말씀 중에 "그가 나를 버릴지언정 나는 그를 버리지 않겠다"고 할 정도로 왕의 신임이 두터웠지만, 왕이 잘못을 저질렀을 때 그 잘못된 조치가 시정될 때까지 궁궐 밖에 거적을 깔고 소위 석고대죄(席藁待罪)하는 시위를 수없이 반복한 정의파 학자였다.

우리에게 건축가의 이름이 없는 것(annonimous)은 루도프스키(B. Rudofsky)의 '건축가 없는 건축(architecture without architect)'이나 브루노 타우트(Bruno Taut)의 '건축 서명 불필요론'과는 차원이 다르다.

불국사(佛國寺)를 지은 김대성(金大成), 수원성을 지은 채제공과 정약용, 한양 도성을 만든 정도전은 그 이름들이 건설 기록에 남아 있으되 건축가가 아니었다. 그들은 그 당시에는 관리였고 평생 선비였다. 말하자면 최고의 인문학자들이었다. 그들은 시(詩)를 잘 지어서 관리가 된 사람들이었다.

『삼국유사』를 보면 "신라 경덕왕 때 재상(宰相) 김대성이 서기 751년 불국사를 짓기 시작했다. 774년 12월 2일 김대성이 죽자 나라에서 이를 완성했다"라고 했다. 한 나라의 재상이 절집 짓는 일에 이십삼 년 동안이나 매달렸고 죽을 때까지 그 일을 계속했다는 것은, 불국사 짓는 일이 그만큼 중요한 일이었다는 뜻이고, 김대성은 그의 총력을 다하여 왕명대로 시행하여 절을 지었다. 전후 문맥으로 보아 그가 한 일은, 인문학적 접근으로 기획과 계획에서부터 전체 공정을 경영한 것이었다.

수원성 축성에 실질적으로 모든 지식과 정열을 쏟아 부은 다산 정약용은 서른한 살 때인 1792년(정조 16년) 성설(城設, 전체 계획)과 여러 도설(圖說)들을 써서 마스터 아키텍트로서의 역할을 했으나, 공사기간 중에는 금정찰방으로 충청도에 내려가 있었고, 그래서인지 축성에서는 정약용의 뜻대로 되지 않은 부분들이 있으며, 그는 자신의 저서인『여유당전서(與猶堂全書)』에서 이를 한탄하기도 한다. 어쨌든『화성성역의궤(華城城役儀軌)』에는 그의 이름이 한 줄도 언급되어 있지 않다. 의궤에서는 그의 성설과 도설들을 개인의 창작으로 인정하지 않았다. 이것은 공직자로서 사회에 봉사하거나 학자로서 오랜 공부와 연구의 결과를 공리적인 일반해로서 사회에 제안한 것이지, 지금 같은 설계라는 개념에서 이름과 저작권이 보호되지 않았다. 이것이 우리가 건축을 얼마나 고매한 일로 생각했는가를 보여주는 한 중요한 사례이다.

그는 강진 유배기(1801-1818) 십팔 년간 약 오백 권의 책을 썼다. 일년에 스물여덟 권 꼴이다. 그것도 참고 서적이 변변치 않은 귀양지에서 쓴 것이다. 한 분야만을 천착한 것이 아니라 너무도 다양한 분야에 관해서였다. 그는 행정가, 교육학자, 사학자였으며 토목공학자, 기계공학자, 지리학자, 의학자, 법학자, 국어학자이기도 했다. 그리고 다산의 그 엄청난 노작은 지금도 전남 강진에 남아 있는 초라한 다산초당(茶山草堂)에서 이루어진 것이다. 그리고 수원성의 완벽한 구상은 그의 머릿속에만 그대로 남아 있었다.

그들의 학문과 식견과 경륜과 안목으로 인하여 그들은 설계보다 더 큰 것을 이룰 수 있었다. 그들은 직접 일에 뛰어들지 않고도 큰 일을 이루었다. 채제공이 그랬고 정도전에서 절정에 이른다. 그는 한 나라의 한 세대를 경영하는 일에서뿐만 아니라 한 왕조의 오백 년 역사를 설계하는 큰 일에서도 이렇게 큰 역할을 하였다.

건축가를 오케스트라의 지휘자라고 하는 것은, 그가 수천 명의 목수와 미장이를 지휘하기 때문도 아니고, 구조·설비·전기·조경의 설계팀을 총괄, 지휘하기 때문도 아니다. 우리 식으로 말하자면 그는 한 건물이 성취해야 할 시대적 사명과 건물이 요구하는 인문 사회적 기능을 땅의 지리와 하늘의 섭리에 따라 재현해야 하기 때문이다. 어떤 건축물을 구상하고 그것을 만족스럽게 완성하고도 거기에 자신의 이름을 기록하지 않은 것은 개인의 허명을 기리려는 가식의 몸부림이 없었기 때문이다. 한국의 전통건축은 건축을 공부해서 이루어진 것이 아니다. 그것은 폭넓은 공부와 오랜 사색과 높은 식견에서 만들어졌다.

사람의 이름에 관한 조상들의 생각은 그 극치가 퇴계 이황의 묘비에 남아 있다. 도산서당의 설계와 한 국가사회의 이상적 설계에 탁월한 사상적 성취를 보여준 그는 세상을 떠나기 나흘 전에 유언을 남겼다. "조정에서 성대한 장례를 치르려고 하거든 사양하라. 비석도 세우지 말고 단지 조그마한 돌에다 '도산에 물러앉아 늦게 깨닫고 은거한 진성 이씨의 묘(退陶晚隱眞城李公之墓)'라고만 새기고 내가 초를 잡아둔 묘지명을 쓰도록 하라." 선조가 내린 '대광보국숭록대부 의정부 영의정 겸 경연·홍문관·예문관·춘추관·관상감 영사'라는 어마어마한 추증을 대신한 평범한 이름 석 자였다. 사후 퇴계의 묘소 앞에는 유언대로 자그마한 비석이 놓였다. 뒷면에는 퇴계의 자찬 묘지명이 대략 다음과 같이 새겨져 있다.

나면서부터 크게 어리석었고	生而大癡
자라면서 병이 많았네	壯而多疾
중년에 어찌 학문을 좋아하게 되었고	中何嗜學
말년엔 외람되게 벼슬이 높았구나.	冕何叨爵
…	
근심 속에 즐거움 있고	憂中有樂
즐거움 속에 근심 있네	樂中有憂

저 세상으로 떠나며 생을 마감하는데 乘化歸盡

다시 무엇을 구할 것인가 復何求兮

앞에 쓴 대로 진감선사(眞鑑禪師)가 입적하던 날 문도들에게 '명(銘)으로 행적을 기록하지 말라'고 일렀듯이, 한 사람이 죽음을 앞두고 자신의 이름을 오래 남기려 하지 말라고 유언을 하는 것은 범인으로선 이해하기 힘든 일이다.

건축 建築 Architecture

서양과 동양은 건축을 생각한 것이 달랐다. 사람이 풍우를 피하기 위해 집을 짓는다는 사실만 같을 뿐, 집을 생각하는 방법, 집을 짓는 방법, 집을 사용하는 방법, 집을 기억하는 방법이 전혀 다른 세상에 있었다. 특히 한국 사람들의 생각은 동양 삼국에서도 특별했다.

조선조 말기의 관리였던 한필교(韓弼敎)가 편찬한 화집 한 권이 하버드대학 옌칭(燕京) 도서관 희귀본 소장실에 있다. 『숙천제아도(宿踐諸衙圖)』[81]라는 이 그림책은 한필교가 서른 살에 처음 참봉 벼슬로 부임한 목릉(穆陵)을 시작으로 자기가 평생 근무했던 관아들을 모두 그림으로 그려 모아 놓은 것이다. 그는 노후에 자신의 인생역정을 돌아볼 수 있도록 할 생각으로 일흔두 살에 공조참판을 지낼 때까지 자신이 근무한 관아들을 모두 그려 화집으로 만들었다. 그가 종묘를 관리하는 종묘서(宗廟署)에 부임한 1840년에 쓴 「숙천제아도 서문」을 보면 다음과 같은 말이 있다.

"…서울에 백여 관청이 있고 지방에 여러 고을이 있으니, 어찌 이 화첩에 다 담을 수 있으랴. 그러나 후세인으로 하여금 (지금의 관아가) 옛 제도와 방불한지 고찰하거나, 나의 진퇴출처(進退出處)를 논하기에는 넉넉할 것이다. 아! 그림이란 참으로 도움이 없지 않다. 늘그막에 명예를 이루고 벼슬에서 물러나 각건(角巾)에 지팡이와 짚신 차림으로 한가롭게 노닐면서 이 그림을 꺼내 살펴보면, 예전에 벼슬하러 돌아다녔던 자취가 역력히 마음에 떠오르고, 즐거움과 걱정 속에 출세하거나 밀려났던 기억이 역시 가슴속에 느껴질 것이다. 애오라지 후세에 전하는 보물이 될 만하다."〔'금상(今上) 6년 경자(庚子) 맹하(孟夏)에 하석도인(霞石道人)이 정관헌(靜觀軒)에서 쓰다'〕

이것은 드문 사례이고 희귀한 자료이지만 사람들이 건축을 어떻게 생각할 수 있는지를 보여준다. 그림도 중요한 자료이려니와 젊은 시절에 화첩을 만들 생각으로 그림을 모으기 시작해서 결국 건축으로 묘사한 한 사람의 인생 기록이 되었으니, 건축이 우리의 생활과 인생 역정에 어떤 방식으로 봉사하는지를 생각하게 한다.

한편 하나의 건축물이 기획되고 세워지는 과정을 보아도 서양의 그것과 우리가 크게 다르다. 그 좋은 하나의 사례가 시드니 오페라하우스이다. 오늘날 아름다운 미항 시드니의 상징물로 유명해진 오페라하우스는 1957년 국제현상공모 방식으로 아이디어가 모아져, 의외로 서른아홉 살의 덴마크 건축가 요른 웃존(Jørn Utzon)의 작품이 당선되었다. 요구 조건에 못 미치는 간단한 드로잉으로 일차 심사에서 탈락한 그 작품은 심사장에 늦게 도착한 미국 심사위원 에로 사리넨(Eero Saarinen)에 의해 힘겹게 본선에 올려졌다가, 당선작이 예산 초과 우려로 탈락함에 따라 역시 사리넨의 주장에 힘입어 대신 당선작으로 결정되었다.

그러나 그는 자신의 날렵한 스케치를 구조적으로 해결하지 못하고 구

년 동안이나 설계도를 고쳐 그리다가 주어진 예산 한도를 훨씬 초과해서도 집을 지을 수 없게 되자 모든 것을 포기하고 본국으로 돌아갔다. 그 후에 이 일을 맡아 해결안을 내고 완성시킨 것은 영국의 구조전문가 오브 애럽이다. 당선안에서 많이 달라진 상태로 이 건물이 완공되기까지는 십칠 년이 걸렸고 건설비용은 당초 예산 칠백만 달러의 약 열다섯 배인 일억이백만 달러가 들어갔다.

이 장황한 오페라하우스 건립의 역사를 보면 서양인들이 갖는 기술에 대한 존경심, 완결에 대한 집념, 창조적 작업에 대한 너그러움이 부럽기도 하다.

그러나 돌이켜보면 요른 웃존이 그린 그 마야 유적의 기단(podium)에서 영감을 얻었다는 스케치 한 장이 참으로 그렇게 존중되어야 할 만큼 엄청난 가치를 가진 유일무이한 해결책이었는지, 책임감이라는 관점에서 그는 부족함이 없었는지, 그 그림은 '작품'이라는 의미에서 진정으로 요른 웃존이라는 건축가를 대표하고 있는지, 그의 '천재성'에 비해 애럽의 '성실성'은 저평가되고 있는 것은 아닌지, 의문을 품어 봄 직하다. 도무지 이것은 서구식 자본주의의 합리성을 의심케 하는 이야기이기 때문이다.

그리고 보면 캘리포니아 해변의 소크 생약 연구소(Salk Institute for Biological Studies, La Jolla)는 그것 자체로 루이스 칸(Louis I. Kahn)이라는 사람을 보는 듯하다. 칸은 모든 연구실들이 바다를 바라보도록 앉힌 다음에 사람들이 건물 밖에서도 바다를 바라볼 수 있도록 두 건물 사이를 벌려 놓았다. 그는 사람들이 자연을 존경할 수 있도록 멀리서 조용히 관조하게 만들었다.

이 두 가지 사례는 서양건축을 예술이라고 단정하는 근거이지만 동시에 서로 전혀 상반되는 두 가지 이야기이기도 하다.

종묘(宗廟) 정전(正殿). 이 건축은 예술의 경지를 훨씬 넘어서는 경지에
있다. 이것을 예술이라고 말하는 것은 틀린 말이다. 여기에는 사람을
어떤 의도로 감동시키려는 섣부른 시도가 보이지 않는다.
이것은 술(術)이 아니라 도(道)라고 말해야 한다.

우리에게 예술이란 무엇인가. 황병기의 가야금 소리, 겸재의 〈인왕제색도(仁王霽色圖)〉, 추사의 판전(版殿) 글씨, 송강의 「성산별곡(星山別曲)」…. 서양에서 성악가에게는 목소리가 천성으로 주어져야 하고 피아니스트는 절대음감을 갖고 태어나야 한다. 우리의 성악은 창이나 시조나 가곡이나 병창을 막론하고 피나는 노력에 의해 득음(得音)에 도달한다.

조정래는 대하소설 『태백산맥』 열 권, 즉 이백 자 원고지 만육천오백 장을 만년필로 썼다. 이 원고지를 모두 겹쳐 쌓은 높이가 일 미터 팔십 센티미터에 달했다. 『아리랑』이 이만 장, 『한강』이 만오천 장이었다. 원고지는 한 장 한 장 알아보기 쉽게 또박또박 씌어졌다. 악필과 난필로 유명한 최인호와 정반대로 가장 확실하게 보이도록 썼다. 글자 한 자도, 단어 하나의 맞춤법도, 쉼표와 마침표 하나하나도, 띄어쓰기 한 칸도, 모두 자신에게 책임이 있다는 태도다. 사상의 표현도, 전체적 구성도, 스토리텔링도 당연히 그의 책임이다.

미당 서정주의 타계 후 제자들은 그의 유품을 정리하면서 열 권의 시작 노트를 발견했는데, 거기에는 무려 천 편에 달하는 미발표 작품들이 들어 있었다. 그가 평생에 발표한 시의 편수와 비슷한 숫자다. 제자들은 그 중에서 수많은 아름다운 시들을 찾아냈으나 시인이 왜 그것들을 발표하지 않았는지는 알 수가 없다고 했다. 분명 어느 부분인가 시인의 마음에 들지 않았기 때문이었을 것이다.

이런 것들이 진정한 예술정신이라면, 신라의 금세공이나 고려 나전칠기의 정치(精緻)함과 달리, 우리 건축에는 그런 치열함이 없었다. 기(技)와 예(藝)의 단계에서 이야기되는, 소위 그 완결성이라고 하는 정교함도 없었다. 목재는 거칠었고 도구는 투박했다. 그러나 자귀로 다듬은 둥근 기둥과 대들보에는 자연의 감촉이 남아 있었다. 좋게 말해서,

한 마디로 느슨했다. 한복이 느슨하고 편안하듯이, 한식의 조리법이 대충대충이면서도 그 마음이 손끝에서부터 입안으로 전달되는 건강식이듯이.

도의 단계에 이르면 세부의 완결성은 크게 의미가 없어진다.

요즘 같은 정밀한 설계도도 남은 게 없다. 〈소쇄원도〉나 〈동궐도(東闕圖)〉나 모든 건물 그림은 완공 후의 그림이다. 『화성성역의궤』에 그려진 도면들도 준공보고서의 성격이다. 유명한 건축서적으로 『주례(周禮)』 「고공기(考工記)」와 『천공개물(天工開物)』이 있고, 지금까지 남아 있는 가장 오랜 건축서적으로 중국 북송 연간인 1103년에 간행된 『영조법식(營造法式)』이 있어 토목, 석(石), 대목, 소목, 기와, 벽돌, 공사(諸作), 설계기준(製圖), 적산, 도면 등을 수록하고 있으나, 이것은 건축기술서이지 건축철학이나 건축설계의 방법을 가르치지는 않는다.

이것이 중국 책이지만, 『조선왕조실록』에도 『영조법식』이 백여 회나 언급된 것을 보면 우리나라에서도 건축기술상 중요한 텍스트였음을 알 수 있다. 건축기술은 그렇게 전수되었다 하더라도 건축도면이 없었다면, 그러면 우리에게서 소위 영조(營造)는 어떻게 해서 이루어졌을까.

가장 좋은 참고서는 『화성성역의궤』인바, 성역을 시작하기 직전인 1793년(정조 17년)에 정조는 조심태(趙心泰)와 이유경(李儒敬)을 함께 도청(都廳)에 임명하면서 둘에게 성제(城制)의 방안을 묻자, 조심태는 전체적인 축조 방안을 답했고 이유경은 구체적 축성 재료와 공법을 답했다.

정약용은 홍문관 수찬으로서 왕명을 받아 화성 축성을 위한 「성설」 「옹성도설(甕城圖說)」 「포루도설(砲樓圖說)」 「현안도설(懸眼圖說)」 「누조도설(漏槽圖說)」 「기중도설(起重圖說)」을 썼는데, 이것들이 도설이므로 설계도라고 볼 수 있다. 그 중 「기중도설」은 정조가 중국에서 구입한『고금도서집성(古今圖書集成)』가운데 한 책으로 정조가 정약용에게 참고하라고 주었다. 이런 정도로 당시 사업의 진행 분위기와 계획 과정을 짐작할 수 있다.

아주 희귀한 사례로 설계 구상 당시의 도면이 한 가지 남아 있는데, 그 것은 영조대왕이 사도세자(思悼世子)의 묘를 만들어 주면서 도감에서 올린 도면을 친히 가필하고 수정한 것으로, 지금까지 알려진바 거의 유일무이한 귀중자료이다. 아마도 어필(御筆)이 가해졌다는 이유로 특별히 보존되었으리라 보인다.

장경호(張慶浩)에 따르면 "사도세자의 묘인 경모궁(景慕宮, 현 창덕궁 동쪽 서울대학병원 부근)의 건축 계획을 부왕인 영조가 직접 지휘하고 안(案)에 수정을 가한 경모궁구묘도(景慕宮舊廟圖)는, 영조 40년(1764)에 도감랑청 호조정랑 송흠명(宋欽明)이 계획하여 왕의 재가(裁可)를 받으면서 일부 계획 변경을 구체적으로 지시받은 도면으로 추정된다. 잘 정리된 평면도인데 전체적으로 남향하여 배치한 것으로, 서북쪽에 사당(祠堂)이, 남쪽에는 수복방(守僕房)과 제관방(祭官房)이 있고, 사당의 동쪽에는 재실(齋室)을 따로 배치하고, 그 남쪽으로 떨어져 전사청(典祀廳)을 두었다. 전사청과 제관방 사이에 향대청(香大廳)이 있고, 여기 동쪽 수복방으로 통하는 삼간문(三間門)이 있다.

사당 등 중요한 건물에는 주간(柱間)의 수치와 내정(內庭)의 규모도 표시되어 있는데, 일반 사대부의 사당 규모와 비슷하다. 그러나 왕의 어필로 수정된 내용을 보면, 사당 동쪽의 재실은 그 남서쪽의 향대청으로 옮기고 이곳에 식목(植木)을 하도록 표시되었으며, 또 수복방을 향대청으로 바꾸어 이 앞의 수복방과 군사방(軍士房)을 동남쪽 출입문쪽으로 옮기고 솟을대문을 두었다. 이 묘의 계획은 비록 왕족이지만 화려하지 않게 꾸민 것이 특징이며, 이 자료는 조선시대 왕족의 묘를 계획한 배치도로서 우리나라의 건축사학적 가치가 큰 것이다."[82]

도면은 한지에 먹칼(墨刀)로 자를 대고 그린 듯 직선들이 반듯한데, 상당한 제도(製圖) 솜씨도 있어 보인다. 다만 이상한 것은 왜 이런 도면들이 거의 남아 있지 않느냐는 점이다. 현장에서 필요한 세부도면(디테일)은 송판에 먹으로 그려 쓰고 버렸다고 모든 도편수들이 증언하고 있다. 그들은 분명 이 중요한 설계의 과정을 인문학적으로 생각했을 것이다. 그리고 더 중요하게 생각한 것은 결과를 준공도로 남기는 일이었다. 그것은 후일의 중건과 개축을 위한 기록 보존의 차원이었을 것이다.

천사백 년 전 백제인 목수들이 일본으로 건너가 세운 일본 최고(最古)의 시공회사 '곤고구미(金剛組)'는 가족기업으로는 세계에서 가장 오래되었다. 쇼토쿠태자(聖德太子)가 오사카의 시텐노지(四天王寺)를 짓기 위해 백제에서 초빙해 온 목수 세 사람이 서기 578년에 만든 작업조(作業組)이다. 그 초대 당주(堂主)였던 백제 장인 곤고 시게미쓰(金剛重光, 한국명 柳重光)의 이름을 따 곤고구미라고 불렸다. 그로부터 천 년이나 지난 1576년 오다 노부나가(織田信長) 시절에도 시텐노지의 금당이 불에 탔을 때 그 후손들이 재건작업을 담당하는 등 시텐노지의 유지 보수와 나라(奈良)의 호류지(法隆寺) 건립, 주요 사찰 복원 등 종교시설을 주로 맡아 일하면서 조합 형태로 천사백 년 이상 오늘까지 가업을 이어 왔다. 삼십구대 당주 곤고 도시타카(金剛利隆)와 사십대 당주 곤고 마사카즈(金剛正和)를 비롯해 백여 명의 목수가 2005년에 다카마쓰(高松) 건설에 합병된 채 지금도 함께 일을 하고 있다.

임진왜란 때 포로로 끌려가 일본에서 도조(陶祖)로 숭상받은 이삼평(李參平)이나 심수관(沈壽官)이 철저히 가업을 전수해서 오늘까지 그들 기술이 보전된 것도 이와 같은 일본의 기후 풍토 때문일 것이다. 그러나 우리에게는 도공들의 이름도, 청자 기술도 전해 오지 않는다. 우리의

부석사 안양루(安養樓)의 건축가는 그 디테일에 관여하지 않았음이
확실하다. 건물이 여기 이렇게 서 있는 것만으로, 중요한 일은
다 완성되어 있다. 지붕도, 포작도, 난간조차도 이 질서에 따라오기
마련이다.

경우에는 제자들이 스승을 그대로 열심히 따라만 하다가는 수제자 노릇을 못 한다. 스승의 방법론을 다 익힌 다음에는 자기 것을 해야 한다. 오늘날 고려청자 기술은 태토(胎土)와 유약 성분부터 성형된 온도에 이르기까지 현대과학으로 모두 분석되어 있다. 그런데 그것이 재현되지 않는다. 현대과학으로 도저히 못 푸는, 말로 못할 마지막 기술이 있는 것이다. 왜 그 마지막 기술을 전수하지 않았을까. 기록으로, 교본으로 전달할 수 없는 부분, 그것은 전수할 수가 없는 것이다. 도공들이 평생을 바쳐 터득한 신비를 책 한 권으로 배우겠다는 생각이 틀린 것이다. 이것이 일본과 우리의 다른 점이다.

지금 서초동의 국립국악당 설계 기본자료는 대부분 일본에서 수집되었다. 일본은 우리에게서 배워 간 우리 국악의 원형을 많은 부분 그대로 보존하고 철저히 분석된 자료들을 갖고 있었기 때문이다. 마찬가지로 목조건축의 기술은 일본에서 철저히 전승되어, 백제의 작업방식이 천오백 년을 보전되어 온 것이다.

우리는 과거를 부정하는 전통을 갖고 있다. 고구려 고분벽화의 뛰어난 안료와 채색기술은 완벽히 잊혀지고 후세에 전해지지 않았다. 그리고 그것은 백지로 돌린 채 그와는 전혀 다른 바탕에서 세계 최고 수준의 고려불화가 태어났다. 다시 그 높은 수준의 회화 전통은 철저히 단절·부정되고 조선조에는 또 차원을 달리한 새로운 개안으로 문인화(文人畵)라는 정신세계를 꽃피운다. 전체를 일관하는 독창적 세계관과 창조적 태도는 같으나, 겉으로 나타나는 형식미는 하늘과 땅의 차이를 보여준다.

우리 조상들의 독창적 변신은 과거를 버리는 데서 온다. 그것은 한 개인의 인생에서 그 성장과 발전이 자신의 과거를 깨뜨리고 부정하면서 이루어지는 일과 같이 자연스러운 것이다.

곤고구미의 사례를 보면 우리 전통건축에서 치목(治木)과 조립(組立)의 직접적인 일은 삼국시대부터 장인들의 그룹이 모두 시행해 왔음을 알 수 있다. 그러므로 우리 건물의 설계는 지금의 컴퓨터 그림 같은 정밀도면 없이도, 후보지만 선정이 되면 전면 몇 칸, 측면 몇 칸에 지붕을 맞배로 또는 팔작으로 하라는 구두 지시로 모든 영조작업이 가능해진다. 거기에 공포(栱包)나 출목(出目)이나 창방의 모양, 나아가 문창살의 무늬까지 시공도(施工圖, shop drawing)를 그리는 대신 구두로 결재하면 완성이다. 영조대왕이 결재한 도면들을 보면 그들이 세부에 일일이 간섭하지 않았음을 알 수 있다. 나머지는 뛰어난 장인들에게 믿고 맡겨 주었다.

부석사 무량수전(無量壽殿)의 배흘림기둥에서 보는 아름다운 시각교정의 테크닉은, 그러므로 뛰어난 도편수나 목공들의 작품일 것이다. 그것을 영조한 우리의 스님들이나 건축가들은 그런 기교보다는 큰 것을, 더 먼 곳을 보고, 이 터 잡기와 집 앉히기를 생각했을 것이다. 무량수전은 누가 무어래도 거기서 내려다보이는 태백 연봉(連峯)의 장관을 빼놓고 이야기할 수 없다. 일망무제(一望無際)의 웅대한 스케일이 이 전각의 앞마당에서 펼쳐진다. 그것은 현세에서 극락을 보여준다.[83]

그 건축가들은 개별 건물의 배치나 건물들 사이의 관계나 각 건물의 구조 상세에 크게 구애받지 않고 큰 스케일에서 집을 앉혔기 때문에 세부가 전체를 좌우하지 않는다. 이것이 천오백 년 폐사지에 몇 개 남은 주춧돌만을 가지고 명찰(名刹)을 중건할 수 있는 묘수인 셈이다.

우리말에서 '집을 짓다'라고 하는 말은 재미있다. 의식주를 갖고 '옷을 짓다〔衣〕' '밥을 짓다〔食〕' '집을 짓다〔住〕' 하는 데에서 보듯이 집을 짓는 일의 중요성을 입는 일, 먹는 일과 동격으로 설명하기 위해 '짓다'라는 동사를 함께 쓴다. 다른 나라말에서는 볼 수 없는 일이다.

"집은 '짓다'에서 나온 말이다. 그래서 집의 옛말은 '짓'이었다. 지아비, 지어미라고 할 때 붙어 다니는 그 '지'란 말 역시 '짓'에서 나온 말이라고 한다. 그러니까 지아비는 집의 아버지이며 지어미는 집의 어머니라는 뜻이다. 집의 어원을 생각하면 집의 근원적인 의미가 보인다. 집은 짓는 것이다. 농사를 짓고, 밥을 짓고, 옷을 짓고, 글을 짓고…. 모든 것을 짓는 창조의 근원이 집이다. '초가삼간 집을 짓고 천년만년 살고 지고'라는 옛날 민요도 있듯이 짓는다는 것은 산다는 것이요, 산다는 것은 곧 짓는 것이다. 어느 분야에서든 무엇인가를 창조해낸 사람들에게 '집 가(家)'를 붙여 주는 것도 이런 문맥에서 보면 당연한 일이다. 이러한 집들이 모여 가장 큰 집을 지은 것이 나라의 집, 바로 '국가(國家)'이다. 그래서 나라를 그냥 '국(國)'이라고 하지 않고 '집 가(家)'자를 붙여 국가라고 한다."[84]

그런데 그것을 더 풀어 보자면 그보다도 더 사람 사는 데 중요한 '글쓰기'도 '글을 짓다'라고 한다. 의식주 말고 다음으로 중요한 일이 '글짓기'이다. 그러니 아마도 우리말 동사 가운데 가장 중요한 말은 '짓다'일 것이다.

'농사 짓다'도 인간사의 가장 중요한 행위임에 틀림이 없다. '이름 짓다'도 역시 그러하다.

사실 그보다 더 중요한 것이 '짝짓기'이다. 동물의 교미도 짝짓기이고 인간 생활 최대의 경사, 소위 '인륜지대사'인 결혼도 짝짓기인데, 이것이 얼마나 중요한 일인지 우리 조상들은 짝을 만나는 일을 '짝짓기'라 하여 '짓기' 반열에 올려놓았다.

'배를 짓다〔造船〕'라고 하는 것을 보면 우리 옛사람들은 아마도 영어의 '조선 공학(naval architecture)'이란 단어를 알았던 모양이다. 그랬기에 집을 만드는 일과 배를 만드는 일을 같이 '짓다'라고 했을 것이다. 영어에서도 '배를 짓다' 는 '집을 짓다' 에서 나왔다.

이순신(李舜臣) 장군이 거북선을 만든 것은 오로지 나라를 사랑한 충정과 왜(倭)의 침략을 내다본 넓은 혜안과 왜군의 전술·전략을 간파한 명장의 지적 판단의 결과에 따라 이루어진 당대 최고의 조선기술자 나대용(羅大用)의 업적이었고, 그는 단순한 기술자가 아니라 전후에도 탁월한 목민관(牧民官)으로 감동적인 인생을 산 사람이었다.

'짓다' 라는 말은 그러므로 무언가를 만들되 잘 계획하여 정성스럽게 순서대로 풀어 나가 완성에 이르는, 아주 신성한 인간 행위를 말한다. 어원으로 보아 라틴어의 데지나시오(dēsignātĭo)[85]에 가깝다.

그에 비하면 '건축(建築)' 이라는 말은 단조롭게 무엇을 쌓고 세우는 하위개념이다. 이것은 거의 축성(築城)이나 조가(造家)와 같은 수준이다. 그보다는 우리의 '영조(營造)' 라는 말이 '짓다' 에 가깝다. 여기에는 '만들다〔造〕' 보다는 앞에 말한 '경영하다〔營〕' 의 뜻이 강하다. 우리의 집짓기는 차라리 대원군 별장이나 양산보의 소쇄원을 두고 '별서(別墅)를 경영한다' '구곡을 경영한다' 고 말하듯이, '경영' 에 더 가깝다. 즉 짓는 일보다는 계획하고 실행(건립)하고 운영하는 과정을 포괄하는, 광범위하고 장시간에 걸친 행위를 시사한다.

경영이라고 말하면 현대건축과 도시에서도 어울리는 말이 된다. 지역계획이나 단지 계획, 특히 신도시에서는 계획과 입안과 설계와 예산 및 정책 집행을 통틀은 경영의 개념이 필요하다. 그러고 보면 우리 건축대학에도 도시와 건축을 경영으로 파악하는 전공학문이 필요하다. 더구나 에너지 문제를 중대한 경영의 문제로 본다면 도시도 건축도 LCC(Life Cycle Cost)를 감안한 에너지 경영 차원에서 접근해야 할 것이다. 건축의 내용연한비용(耐用年限費用)을 보면·설계와 신축 당시의 비용은 전체의 이십 퍼센트에 불과하다. 나머지 팔십 퍼센트의 관리운영 비용은 설계가 아니라 '경영'의 차원에서 해결되어야 할 문제들이다.

송순은 중종 19년에 정자 하나를 지을 생각을 갖고 근처 밭을 정자 터로 구입해 두었다가 중종 28년(1533) 중추부사대사헌의 직을 그만두고 향리(鄕里)에 내려와 있으면서 '땅을 굽어보고 하늘을 우러를' 면앙정 (俛仰亭)을 지었다. 이때 「면앙정 삼언가(三言歌)」를 지었는데, 내용은 이러하다.

굽어보면 땅이요 우러르면 하늘이라.	俛有地仰有天
이 중에 정자 서니 호연한 홍취 이네.	亭其中興浩然
풍월을 부르고 산천을 끌어들여	招風月挹山川
명아주로 지팡이 삼아 한평생을 보내려네	扶藜杖送百年

「면앙정 삼언가」의 내용은 꿈과 이상의 표현이다. 이 아름다운 건축 노래가 지금까지 현판에 걸려 있다. 이때 「잡가(雜歌)」 두 수 중 한 수도 함께 지었는데 그 내용은 더욱 아름답다.

십 년을 경영하여	經營兮十年
초당(草堂) 세 칸을 지으니	作草堂兮三間
한 칸에는 청풍을	明月兮淸風
한 칸에는 명월을 담고	咸收拾兮時完
강산은 들일 데가 없으니	惟江山兮無處納
둘러두고 보리라.	散而置兮觀之

—송순, 『면앙집』 권4, 「잡저(雜著)」 '면앙정 잡가'

여기서 '경영'이란 오랜 구상과 실천과 완성을 말한다. 경영은 『시경

(詩經)』에 나오는 단어로서, 주나라 문왕이 집을 짓는데 백성들이 모두 나와 자발적 봉사로 집짓기를 거들었다는 이야기를 하면서 이를 '경지 영지(經之營之)'라고 표현했다. '경(經)'은 재어 헤아림, '영(營)'은 꾀함을 말한다. 『시경』의 「양혜왕장구상(梁惠王章句上)」 제2장에서 이르기를, "영대를 세우기 위하여 땅을 재고 푯말을 세우니, 백성들이 힘을 보태 며칠이 지나지 않아 완성되었다네(經始靈臺 經之營之 庶民攻之 不日成之)"라고 했다.

  달아 달아 밝은 달아 이태백이 놀던 달아
  저기저기 저 달 속에 계수나무 박혔으니
  옥도끼로 찍어내어 금도끼로 다듬어서
  초가삼간 집을 짓고 양친 부모 모셔다가
  천년만년 살고지고 천년만년 살고지고

우리가 어린 시절 달을 보며 흥얼거렸던 이 노래 속의 초가삼간도 이상 속의 집이다. 더도 말고 덜도 말고 초가삼간만 있으면 사람은 살 수 있다는 뜻이다. 달 속의 계수나무로 지은 집은 작아도 얼마나 아름다운가. 작아도 아름다운 것이 우리의 이상이고 경영이었다.

북송의 『영조법식』 때문이었는지 『조선왕조실록』에도 '영조'란 말이 백여 차례 이상 나오고, 따라서 당연히 『산림경제』와 『임원십육지』에도 '가옥의 영조'라고 쓰고 있다.

바로 이와 같은 건축 개념의 차이가 건축가라는 작업을 '짓는' 일에서부터 '경영'하는 일로 바꾸어 정의하기 때문에, 우리에게는 '건축'이라는 말도, '건축가'라는 말도, 그리고 '건축가의 이름'도 중요하지 않았던 것이고, 건축에서 진정으로 중요한 일은 무엇인지 앞으로도 생각해 보아야 할 문제이다.

건축은 그 내부공간을 쓰기 위해 만들어진다. 형태가 외부로 나타나는 것은 그 결과일 뿐이다. "그러므로 공간이 있음은 이(利)가 되고 비어 있음은 용(用)이 된다.(故有之以爲利 無之以爲用)"[86]

아름다운 형태를 원하면 조형물을 만들면 된다. 건축은 만드는 자의 철학을 펼친 일필휘지(一筆揮之)이면 좋고, 그것이 아름답게 보인다면 상선(上善)이다.

화해 和解 Reconciliation

물질문명과 과학기술이 이룩한 최고의 성취를 우리는 우주정거장(space station)에서 볼 수 있다. 그런데 인간은 천만다행히도 물질문명의 찌꺼기를 거기 옮겨 놓지 않았다. 과학기술자들은 지금 그곳에서 최소한의 활동 공간과 극단적인 에너지 절약과 극소량의 물 소비와 오염물질 배출 제로라는 극한 상황을 실현하고 있다.

우주정거장은 미국과 러시아의 남녀 승무원들이 공동으로 근무하며, 두 나라의 우주왕복선(space shuttle)이 그들의 임무 교대와 생필품 운반을 위해 항해할 때마다 조금씩 조금씩 날라 온 조립식 부재들로 만들어졌고 지금도 덧붙여지고 있다. 그 지어지는 방식은 우리 건축의 모듈화 개념과 같다. 필요에 따라 늘어나고 연결되어 나간다. 그것은 우주의 풍경 속에 유영하며 완벽한 여백 속에 하나의 점처럼 떠 있다.

인류가 이만 년의 지혜를 축적하고 육십억 인구의 예지를 모아 우주공간에 하나의 점을 찍어 놓은 것은, 시간과 공간과 지혜의 총합체이며, 그것은 역사와 동서를 막론하고 모든 인간 사이의 갈등을 물리친 화해의 결정체이다.

인간은 이곳에서 처음으로 자연 앞에 철저히 겸손한 자세로 엎드려 있다. 지구에서 인간이 처음 벌거숭이로 자연에 던져졌을 때 지구는 너무 풍요로웠고 너그러웠다. 그러나 이곳에서 인간은 절실하게 우주 자연의 혹독함을 체험하고 있다. 그것은 순수한 목적으로 거기에 있다. 사람들은 그대로 그것을 확장해 나갈 것이다. 그래서 그것은 아름답다. 영조대왕이 말한 대로 좋은 뜻으로 하는 일은 그 결과가 좋다. 만일 우리가 화성에 있을지도 모를 외계인으로부터 지구가 침략당할 것을 대비해 공격용 우주선의 발진 기지로 그것을 만들었다면 아름답지 않을 것이다.

1903년 이온 물질 연구로 노벨화학상을 탄 스웨덴 출신의 아레니우스(S. A. Arrhenius)는 1890년에 이산화탄소가 증가하면 지구 대기온도가 올라간다는 사실을 알아내고 『완성 중인 세계(Worlds in the Making)』[87]에 이렇게 썼다. "이산화탄소의 증가로 지구온난화가 진행되면 추운 지역이 따뜻해지고 곡물 수확이 늘어나 급증하는 지구 인구를 부양하는 데 도움이 될 것이다."

이런 멍청한 과학자와 마찬가지로 인류는 지난 백 년 동안 기절할 만큼 빠른 속도로 석유를 증산해 대기를 덥히는 일을 계속해 왔다.

그 대표 주자가 자동차 문명이다. 포드 자동차가 T형 모델을 대량생산하기 시작한 지도 백 년이 되었는데, 그 첫번째 모델은 이천구백 시시(cc) 용량의 이십 마력 엔진을 장착하고 시간당 육십팔에서 칠십이 킬로미터 속도로 달릴 수 있었다. 리터 당 오천삼백에서 구백 미터를 달렸으니 오늘의 중형차들과 연비(燃比)는 비슷했다.

오늘날까지 마력(馬力, horse power)이라는 힘의 단위가 쓰이고 있어서 비교가 쉬운 것은 다행한 일이다. 이천 년 전에 로마군 장수들이 타던 말 한 마리짜리 전차(戰車, chariot)의 힘을 일 마력(hp)이라고 했고, 지금 우리가 타고 다니는 중소형 자동차가 대부분 백오십 마력이나 이백

오십 마력 엔진을 달고 있으니, 서울 시민들은 모두가 이백 마리가 끄는 마차를 혼자 타고 매일 출퇴근하는 셈이다. 대영제국의 여왕도 대관식에서조차 팔두마차(八頭馬車, 말 여덟 필이 끄는 마차)를 타는데, 최근에 나온 부가티 베이론(Bugatti Veyron)[88]이라는 차는 천 마력의 강력 파워를 자랑하니, 물경 말 천 마리가 끄는 힘을 가졌다. 이것이 현대인들의 물신(物神)이다. 모든 사람은 이 차의 강력한 힘과 세련된 디자인과 엄청난 가격과 그 희귀성에 고개를 숙인다. 그리고 당연히 놀라운 배기량에 따른 대기오염지수는 구태여 따지려 들지 않는다. 이 사람들의 물신숭배는 탐욕이며 타락이다. 그리고 물론 우상숭배다. 이런 일들이 오늘날 지구를 살기 힘든 곳으로 만든 서양 문명의 명백한 오류이자 치명적 파국이건만, 우리는 속수무책으로 이 발광적 현상을 바라보아야만 한다.

통탄해야 할 일은 모든 분야에 걸쳐 팽배해 있는 우리 안의 오리엔탈리즘이다. 문화예술 분야에서, 그리고 특히 건축 분야에서 그러하다. 그런 자격지심은 모든 계층에 널리 퍼져 있지만, 특히 우리 사회를 이끌고 있는 지도자들, 지식인들, 교수들, 학생들, 그리고 특히 건축가들에게서 우심하다.

오리엔탈과 옥시덴탈의 구분은 로마시대부터 있었다. 로마인들에게 '오리엔트(orient)'는 '해 뜨는 쪽'이었고, 이는 즉 그리스였다. 로마의 세력이 확장되면서 오리엔트의 의미는 더 동쪽으로 옮겨져 중동을 의미하게 되었다. 오늘도 유럽에서는 이집트의 배꼽춤을 오리엔탈 댄스라하고 중동음식을 오리엔탈 푸드라고 한다. 더 세월이 지나면서 이 말은 인도, 중국을 의미했다. 마르코 폴로 시대의 중국은 그들에게 이상향이었다.

그러나 아편전쟁 때의 중국은 정반대의 이미지로 전락해 있었다. 그러므로 오리엔트는 지역적으로도 이미지로도 고정된 것이 아니다. 가상의 설정에 불과한 것이다. 그나마도 대부분 아시아를 배신한 일본 제국주의자들의 가르침에 따라, 우리들 자신이, 우리 마음속에 설정하고 있는 것들이다.

계몽주의 시대 프랑스의 진보주의자 볼테르, 백과전서파 디드로, 중농주의자(重農主義者) 케네 등은 유교문명에서 합리성과 도덕성을 발견하고 그들의 문화를 개조하는 데 이를 수용해야 한다고 했다. 비슷한 때 독일의 라이프니츠와 볼프는 유교의 자연철학과 실천철학에 심취하여 자신들의 철학에 이를 수용한 합리주의를 세웠다. 그 이후 헤르더와 괴테, 헤겔과 셸링, 니체와 쇼펜하우어 등 독일의 위대한 낭만주의 사상가들은 인도의 종교와 사상에서 큰 영감을 얻었고, 특히 니체는 기독교의 대안으로 불교를 새로운 전망이라 생각했다. 그들은 눈앞에 펼쳐지는 근대주의가 초래할 현대 문명의 비극적 미래를 예측하고 있었다.

"주님이 만드신 것으로 흠 있는 것은 아무것도 없다. 모든 것은 서로 짝지어 마주 있으며 서로 도와서 훌륭하게 된다. 과연 주님의 영광을 보고 권태를 느낄 자 누구인가." (「집회서」 제42장 24-25절)

신라, 고구려, 백제의 찬란한 문화와 격조 높은 사상은 고려시대에 황금의 꽃을 피웠다. 그리고 조선시대에 절제의 미학으로 성숙했다. 삼봉 정도전으로부터 정암 조광조와 퇴계 이황과 율곡 이이를 거쳐 우암 송시열과 다산 정약용에 이르는 조선의 선비들은, 인류 사상 최고의 정신세계를 이룩하였다.

조선이라는 나라가 역사의 무대에서 사라진 후 우리는 건축과 환경에 대한 우리 고유의 고매한 정신을 잃었고 자연과 인간의 사랑을 배신하였다. 우리는 우리가 훼손한 자연에 사죄하고 화해를 청해야 한다. 그 사죄가 아직도 받아들여질는지는 의문이지만.

지나간 격동의 백 년 동안 우리는 일종의 문화 대혁명을 치렀다. 그 개발과 건설이라는 광기의 소용돌이가 아직 멈추지 않았으나 지금은 우리가 잃어버린 것들에 대한 진정한 가치를 떠올리며 반추와 재평가를 통해 핏속에만 남아 있는 DNA를 차분히 그리고 담담하게 복원해, 우리의 실패와 서양의 실패를 모두 치유할 방도를 찾아내야 한다.

다행히 우리가 잃어버린 정신의 세계는 완전히 사라지지 않았고 복원만 될 수 있다면 동북아시아 삼국을 대표하는 문화와 정신으로, 서구 중심의 역사관에 평형을 이루어 미래의 도시와 건축에 대한 훌륭한 대안이 될 것이다. 우리는 우리의 잘못된, 그러나 잠재능력이 있는 현재와 훌륭했던 과거를 화해시키고 공존하게 해야 한다. 그리고 동북아시아의 문화가 세계적으로 재평가되도록 세 나라가 합심해서 노력해야 한다. 그 다음에 지구를 살리기 위해서, 인류를 살리기 위해서, 동서가 화해하도록 서로를 재평가해야 한다.

이미 이천 년 전에 오늘의 동북공정(東北工程)을 부정한 중국의 역사서 『삼국지』 「위지」 '동이전(東夷傳)'에 묘사된 우리 조상들은 사실은 중국인들로부터 존경과 흠숭의 대상이었다. 이(夷)라는 글자는 파자(破字)하면 '큰 활(大弓)'이다.[89] 즉 '큰 활을 가진 사람들'이다. 거기에서 이르기를, "활과 화살, 칼과 창을 병기로 삼고 집집마다 모두 갑옷과 무기가 있다. …그 나라 사람들은 크고 성격은 강하고 용감하며 삼갈 줄을 알고 후덕하니 침략하지 않는다. …산과 골짜기를 따라 거주하며 계곡물을 마신다. …그 나라 백성들은 노래와 춤추기를 좋아하고 사람들은 탐욕이 없지만 좋은 술을 감춰두기를 좋아한다"고 했다.

해동(海東)의 아름다운 나라에 대한 고대 중국인들의 동경은 여러 곳

수원성의 장안문(長安門)에서 본
서북포루(西北砲樓)와 북포루. 우리는
오랫동안 우리 것의 아름다움과 귀중함을
잊고 지냈다.

에 나타나 있다. 불로장수의 신약(神藥)이 자라는 신선들의 나라였다.

『진서(晉書)』『사기(史記)』『회남자(淮南子)』『산해경(山海經)』 등에는 동이족이 세운 여러 나라들이 등장하는데, 그 중에 군자국이란 나라가 있다. 이 군자국에 대해서 『산해경』에는 "그 나라 사람들은 서로 양보하길 좋아하며 다투지 않는다. 하얀 옷을 즐겨 입고 외출할 때는 양 옆에 호랑이를 데리고 다닌다"라고 썼다. 『후한서(後漢書)』에는 동이족에 관해 "그들은 어질고 만물을 살리는 것을 좋아한다. 천성이 유순하며 도(道)로써 다스린다. 군자가 사라지지 않는 나라를 이루었다"고 했다.

한·중·일 세 나라의 유학사상을 비교해 보면 우리 것이 뚜렷이 구분된다. 그래서 유학 즉 공자의 사상은 동이사상이라는 주장도 있다. 유학의 핵심은 인(仁)인데, 인은 동이의 '이(夷)'와 같다. 『대한화사전』의 이(夷)에 대한 첫 풀이가 '동방 군자국의 사람'이다. 옛 문헌인 『설문해자(說文解字)』에도 "이(夷)는 고문(古文)의 인(仁)과 같다"고 되어 있다.[90]

또 인(仁)자를 찾아보면 사람(人)으로 풀이되어 있다. 따라서 '이(夷)는 인(仁)이고 인(仁)은 또 인(人)'이어서 옛날에는 이 세 글자가 함께 통용되었다. 논어에 보면 공자가 '배를 타고 떠나고 싶다'거나 '구이(九夷)에 가서 살고 싶다'고 한 말이 나온다. 그래서 이중환은 『택리지』 발문에서 이렇게 썼다. "만약에 공자께서 다시 살아나신다면 반드시 동해에 뗏목을 띄워 건너오실 것이다. 그런즉 살 만한 곳으로 어디가 이 지역만하겠는가."

공자가 그리워한 대상이던 우리나라를 가리킨 이(夷)라는 글자가 후대로 내려오면서 '거만하다, 상스럽다, 오랑캐'라는 나쁜 뜻으로 바뀐 것뿐이다. 유학을 동이사상이라고 주장할 뿐만 아니라 더 나아가 동양철학의 근본이자 그 진수인 음양오행과 역법(曆法, 달력 만들기)이 동

이에서 유래했다는 학설도 있다.[91]

탈아입구론(脫亞入歐論)을 주장해 일본 근대화의 아버지로 추앙받는 후쿠자와 유키치(福澤諭吉)[92]는 한국과 일본에서 그 평가가 극단적으로 엇갈리는 골수 정한론자(征韓論者)로서, 이웃을 짓밟고 저희 먼저 멀리 가려고 갑신정변을 배후조종하고 고종 황제의 밀서를 조작한 치졸한 인간이었다. 그는 갑신정변 직후 "조선은 미개하기 때문에 우리가 이들을 이끌어야 하며, 그 백성들은 완고하기 짝이 없어 무력을 사용해서라도 진보를 도와주어야 한다"고 썼다. 조선과 아시아인에 대한 그의 멸시는 갈수록 심해져서 "조선인의 무지몽매함은 남양의 토인에 뒤지지 않는다. 중국인은 겁이 많고 나약하고 비굴하며 무례하다." 아시아의 일원에서 벗어나 서양의 문명국과 진퇴를 함께해야 한다는 '탈아론(脫亞論)'이 침략주의로 발전한다.

후일 일본에 온 장 콕토는 탈아입구를 비판하여 '일본인들이 왜 일본 전통 의상을 입지 않는가'라면서 일본이 저희 전통을 버리고 서둘러 서구화로 내닫는 꼴을 한탄했다. 그때 일본에서는 여성의 팔십 퍼센트와 남성의 이십 퍼센트만이 일본 옷을 입었다.

프랭크 로이드 라이트는 1893년 시카고에 사무실을 차렸을 때 시카고 세계박람회에 출품된 일본의 우키요에(浮世繪)에 탐닉한 후, 1912년에는 『일본의 판화』라는 저서를 출간했고, 동경제국호텔을 설계한 1916년에서 1922년 사이에 일본에 머무르며 일본의 전통건축에 심취해 그의 유기적 건축(organic architecture) 이론을 구체화했고, 여러 작품에서 우키요에의 구도를 참작해 평면계획에 직접 차용하기도 하고, 실제 제국호텔 설계에서는 전통건축 호오덴(鳳凰殿)[93]의 평면형태를 차용했다. 뿐만 아니라 프래리 하우스(Prairie House)에서 호오덴 본당을, 로비 하우스(Robie House)에서는 히가시혼간지(東本願寺) 금당(金堂)을, 유니태리언 교회(Unitarian church)에서는 타이유인(太猷院)을, 주일미국 대사관에는 헤이안진구(平安神宮)를 모사 · 채용해 설계했고,[94] 다다미(疊)와 후스마(襖), 도코노마(床の間) 같은 일본 전통건축의 구성요소들에 매료되어 그 기능적 우수성과 내부공간의 규격화, 가변성, 그리고 단순미를 찬탄한 글들을 남겼다.[95] 또한 조선의 온돌 이야기를 듣고 바닥난방(floor heating)을 미국에 처음 소개하기도 했다.

1933년 일본에 온 독일 건축가 브루노 타우트(Bruno Taut)[96]는 삼 년 반 동안 머무르면서 일본 문화에 심취하여 『일본, 유럽인의 눈으로 보다』(1934) 그리고 『일본문화사관(日本文化私觀)』(1936)을 출간하면서 가쓰라리큐(桂離宮)[97]와 이세진구(伊勢神宮)[98]의 단순성에 흠뻑 빠진 결과 가쓰라리큐를 파르테논에 비견하여 "지극히 독자적이면서도 동시에 보편성을 갖춘 고도의 문화적 전통을 발견했다"고 썼다. 타우트의 이런 시각은 그 이후 줄곧 서양인들이 갖는 동양 문화관의 중심축이 되어 왔다.

그러나 육 년 후인 1942년에 일본의 사카구치 안고(坂口安吾)[99]는 타우트와 같은 제목의 『일본문화사관』이라는 글에서 타우트를 조목조목 반박한다. 자신의 책에 남의 책과 같은 제목을 붙였다는 것은 그 책 내용을 반박할 목적으로 썼음을 보여준다. 일본 건축, 즉 궁전과 사원과 정원에 대한 타우트의 지극한 찬탄에 대해 사카구치 안고는 감사하기보다 오히려 당황하면서 그 사원과 정원이 말하고 있는 심원한 사상과 실제 표현 사이에 무슨 관계가 있는지를 묻는다. "료안지(龍安寺)의 돌정원이 어떤 깊은 고독과 아취(雅趣)를 표현하고 심원한 선기(禪氣)와 통하는지, 돌의 배치가 어떤 관념이나 사상과 연결되는지 관계가 없다. 어차피 넓은 바다나 사막, 거대한 산림이나 평원의 고독에는 미칠 수 없다"면서 미(美)의 판단 기준은 문화와 전통에 있는 것이 아니라 개개인의 내면에 존재한다는 사실과, 건축과 정원에는 표현의 한계가 있다고 반박한다. 한마디로 서양인들이 보는 가쓰라리큐나 도쇼구(東照宮)의 아름다움은 모두 요설(饒舌)에 불과하다는 주장이다.

이렇게 보면 타우트의 관점은 "동양과 서양이라고 간주되는 것 사이에 만들어진 존재론적이고 인식론적인 구별에 바탕을 둔 사고양식"이라는 에드워드 사이드의 오리엔탈리즘 정서와 딱 들어맞는다. 다만 사카구치의 결론은 "대체로 유럽 정신이 이미 존재하지 않으며, 실재한다면 세계 정신일 것이고, 소설을 쓸 때 자신을 의식하는 것이 위험하듯이 문화에서 일본으로 돌아가라는 것은 위험하다"고 말한다.

이 책이 쓰인 지 오십 년이 지난 후 니시카와 나가오(西川長夫)는 이 두 사람의 논쟁에 대해 '일본적'이라고 불리는 것들의 허구를 지적하여 "이들 문화에 관한 원리적인 문제들이 오히려 더 새롭게 현재적인 문제를 제기하고 있다"[100]면서 문화의 국경을 넘어서는 세계관을 주장했다.

1994년 한국에 온 프랭크 게리(Frank O. Gehry)는 종묘를 처음 보고 감동을 감추지 못했다. 그는 역시 가쓰라리큐를 언급하며 종묘가 그보다 훨씬 더 단순하고 그러면서도 왜 훨씬 더 감동적인지 그 이유를 잘 모르겠다고 했다. 또 그는 한국에 이렇게 아름다운 건물이 있다는 것을 몰랐다는 자신이 부끄럽다며, 한국인들 또한 이렇게 아름다운 건물을 가진 것을 대놓고 자랑하지 않는 점을 이해할 수 없다고 했다.

정말로 우리는 우리를 알리는 데 둔감했다. 세계적 권위를 자랑하는 『대영백과사전(Encyclopedia Britannica)』 최신판 스물네 권의 맨 첫 항으로 등장하는 단어는 'a-ak'이다. 설명은 "Ancient east asian music. See gagaku"라고 되어 있다. 'a-ak'은 아악(雅樂)이다. 이것을 일본인들이 선점하여 '가가쿠'라고 퍼뜨려 놓았기 때문에 아악의 발음은 '가가쿠'이고 해설도 그쪽을 찾아야 한다. 독도를 다케시마라고 하고 동해를 일본해라고 하는 싸움은 끝이 없다.

"지금 세계 문화의 중심지가 대서양에서 태평양으로 이동하고 있다. 중국과 네 마리 호랑이가 장차 이곳을 지배할 것이다. 1985년 한국의 대학 진학율이 영국보다 높았던 것을 보면 태평양 지역의 경제 추진력은 교육열에서 나온다. 21세기는 중국의 시대이며 동아시아의 시대일 것이다"라고 미국의 미래학자 존 네이스비츠는 그의 저서 『메가트렌드(Megatrends)』에서 말한다.[101]

이것은 21세기를 맞는 대부분의 석학과 미래학자들의 공통된 의견이다. 뿐만 아니라 폴 케네디[102]는 "지금 한국에는 개방과 국제화가 필요하다. 네덜란드가 한국에 훌륭한 모델이 될 수 있다. 네덜란드는 프랑스와 독일, 영국 등 유럽 최강국들에 둘러싸여 강대국의 의사에 따라 생존의 기로에 서게 되는 경우가 많았는데, 이때마다 적절한 외교 전략으로 위기를 극복했다. 오래된 정신과 문화유산, 유서 깊은 역사적 배경이 있는 국가들은 흥망의 깊은 수렁에 빠지더라도 언젠가는 다시 부활할 수 있는 '힘'을 갖는다. 이 부활의 최대 견인 파워는 '교육'이다. 오래된 정신과 문화 자체가 교육받은 민족을 뜻한다"라고 말했다. 사실 우리는 극단적으로 자화자찬하거나 자기비하하거나 두 가지만 하면서 제삼자에게 물어 보거나 평가받는 일에 등한했다.

독일 쾰른 시의 일간지 기자 겐테(Genthe)가 쓴 『독일인 겐테가 본 신선한 나라 조선, 1901(Korea-reiseschilderungen)』이 있다. "동아시아 모든 수도 중에서 가장 주목할 만한 곳으로, 한국 황제가 있는 서울이 주는 첫인상은 무척 특이하다. 동방 군주국 수도로서 동화 속에나 있는 환상적인 호화찬란한 왕궁들은 찾아볼 수 없으며, 토속문화의 전통에 매달려 살면서도 새 시대의 발명품에 흥미를 갖고 새로운 것을 거리낌없이 받아들인다. 퇴보적 야만성을 보이는 아시아적 원시상태와 서양의 진보적 문명이 동시에 존재하는 혼동 속에서 나름대로 위치를 잡고 버티면서 제 갈 길을 걷고 있는 것이 참으로 놀랍고 기이한 현상인데, 이것은 어느 나라를 돌아봐도 두 번 다시 찾아볼 수 없을 것이다. 국왕과 개혁파는 어찌 보면 운이 좋은 편이다. 사실 조선 사람들의 본성은 배타적이 아니라 항상 타협적이며 순하고 친절하고 배우기를 좋아하는 부지런한 민족이다. 재치있는 지도자들만 있다면 빠른 시일에 현대 문명국가의 수준에 오를 희망이 있는 국민이다. 중국에서는 아직도 전통적 운송 방법인 인력거를 타고 관광을 해야 하는데, 아직 잠에서 깨어나지 않은 줄 알았던 고요한 아침의 나라 국민은 서구의 신발명품을 거침없이 받아들여 바람을 쫓는 속도로 달리는 전차를 타고 초가집 사이를 누비며 서울 시내 여기저기를 구경할 수 있다니 어찌 놀랍지 않으랴."[103]

이것은 거의 정확히 백 년 후인 오늘에 씌어졌다 해도 지금의 우리 상황과 일치하는 점이 많으니 또한 놀라운 일이다.

"한국인들은 자신들의 문화를 확립하는 한편 타문화와의 상호작용에 대해서도 큰 포용력을 발휘해 왔다. 한국의 세계화는 동시에 다른 나라들에 의한 한국적 가치의 발견으로 이어졌다. 지금 중요한 것은 한국의 전통 규범과 근대성, 세계화를 결합하는 일이다. '글로컬(glocal)'(세계적인 동시에 지역적이란 뜻으로 'global'과 'local'의 합성어) 문화는 지역적 뿌리를 가진 동시에 전 인류를 위한 세계적 가치를 지니고 있다."[104]

근대건축이 구조의 질곡에서 해방되면서 벽 대신 유리로 둘러싸인 커튼월 건축물들이 추운 나라 아이슬란드에도, 더운 나라 쿠웨이트에도 거침없이 세워졌다. 토속(土俗, vernacular) 건축은 각 지역의 자연과 인문적 특성을 감안해 수천 년간 단련되어 온 방식이다. '글로컬'한 건축을 찾는 일이 우리시대 건축의 과제다. 과도하게 인공으로 덮혀지고 식혀지는 건축은 더 이상 사람들을 건강하게 보호하지 못하고 무리한 에너지 소비를 부추겼다. 그러고 보면 우리의 생태적 친환경 논의야말로 이 시대에 가장 글로컬하다. 그 위에 오랜 역사를 가진 우리의 선비정신에 입각한 지식산업 추구와 컨텐츠의 개발은 그야말로 새 시대에 걸맞은 최고의 글로컬이다.

허버트 리드의 예술론에 의하면, 예술은 감동을 주어야 한다.[105] 그러나 건축은 보는 사람에게 감동을 주기 위해 만들어지는 것은 아니다. 그러므로 건축은 예술이 아니다. 앤디 워홀은 "왜 사람들은 그렇게 예술을 좋아하는지 모르겠다"며 예술과 생활의 벽을 허물고 감동을 주는 예술을 만들지 않았다. 마르셀 뒤샹은 남자용 소변기에 서명한 것만으로 〈샘 (Fontain)〉(1917)이라는 현대미술품을 만들고, "예술의 본질은 수공(手工)이 아니라 선택하는 정신적 행위다"라고 말했다. 현대건축은 여러모로 뒤샹의 주장을 수용하고 있다.

우리는 학생들에게 이렇게 말해야 한다. '우리는 너희에게 예술적 감동을 주는 건축을 가르치지 않겠다. 대신 너희를 예술에 안주하지 않도록 의식화시키겠다' 라고.

근대 인문학의 위기론이 한창이다. 인문학의 위기는 바로 현대건축과 도시의 위기이다. 시장경제 패러다임이 지배하는 경제 권력의 시대에서 역사적 방향감각이 상실되고 비판 정신이 소멸되어 사회는 파편이 되고 문화는 천박해지는 것이 당연하다. 21세기에는 서구식 자본주의가 몰락하고 유교적 자본주의가 도래한다고 허먼 칸은 예언했다.[106] 그는 '유교적 자본주의' 가 전 세계적 신(新)경제의 좌표라고 예언한 이유로, 교육을 중시하는 동양적 사고방식, 가족 · 향토를 중시하는 대가족 개념, 정부와 기업 간의 밀접한 관계, 신뢰와 예의를 바탕으로 하는 전통사회, 윤리를 중시하는 집단적 국가의식, 저축 습관, 그리고 강한 유교적 문화의 동질감을 들었다.

건축자본주의의 극치는 상업용 건물을 최고의 광고판이자 관광상품으로 '예술화' 시키는 현상에서 볼 수 있다. 오늘날 스타 건축가들은 광고의 카피라이터이거나 브랜드 건축의 상표 디자이너 같은 아이디어맨으로 전락하고도 그것을 부끄럽게 생각하지 않는다.

앞의 폴 케네디도 동조하듯이, 조지프 나이(Joseph S. Nye)[107]가 한 나라의 국력을 측정해 말하는 데 즐겨 쓰는 '삼중의 체스판(Three Layer Chess)'의 비유대로, 한 나라의 국력은 군사력과 경제력과 소프트 파워(Soft Power)의 삼중 구조로 구성되어 있는바, 이 관점에 따르면 미국은 군사 분야에서 타의 추종을 불허하는 초강대국이지만 경제 분야에서는 그와 달리 유럽과 일본과 중국과 인도가 미국을 추격하고 있고, 더구나 소프트 파워 분야에서는 상황이 더욱 나쁜 결과로, 지구상의 많은 국가가 이제 더 이상 미국을 존경하지 않고 있다. 물질주의와 자본주의 국가의 대표선수인 미국이 총체적으로 존경받지 못하는 이유와 우리가 그들을 도울 수 있는 방법을 생각해야 한다.

이탈리아에서 건축가들이 베르니니(G. L. Bernini)나 팔라디오(A. Palladio)를 본떠서 설계를 하는 것은 큰 흉이 아니다. 그것은 고전이기 때문이다. 현대 건축가로서도 베네치아(F. Venezia)[108], 스카르파(C. Scarpa)[109]를 흉내내어도 부끄럽게 생각하지 않는다. 그것은 지극한 존경심의 발로이자 이미 현대의 고전이기 때문이다.

누가 프랭크 게리를 베낀다면 그는 경멸당할 것이다.

아서 허먼은 "우리는 비관론이 규범이 되어 버린 시대에 살고 있다"고 말한다.[110] 서구의 몰락이라는 개념은 사회가 병들었다는 뜻이다.

오늘날 많은 사람들이 아시아의 시대가 온다고 말하고 한국이 그 주도역을 할 것이라고 예측한다.

"한국은 2050년에 아시아에서는 물론 세계 최고의 강국이 될 것이다.

화엄사(華嚴寺) 대웅전(大雄殿)과 각황전(覺皇殿)은 『화엄경』에서 가르친 대로 두 건물이 하나처럼 조화를 이루고 있다. 세상의 이치는 하나가 아니며 서로 다르지도 않다.

첫째 이유는 정보, 통신, 의료 산업의 발달이고, 둘째는 그 지리적 위치 때문이다. 한국은 2025년에 아시아를 주도하게 될 것이고, 2050년에는 일본, 중국, 인도, 러시아, 인도네시아와 함께 지구를 다스리는 열한 개 나라를 주도하게 될 것이다. 한국은 경제, 문화의 새로운 모델로 각광받을 것이며 한국의 기술력과 문화적 역동성은 전 세계를 놀라게 할 것이다. 한국적 모델은 중국이나 말레이시아, 인도네시아, 필리핀 등지에서 성공적인 모델로서 점점 더 각광받을 것이며, 심지어 일본에서조차도 미국식 모델 대신 한국식 모델을 모방하는 움직임이 일어날 것이다."[111]

이제 한국은 세계 문화에서도 주변국이 아니다. 무엇보다 한국은 풍부한 문화적 컨텐츠가 큰 자산이 되어 최강의 문화국가를 이룩할 것이다.

서양건축은 인류 역사를 통틀어 그 문화 전반을 선도해 왔지만 지금 막다른 골목길에 빠져 돌아 나오지 못하고 있다. 이미 1966년에 로버트 벤투리(Robert Venturi)는 "정통파 근대건축가들은 혁명적 운동의 참여자로서 근대적인 새로움을 주장하면서 그 복잡성을 등한시하였다"고 했다. 1974년에 제임스 스털링(James Stirling)은 "근대건축의 구십구 퍼센트는 따분하고 진부하고 메마르고 옛 도시에 조화되지 못한다"고 했다. 피터 블레이크(Peter Blake)는 자신이 건축가이자 평론가이면서 앞에 말한 그 동료들을 의심하기 시작했고, 그가 책 한 권[112]을 모두 바쳐 탄식한 대로 '근대건축은 실패'였다.

이후 지금까지 대부분의 현대 건축가들은 그때의 의구심에 대해 함구하고 어떤 대안도 제시한 적이 없다. 포스트모던과 디컨스트럭션은 궤변에 불과했고 상황은 나쁜 방향으로만 흘러 왔다. 피터 블레이크가 지적한 것들 말고도 현대건축 실패의 원인은 많지만, 무엇보다도 가장 큰 실패는 생태적이 아닌, 반환경적인 개념에서 온다.

현대건축과 도시는 실패한 정도가 아니라 인류를 병든 사회, 궁극적으로 파멸의 나락으로 이끌고 있다. 그 극치에 도달한 가장 최후의 건축자본주의 사례가 프랭크 게리의 구겐하임 빌바오 미술관과 로스앤젤레스의 디즈니 콘서트홀이라고 본다면, 이미 서양건축에서도 건축은 예술이 아니고 건축가는 예술가가 아니다. 프랭크 게리는 간단한 개념 스케치와 구겨진 종이 뭉치만 넘겨주었을 뿐, 이 건물들의 설계와 시공은 공히 컴퓨터 기술로 완성되었다. 이것은 기계부품이나 자동차나 비행기를 만드는 과정과 똑같이 닮았다. 오로지 건축주의 의지와 재정지원에 따라 될 수도 있고 안 될 수도 있다. 구겨 놓은 휴지를 건축으로 형태화하는 데에는 컴퓨터라는 돈의 위력이 결정적으로 작동한다. 건물의 화려함도 그러하다. 번쩍거리는 티타늄의 외장판에서 오는 건물의 화려함도 돈이 있어 가능했다. 이것을 현대건축의 희망이라고 생각하고 거기에 매달려서는 안 된다. 그런 엄청난 돈이 없어도 될 수 있는 건축이 있어야 한다. 프랭크 게리와 피터 아이젠만(Peter Eisenman)은 훌륭한 예술가들이지만, 건축가로서 이 시대와 다음 세대가 요구하는 보편적인 일반해(一般解)를 제시하지 않는 한 이것이 현대건축의 실패를 치유하는 대안이 될 수 없다.

오늘날 전 세계가 몇몇 스타 건축가들에게 경도되어 그들의 선정주의에 환호하고 있는 현실은, 건축의 오래된 사회봉사 기능에 대한 전반적인 배신이며, 고매한 건축정신의 타락을 우려할 만한 대중주의(populism)이다.

건축가는 좋은 건축을 만들어야 하고, 그 사용자는 그 좋은 건축으로 인해 좋은 삶을 영위할 수 있어야 한다. 이는 인류의 건강한 삶을 위해 그것으로 유일한, 최후의 목적이어야 한다.

여기에 대응하는 새로운 환경개념은 동양과 한국의 옛 지혜에서 찾아지지 않으면 안 된다. 오랜 시간 서로 불목했던 그 수많은 개인주의와 민족주의들, 크게 말해 서양과 동양은 오리엔탈과 옥시덴탈의 이분법을 벗어나 이제 화해해야 한다. 예술의 개념이 아닌 인문학의 개념으로서.

1. 김개천 글, 관조 스님 사진, 「화엄사 각황전」 『명묵의 건축』, 안그라픽스, 2004 참조.

2. 정도전(鄭道傳, 1342-1398). 고려 말의 대학자 목은(牧隱) 이색(李穡) 문하에서 수학했다. 정몽주(鄭夢周), 이숭인(李崇仁) 등과 교유했으며, 1360년(공민왕 9년) 성균시에 합격, 이 년 후 동 진사시에 합격, 충주사록(忠州司錄), 전교주부(典校注簿), 통례문지후(通禮門祗候)를 역임했다. 1370년 성균관박사로 정몽주 등과 명륜당에서 성리학을 수업하고 강론했으며, 이듬해 태상박사(太常博士)에 임명되고 친원배명(親元排明) 정책에 반대해 1375년 나주에 유배되었다. 구 년에 걸친 유배와 유랑 생활을 청산하고, 1383년 동북면도지휘사로 있던 이성계(李成桂)를 함주 막사로 찾아가 인연을 맺고 이성계의 천거로 성균관대사성에 승진, 1388년 위화도 회군으로 이성계 일파가 실권을 장악하자 밀직부사(密直副使)로 승진, 조준(趙浚) 등과 함께 조민수(曺敏修) 등 구세력을 제거해 조선 건국의 기초를 닦았다. 구세력의 탄핵으로 봉화에 유배되었다가 고려 왕조를 옹호하던 정몽주 등의 탄핵을 받아 투옥되었다. 정몽주가 이방원(李芳遠) 일파에 의해 격살되자 유배에서 풀려 조준, 남은(南誾) 등 오십여 명과 함께 이성계를 추대해 조선 신왕조 개창의 주역이 되었다. 개국 일등공신으로 문하시랑찬성사(門下侍郎贊成事), 겸의흥친군위절제사(兼義興親軍衛節制使) 등 요직을 겸임해 정권과 병권을 한 몸에 안았다.

   1394년 판의흥삼군부사(判義興三軍府事)로 경상전라양광삼도도총제사(慶尙全羅楊廣三道都摠制使)가 되어 재정 및 지방 병권을 장악하며 『조선경국전(朝鮮經國典)』을 저술하고, 한양 천도 계획을 수립, 실천하였다. 1397년 『경제문감별집(經濟文鑑別集)』을 저술해 군도(君道)를 밝히고, 1398년 권근(權近)과 더불어 성균관 제조(提調)가 되어 『불씨잡변(佛氏雜辨)』을 저술, 배불숭유(排佛崇儒)의 이론을 확립했으나 1398년 요동 수복계획을 추진하던 중 이방원의 기습을 받아 희생되었다.

   문인이면서 동시에 무(武)를 겸비했고, 성리학만이 실학(實學)이요 정학(正學)임을 이론으로 정립해 유교 입국의 바탕을 다졌다. 많은 악사(樂詞)를 지어 남겼으며, 유배시절과 방랑시절에 쓴 수많은 시문들이 『삼봉집(三峰集)』에 전해진다.

3. 『조선경국전(朝鮮經國典)』. 1394년(태조 3년) 삼봉(三峰) 정도전이 쓴 한국 최초의 정치적 저술로, 그의 혁명적인 사고가 발현되어 있다. 이 책은 『주례(周禮)』를 모델로 쓴

원나라의 『경세대전(經世大典)』을 모본으로 했으나 『주례』에도 없고 중국에서는 상상도 못 했던 왕권의 제한적 정의가 논술되어 있다. 정도전은 천명(天命)이라는 논의를 빌려 아슬아슬하게 왕권의 제약과 왕정체제의 보완을 주장함으로써 국민주권론의 효시가 되었다. 이성계와 정도전은 위화도 회군 직후, 일부 귀족들에게 편중 소유되었던 고려의 토지대장들을 모두 불태우고 왕위에 오른 즉시 『경국대전(經國大典)』의 기본사상이 된 토지균분제를 실시하였다. 식구 수를 헤아려 토지를 나누어주는 계구수전(計口授田) 방식이었다. 토지뿐만 아니라 모든 면에서 평등사상이 구현되었다. 예컨대 조선사회에서 상속의 남녀균분(男女均分) 원칙은 조정의 보호 아래 폭넓게 지켜졌다. "적처(嫡妻) 소생일 경우 장자, 차자, 딸의 성별 구별 없이 모두에게 재산을 똑같이 분배하고, 제사를 지내는 자식에 한해서 상속분의 오분의 일을 더해 준다." 근대 이전에 이렇게 엄격한 남녀균분제를 적용한 국가는 지구상에 베트남과 한국뿐이었다. 후일 이 책은 『경국대전』의 모본이 되었다.

4. 『주례(周禮)』「고공기(考工記)」. 춘추시대 말기(B.C. 5세기) 제(齊)나라에서 수공업 기술의 규범을 기록한 중국 최초의 과학기술 전문서적이다. 「고공기(考工記)」의 '장인(匠人)' 조에서는 도성 건설과 관련해 '장인 건국(建國)'을 우선 말한 뒤, '장인 영국(營國)'을 말했다. '건국' 부문에서는 도성 건설에서 수평을 구하고 방위를 정하는 측량 문제를 논하였고, '영국' 부문에서는 노예제 사회인 서주시대(西周時代)의 도성 건설 제도를 전문적으로 서술하였다.

5. 『경회루전도(慶會樓全圖)』. 경회루가 역(易)의 원리와 일치한다는 것을 밝힌 책으로, 경회루가 중건되던 1865년에 정학순(丁學洵)이 펴냈다. 그는 자신을 '초야(草野)의 신(臣)'이라 하였는데, 그 신분에 관해서는 정확히 알 수 없다. 우리 전통건축의 사상적 배경을 연구하는 데 중요한 자료이다.

6. 북창(北窓) 정렴(鄭𥖝). 내의원제조(內醫院提調) 정순붕(鄭順鵬)의 아들로, 어려서부터 천문, 지리, 의서, 복서(卜筮)에 능통했다. 1537년 사마시(司馬試)에 합격하고 1544년 중종의 병환에 입진(入診)하였다. 그가 바른 처세를 권장하여 남긴 「궁을가(弓乙歌)」에는 "조선 강산 명산이라, 도통군자(道通君子) 다시 난다. 사명당(四溟堂)이 갱생하니, 승평시대(乘平時代) 다시 온다"라고 한 대목이 있다.

7. 1755년(영조 31년)에 하천이 범람하여 물난리가 났다. 그래서 1760년에는 준천사(濬川司)를 설치하여 서울 도성 안의 모든 하천을 준설하였는데, 그 사업이 부진하자 1773년에 영조가 친히 광통교(廣通橋)에 나와서 준천을 독려(督勵)하며 느낀 바를 서(序)로 쓰고, 이어서 사자구(四字句) 마흔네 구의 명(銘)을 썼다. 서의 내용은 영조가 당시 팔순인데, 오십 년 동안 균역(均役)·준천·탕평(蕩平)을 추진하였으나 균역과 준천은 효과를 보았는데 탕평은 효과를 거두지 못하였다는 심회를, 준천공사가 끝나는 날 광통교에 앉아 서술한 것이다.

8. 알베르트 슈페어(Albert Speer). 하이델베르크에서 태어나 뮌헨 공대를 졸업하고 당시의 유명한 건축가 테세노프(H. Tessenow) 밑에서 수련을 쌓다가, 히틀러를 알게 되어 전속 건축가로 인정받고 베를린 개조 계획 등 엄청난 '제국건축'을 주도하였다. '빛의 성당 (Cathedral of light)'은 1933년 뉘른베르크의 나치 전당대회장으로 백삼십 개의 서치라이트를 사십 피트 간격으로 이만오천 피트 높이의 공중에 쏘아 올린 드라마였다. 전쟁 중 독일 군수상(軍首相)으로서 연합군 사이에서 전설적인 존재였던 그는 히틀러가 자살하기 일 주일 전까지 총통의 신임을 받았다.

9. '열정(冽井)'은 역(易)의 괘(卦)에서 '수풍정(水風井)'에 해당한다. 이는 바람을 의미하는 손괘(巽卦) 위에 물을 의미하는 감괘(坎卦)가 올라 있는 모양이다. 손괘는 목기(木氣)로서, 나무를 의미한다. 나무뿌리가 뻗어 가는 형상이나 나무줄기가 허공으로 높게 올라가는 것 역시 바람의 속성과 부합한다. 수풍정은 물 밑에 나무가 있으므로 곧 물속의 두레박이다. 그래서 수풍정은 우물[井]을 뜻하는데, 우물물은 퍼내도 줄지 않고 계속 고이는 불변의 의미를 지닌다. 우물을 중심으로 마을이 생겨나게 되므로 우물은 그 자리를 다른 곳으로 옮겨갈 수 없다. 불변부동의 우물은 삶의 뿌리이며 아무리 퍼 써도 마르지 않고 새롭게 솟아나는 학문이나 지식의 근본을 뜻하게 된다.

도산서원에는 이 우물과 대응되는 다른 샘물로 '몽천(蒙泉)'이 있다. 역시 퇴계 자신이 이름을 붙인 것이다. 역(易)의 괘에서 '풍수환(風水渙)'에 해당한다. 감괘(물)가 아래로, 손괘(바람, 나무)가 위로 올라와 있다. 풍수환의 환(渙)은 '우물 정(井)'과는 대조적으로 흩어지고 떠나는 물이다. 그 위로 바람이 불어 사방으로 흩어지며 번져 가는 형상이니, 이 샘물은 끝없이 흐르고 흩어지며 넓은 공간으로 건너가는 물이다. 또는 물 위에 뜬 배(나무)가 멀리 간다는 의미다.

이처럼 열정의 우물물이 한 곳에 갇혀 깊이있게 학덕의 근본을 닦는 선비를 의미한다면, 몽천은 선비의 학덕이나 제자들이 세상으로 흩어져 확산된다는 의미다. 이어령, 「도산서원의 공간 기호론적 해독」, 한국기호학회 편, 『몸짓 언어와 기호학』, 문학과지성사, 2001 참조.

10. 퇴계는 건축설계도라고 할 수 있는 '옥사도자(屋舍圖子)'를 그려 승려 법련(法蓮)에게 도산서원의 공사를 맡겼는데, 그가 죽자 승려 정일(淨一)이 맡아 1560년에 완성시켰다. 법련과 정일은 그곳에서 멀지 않은 산속에 있던 용수사(龍壽寺)라는 작은 절의 승려였다. 퇴계의 제자 성성재(惺惺齋) 금난수(琴蘭秀)의 「도산서당영건기사(陶山書堂營建記事)」 참조.

11. 『성학십도(聖學十圖)』. 퇴계가 필생의 기력을 모아 마지막으로 만든 작품으로, 인간과 자연과 그 사이의 길을 그린 동양화의 압축이다. 이는 천인합일의 전제 위에 삶을 이해하고 관계를 맺는다는 유교의 오랜 지혜이며, 가장 먼저 익혀야 할 훈련이고, 성숙과 소통을 위한 기술이다. 여기서 성학은 유학을 지칭하며, 사람으로 하여금 성인이 되

게 하는 학문이 내재된 열 개의 도표와 그 해설로 되어 있다. 제일 태극도(太極圖), 제이 서명도(西銘圖), 제삼 소학도(小學圖), 제사 대학도(大學圖), 제오 백록동규도(白鹿洞規圖), 제육 심통성정도(心統性情圖), 제칠 인설도(仁說圖), 제팔 심학도(心學圖), 제구 경재잠도(敬齋箴圖), 제십 숙흥야매잠도(夙興夜寐箴圖)이다. 그 가운데 일곱 개는 옛 현인들의 것 중에서 두드러진 것을 골랐고, 나머지 소학도, 백록동규도, 숙흥야매잠도 등 세 개는 이황 자신이 작성했다. 제일도에서 제오도까지는 천도(天道)에 기본을 둔 것으로, 그 공과(功課)는 인륜을 밝히고 덕업을 이룩하도록 노력하는 데 있다. 제육도에서 제십도까지는 심성(心性)에 근원을 둔 것으로, 그 요령은 일상생활에서 힘써야 할, 공경하고 두려워하는 마음을 높이는 데 있다.

12. 『성학집요(聖學輯要)』. '성학(聖學)'이란 성인이 되기 위한 학문을 이르는 말로, 이 책은 마흔 살의 율곡이 아무 준비 없이 왕위에 오른 젊은 임금 선조(宣祖)를 위해 쓴 필생의 대작이다. 왕을 위한 경연(經筵, 임금을 위해 신하가 왕도를 강론하던 일)에 쓰였을 뿐 아니라, 사서삼경과 더불어 선비들이 꼭 읽어야 했던 명저다. 여러 경전과 사서(史書)에서 지도자에게 도움이 될 핵심을 가려 뽑고 자신의 견해를 더한 것으로, 책의 「위정(爲政)」편 '식시무(識時務)' 장에는 나라 경영의 근본이 창업과 수성(守成), 그리고 경장(更張, 개혁)인데, 수성의 시기에 경장을 하거나 경장의 시기에 수성을 하는 등 시행 시기가 다르면 나라의 경영이 뒤틀린다는 내용도 담겨 있다.

13. 중종(中宗)은 즉위 십 년이 지나도 보수 훈구세력에게 왕권이 휘둘리자 알성시(謁聖試)에 장원급제하고 사간원 정언(正言)으로서 젊고 실력있는 조광조를 발탁한다. 그는 서른네 살 때(1515) 종육품 관직에 오른 뒤 승진을 거듭, 이 년 뒤 당상관에, 사 년 뒤엔 종이품 사헌부 대사헌이 되었다. 그는 일거에 조정의 언로와 정치를 장악했고 신진 사림세력을 주위에 대거 등용하여 훈구파를 제거하는 도학의 개혁정치를 단행하였다. 반정공신들에 대한 조광조의 위훈삭제(僞勳削除) 등으로 훈구파는 궁지에 몰렸으며, 그런 훈구파의 간언에 흔들린 중종도 위기의식을 느꼈다. 중종 14년(1519) 보수 훈구세력의 친위쿠데타에서 총지휘자는 중종 자신으로, 대사헌 조광조(38세), 형조판서 김정(金淨, 34세), 부제학(副提學) 김구(金絿, 32세), 좌부승지 박세희(朴世熹, 29세), 홍문관(弘文館) 전한(典翰) 기준(奇遵, 28세) 등 성리학적 이상세계를 만들 일념으로 뭉쳤던 이백스물다섯 명의 젊은 '개혁세력' 도학자들은 이날 모두 정치적 제물이 되었다. 이것이 조선조 사상 최악의 기묘사화(己卯士禍)였다. 개혁은 사 년 만에 끝나고 조광조는 요절했지만, 조선 중기 이후를 관통한 도학적 이념에 지주를 세웠다. 그는 임금을 움직여 급격한 개혁정책을 수행했으나 재정과 병권을 취하지 않았다. 이것이 그가 실패한 한 원인이었으나 동시에 영구히 그를 추앙하게 하는 원인이기도 하다. 그의 죽음은 끝이 아니라 시작이었다. 그가 억울하게 죽음으로써 그의 신념이 증명되었으며, 이로 인하여 조선조에 성리학의 뿌리를 확실하게 내릴 수 있었기 때문이다. 중종

다음 왕인 인종(仁宗) 때 그의 모든 관작(官爵)이 복원되고 광해군 때는 문묘에 배향되어 퇴계, 율곡, 우암 등 조선 성리학의 거두들을 비롯해 모든 지식인들이 그를 떠받들고 사표로 삼았다. 우리 시대의 대유(大儒) 도원(道源) 류승국(柳承國) 선생은 "정암은 높고 퇴계는 깊고 율곡은 바르고 우암은 크다(靜高退深栗正尤大)"라는 표현으로 조선 성리학의 거두들을 묘사한다.

14. 이기이원론(理氣二元論). 만물의 존재가 이(理)와 기(氣)의 두 요소로 이루어졌다고 설명하는 주희(朱熹)의 성리학 이론이다. 음양오행으로 구성된 만물의 변치 않는 본질의 내면에는 무극(無極)과 태극(太極)이라는 불변자가 있고, 기(氣)가 잠시 모여서 형성된 형태가 만물의 현상태이고 기가 흩어진 상태인 태허(太虛)가 만물의 본질태라고 파악한다. 만물의 물질적 존재와 삶의 작용, 인간의 감정 등 인식가능하며 시간과 공간의 제약을 받는 모든 요소는 기이다. 기를 있게 하는 존재의 본질로서 시간과 공간을 초월하여 인식의 직접적인 대상이 아닌 요소는 이(理)이다. 따라서 인간이 자신의 존재의 본질이라는 사실을 확인하여 이(理)의 입장에서 삶을 영위할 수 있다면 불교에서 말하는 해탈이 유교철학을 통하여 실현되는 것이다.

성리학의 이기이원론에서는 이기의 두 요소를 상대적인 동시에 상수적(相須的)인 것으로 본다. 이(理)는 존재가 존재이도록 하는 소이연(所以然)의 원리며, 동시에 변화 속에서 자기동일성을 유지하게 하는 존재의 본질이다. 이에 비해 기는 소이연의 이가 존재화하는 데 갖추어야 할 터전이며, 동시에 현실 존재의 구체적이고 물질적인 구성요소다. 이와 기는 현실 존재에서는 서로 분리되어 있지 않다. 이 관계를 '하나이면서 둘이며, 둘이면서 하나(一而二 二而一)'라 하며, 그 하나임을 불리(不離)라 하고 그 둘임을 부잡(不雜)이라 한다. 우리나라에서도 이(理) 우위적 이기이원론이 주류를 이루어 초기 성리학 형성에 큰 공헌을 한 정도전과 권근(權近)의 이선기후(理先氣後)의 입장이나 이황의 이존기비(理尊氣卑)의 주장이 그 대표적인 예다.

한편, 이이는 이러한 가치론적인 흐름을 부정하지 않으면서도 존재론적인 관점에서 이와 기의 불리(不離)를 강조했다. 그의 이기론은 이기일원론으로 불리며, 김장생(金長生), 송시열을 거쳐 기호학파에 계승되었다. 즉 퇴계 중심의 수양철학(修養哲學)에서는 존재의 본질을 회복해야 하는 입장 때문에 이(理)를 중시했고, 율곡 중심의 실천철학에서는 현실을 개혁해야 하는 입장 때문에 존재의 현실적 요소인 기를 강조했다.

15. 2006년 11월 23일, 국민대 한국학연구소 주최로 '동아시아 서원 연구의 현황과 과제'라는 주제에 열린 국제학술대회의 논문집 참조.

16. 세종 13년(1413) 왕명으로 출판된 의서(醫書)『향약집성방(鄕藥集成方)』에 이런 대목이 있다. "우리나라는 자연적으로 이루어진 한 구역으로서 대동(大東)의 지역을 차지하여 산과 바다에서 나오는 보물과 생산되는 초목, 약재들이 모두 백성의 생명을 양육하고 질병을 치료할 수 있는 것들로, 대개가 이 지역에 구비되어 있다."『동의보감(東

醫寶鑑)』『의방유취(醫方類聚)』와 함께 한국의 삼대 의서로 꼽히는 이 책은 우리나라의 산야에서 나는 약재를 기준으로 한국인의 체질에 맞는 처방을 제시한다.

17. 박건영 외, 『암을 이기는 한국인의 음식 54가지』, 연합뉴스, 2007.

18. "사람은 우주에서 가장 지체가 높고 귀한 존재다. 머리가 둥근 것은 하늘을 본뜬 것이고, 발이 네모난 것은 땅을 본받은 것이다. 하늘에 사시(四時)가 있으니 사람에게 사지(四肢)가 있다. 하늘에 오행(五行)이 있으니 사람에게는 오장(五臟)이 있다. 하늘에 육극(六極)이 있으니 사람에게 육부(六腑)가 있다."『동의보감』「신형장부론(身形藏府論)」.
자연스러운 삶이 인간의 마땅한 도리요, 인륜의 도리를 지키는 것이 건강한 생활이라는 주장이다. 따라서 자연을 닮는 일이, 첫째 인륜을 지키는 것이고, 둘째 수양을 통한 절제라는 것이다.

19. 1996년 영국의 생화학자인 마이클 베히(Michaelle J. Behe)가 세포의 생화학적 구조는 진화론의 자연선택 과정에 의해 우연히 만들어졌다고 볼 수 없을 만큼 복잡하고 정교하기 때문에, 생명은 오로지 지적 설계(Intellect Design)의 산물일 수밖에 없다고 주장했다. 지적 설계란 과학으로 입증이 불가능한 지적인 존재, 곧 하느님의 손길에 의한 설계를 뜻한다. 이 가설은 생명이 하느님의 창조물이라는 주장을 과학적으로 설득하려는 시도지만 역시 과학으로 증명되는 것은 아니다.

20. 『산림경제(山林經濟)』. 조선 숙종 때 실학자 유암(流巖) 홍만선(洪萬選)이 농업과 일상생활에 대해 광범위한 사항을 기술한 소백과사전으로, 4권 4책으로 구성된 필사본이다. 「복거(卜居)」편의 '문로(門路)' 조를 보면 민가 조원(造園)의 관습을 알 수 있다. 예컨대 "당면하여 곧바로 오는 길을 충파(衝破)라고 하는데 반드시 빙 돌아서 굽어져야 한다. 만약 집안의 물이 왼쪽으로 거슬러 흐르면 오른쪽으로 들어오게 길을 내야 하는데, 곧바로 상충되는 것을 절대로 꺼린다"라고 했다. 이는 마음의 여유와 안정을 주는 시각의 준비 공간을 만들기 위한 것이다.

21. 최치원(崔致遠, 875~?). 신라 말 육두품 출신의 대표적 유학자, 문장가로, 자는 고운(孤雲)이다. 열두 살에 당나라에 유학하여, 열여덟 살에 빈공과(賓貢科)에 합격하고, 다음해 당나라의 선주(宣州) 표수현위(漂水縣尉)가 되었다. 879년 황소(黃巢)의 반란에 「토황소격문(討黃巢檄文)」으로 이름을 높여『당서(唐書)』에도 그 저서명이 수록되었다. 스물아홉 살에 귀국해, 한림학사(翰林學士) 지서서감사(知瑞書監事)에 임명되었다. 국정의 문란함을 깨닫고 외직(外職)을 원하여 890년에 태인, 함양, 서산 등지의 태수(太守)를 역임했으나, 신라 왕실에 대한 실망과 좌절감으로 마흔 살에 관직을 버리고 해인사에 들어가 은거했고, 산수간에 방랑하다가 죽었다고 하며 신선이 되었다는 속설도 있다. 유교 외에 불교나 노장사상, 심지어 풍수지리설까지도 모순 없이 받아들인 대학자였다. 오늘날 전하는 저술은 『계원필경(桂苑筆耕)』『법장화상전(法藏和

尙傳)』『사산비명(四山碑銘)』뿐이고, 그 외는『동문선(東文選)』에 시문 약간, 사기(寺記) 등에 기(記), 원문(願文), 찬(讚) 등 편린만 전한다. 유일하게 남아 있는 글씨로 쌍계사(雙鷄寺)의 진감선사비문(眞鑑禪師碑文)이 명필로 유명하고, 국립박물관에 금니(金泥)로 쓴 초서 여덟 매가 남아 있다.

22. 김학범 · 장동수,『마을숲』, 열화당, 1994 참조.

23. 이덕열,『동물에게 귀 기울이기』, 아이필드, 2004 참조.

24. 까뮈, 김화영 역,「제밀라의 바람(Le vent à Djémila)」『알제리 기행』, 마음산책, 2006 참조.

25. 김신해 지음,『최초의 신화 길가메쉬 서사시』, 휴머니스트, 2005 참조.

26. 잭 웨더포드, 정영목 역,『칭기스칸, 잠든 유럽을 깨우다』, 사계절, 2005 참조.

27. 노자의『도덕경』제1장에서는 "도라고 할 수 있는 도는 불변의 도가 아니다. 이름을 부를 수 있는 이름은 이름이 아니다(道可道 非常道 名可名 非常名)"라고 했다.

28. 치(鴟)는 용을 잡아먹고 사는 상상의 물고기, 취(鷲)는 용을 먹고 산다는 독수리를 가리킨다. 그러므로 치미는 그 물고기의 꼬리이고 취두는 그 독수리의 머리로, 우리 고건축 초기에 많이 쓰이던 치미 장식은 후대에 취두로 많이 바뀌었다.

29. 허경진,「조선 후기 신지식인-한양의 중인들(3): 송석원시사(松石園詩社)의 인재 장혼(張混)」『서울신문』, 2007. 1. 16.

30. 신병주,『조선 최고의 명저들』, 휴머니스트, 2006.

31.『선화봉사고려도경(宣和奉使高麗圖經)』. 송나라 사신 서긍(徐兢)이 휘종(徽宗)의 국신사(國信使)로 1123년에 고려를 다녀간 후에 고려의 실상을 황제에게 보고하기 위해 만든 사행보고서(使行報告書)이다. 총 마흔 권의 책으로, 12세기초에 송이 가지고 있었던 고려에 대한 인식을 알 수 있다.

32. "蜣蜋自愛滾丸 不羨驪龍之珠 驪龍亦不以其珠 笑彼蜣蜋丸"『연암집(燕巖集)』제7권 별집,「종복소선(鍾北小選)」'낭환집서(蜋丸集序)'; 유금(柳琴, 1741-1788)의『낭환집(蜋丸集)』은 박지원의『연암집』에 실린 '낭환집서'로 그 존재만이 알려져 오다가, 2004년 유씨 집안에 가전(家傳)되던『낭환집』이 소개됨으로써 저자가 밝혀지고, 2006년에 박희병의 번역으로 유금 시집『말똥구슬』이 나왔다. 유금은 실학자 유득공(柳得恭)의 작은아버지로 박지원, 박제가(朴齊家), 이덕무(李德懋) 등 연암 주변 사람들과 가까웠다. 평생 벼슬을 하지 않았지만『임원경제지(林園經濟志)』의 저자 서유구(徐有榘)의 스승이었으며, 서양의 기하학, 천문학뿐만 아니라 악기 연주 등에도 조예가 깊어 자신의 서재 이름을 '기하실(幾何室)'이라 이름 지은 재사였다.

33. 판구조론(板構造論, plate tectonics). 남미의 동부와 아프리카의 서부 해안선이 잘 들어맞는 모습은 오랜 수수께끼였다. 1912년 독일의 지질학자 알프레드 베게너(Alfredo Wegener)는 지구의 지각이 약 이억 년 전에 판게아(Pangaea)라는 하나의 초대륙으로

부터 갈라져 나왔다는 가설을 제시하였다. '대륙이동설'에 의해 1960년대 등장한 판구조론에 의하면 지구 표층 수십 킬로미터 두께의 암석권은 유라시아판, 태평양판, 북미판 등 십여 개의 판으로 나뉘어 서로 밀고 포개지면서 각각 매년 수 센티미터의 속도로 점성이 있는 맨틀 위를 이동하고 있다. 지각판 운동이 경계 부위에서 마찰저항을 초과하는 단계에 도달하면 갑작스런 미끄러짐이 일어나는데, 이것이 바로 지진이다.

34. 키플링(Joseph Rudyard Kipling, 1865-1936). 영국의 소설가, 단편작가이자 시인으로, 1907년에 노벨문학상 수상. 제국주의를 신봉하여 모든 백인이 미개한 세계의 야만적인 원주민들에게 유럽 문명을 전파해야 한다는 사명감을 갖고 「동서양의 노래(The Ballad of East and West)」(1889)라는 오리엔탈리즘적 시를 통해 "동은 동, 서는 서, 이 둘은 결코 만날 수 없다(Oh, East is East, and West is West, and never the twain shall meet)"고 읊조렸다. 백남준은 동서양이 결코 못 만난다는 키플링의 말을 부정한 것이다.

35. 성대중(成大中, 1732-1812)이 전하는 '유춘오(留春塢)'는 담헌(湛軒) 홍대용(洪大容)의 정원 이름이다. 이곳에서는 박지원이 말한 '여름밤 잔치'와 같은 예술인의 모임이 자주 열렸다. 이 글에서 자호(字號)로 이른 사람들은 양반이고, 김억(金檍)이나 보안(普安) 등 이름으로 말한 사람들은 상민인데, 일찍이 공조판서(工曹判書)를 지낸 김용겸(金用謙)은 고희를 넘긴 나이로 높은 자리에 앉았다. 이를 보면 지식인과 악공들이 자주 음악회를 열었던 18세기 조선사회의 예술적 분위기를 짐작할 수 있다.

홍대용은 음악의 이론과 연주에서 모두 당대에 뛰어난 지성인이었지만, 특히 그가 거문고, 가야금, 칠현금 등 모든 줄풍류에 능했던 사실은 여러 기록에서 확인된다.

36. 대(大)플리니우스(Gaius Plinius Secundus, 23-79). 서기 1세기경 로마의 학자이자 작가이다. 그의 『박물지(Natural History)』는 1세기 로마의 정직한 개관으로, 과학적인 문제에 있어 중세에 이르기까지 최고의 권위를 지녔다. 그가 맡은 마지막 임무는 나폴리 만에 있는 함대의 사령관으로서 그곳의 해적을 진압하는 일이었다. 그의 조카 소(小)플리니우스의 기록에 따르면, 이상한 구름이 형성되는 것을 알고 그 원인을 확인해 불안에 떠는 시민들을 안심시키려고 해변으로 갔다가 화산활동으로 생긴 연기에 쓰러져 죽었다고 한다. 나중에 그 원인이 베수비오 산의 화산폭발이라는 것이 알려졌다.

37. 알베르티(L. B. Alberti, 1404-1472). 자연에 대한 아리스토텔레스의 견해를 받아들여 가장 이상적인 예술을 '자연의 모방'으로 보았다. 이 견해에는 자연이 어느 일정한 일반법칙에 따라, 그리고 질서있는 방법에 따라 작용한다는 생각이 깔려 있다. 그러므로 건축가의 목적은 자연에서 발견되는 이러한 질서와 방법을 그의 작품 속에 투입시키는 일이다. 그는 가장 위대한 예술가인 자연이 형태의 창조에 항상 모범이 된다고 한 고대 건축가들의 의견을 따르고 있다.

38. "官候署言 謹按道詵密記 稀山爲高樓 多山爲平屋 多山爲陰 高樓爲陽 平屋爲陰 我國多山 若作高屋 必招衰損" 『고려사』「세가(世家)」'충렬왕' 조.

39. 마담 드 퐁파두르(Madame de Pompadour). 파리 은행가의 딸이자 클레오파트라를 능가하는 미인으로 남편과 이혼 후, 퐁파두르 후작이라는 작위를 받고 루이 십오세의 정부가 되었다. 1745년 봄부터 1764년 죽기까지 이십 년 동안 국왕의 연인이자 절친한 친구로서 막강한 힘을 가지고 직접 살롱을 만들어 예술가들을 후원하고, 또 볼테르와 같은 유명한 예술인들과 화가와 조각가들을 동원하여 가구와 예술품 수집을 즐겼다. 이 스타일의 장식품들을 오늘날 그녀의 이름을 따서 '퐁파두르 양식'이라고 한다. 그녀가 궁정에 들어간 후부터 프랑스 왕실이 쓰는 돈은 그 규모가 급격히 늘어났다. 가난한 백성들의 고통에 아랑곳 않고 국왕 루이 십오세는 마담 퐁파두르의 치마폭에 싸여 방탕과 사치의 연회 속에 헤매었다. 말년에는 스스로 뚜쟁이가 되어 왕실 할렘을 운영하기도 하였다. 이후 프랑스 왕실은 백성들의 신임을 잃어 프랑스 혁명을 맞게 되었다.

40. 보미 왯는 만리옛 나그내는　　　　　春來萬里客

　　난이 긋거든 어느 희예 도라가려뇨.　亂定幾年歸

　　애룰 긋는 강성에 그려기　　　　　腸斷江城鴈

　　노피 정히 북으로 느라가네.　　　　高高正北飛

　　—두보(杜甫), 『두시언해(杜詩諺解)』 「귀안(歸鴈)」.

41. 에른스트 프리드리히 슈마허(Ernst Friedrich Schumacher, 1911–1977). 독일에서 태어나 영국 옥스퍼드 뉴칼리지에서 경제학을 공부했다. 스물두 살 때부터 미국 컬럼비아 대학에서 경제학을 강의했으며, 기업가, 언론인, 경제학자로 알려져 있다. "오늘날 거의 모든 사람이 거대주의(gigantism)라는 우상숭배로 고통을 겪는다. …어느 행동이나 그에 적합한 규모가 있다." 슈마허는 규모를 문제 삼아 '자연적 순환', 즉 균형이라는 개념을 설명한다. 거대주의와 팽창주의는 역사에서 많은 문제를 불러일으켜 왔다. 제국주의에 의한 침략과 약탈이 그러했으며, 거대도시의 문제점들이 그러하다. "거대도시는 수백만 명이 도시의 실질적인 가치를 높이기는커녕 오히려 엄청난 문제들을 야기하면서 인간을 타락시킬 뿐이다." 인구의 밀집은 상대적으로 다른 지역의 인구를 급격히 감소시켰으며, 결과적으로 도시와 농촌을 모두 '뿌리 뽑힌 사람들'만이 모여 사는 지역으로 전락시켰다. 규모가 커질수록 그 조직을 유지하기 위해 질서를 강화하는데, 이는 동시에 창의적인 자유분방함을 억압한다고 주장한다.

42. 권근(權近), 민족문화추진회 역, 『양촌선생문집(陽村先生文集)』 제8권, 「시류(詩類)-신도팔경(新都八景)」 '열서성공(列暑星拱)'.

43. 정사(精舍)는 학문을 가르치려고 지은 집, 정신을 수양하는 곳, 스님이 불도를 닦는 곳으로, 산스크리트어 '비하라(vihāra)'의 한역(漢譯)이다. 석가모니 생존시의 거소(居所)에서 유래하여 비를 피할 정도의 움막과 뜰이 있는 허름한 형태였으나 이후 정련행자(精練行者)들, 즉 신앙에 따라 수행하는 사람들이 머무르는 곳을 가리키게 되었다. 석가세존이 성도(成道)한 뒤에 가란타(迦蘭陀) 장자(長者)가 부처에게 귀의하여 비구

천이백오십 명 승단의 거처를 마련하기 위하여 가란타의 죽림원(竹林園) 터에 빈바사라왕(頻婆娑羅王)이 건물을 지은 것이 불교 최초의 절이라 할 죽림정사(竹林精舍, Venuvana)이다. 중국의 정사는 후한(後漢)의 포함(包咸)이 동해에 정사를 세웠다는 고사에서 유래하고, 우리나라는 고려말부터 생겨나 주자학(朱子學)의 융성과 더불어 곳곳에 명망있는 선비가 자신의 고향이나 경치가 좋은 장소를 택해 은거하면서 강학소(講學所)를 개설하면, 그를 흠모하는 지학(志學)들이 모여들어 수학했다. 정사는 질박, 검소하게 경영된다는 점이 특징이다.

44. "지혜로운 자는 물을 좋아하고, 어진 자는 산을 좋아한다. 지혜로운 자는 움직이고, 어진 자는 고요하다. 지혜로운 자는 즐기고, 어진 자는 오래 산다.(子曰 知者樂水 仁者樂山 知者動 仁者靜 知者樂 仁者壽)"『논어(論語)』「옹야(翁也)」편.

45. 최고의 선(善)은 '덕(德)'과 '도(道)'이다. 물이 최고의 선인 이유는, 첫째로 물은 만물을 이롭게 하며 물이 생명의 근원이기 때문이다. 둘째로 물은 다투지 않는다. 작위(作爲)하지 않고 가장 합리적인 방식으로 실천한다. 산이 가로막으면 멀리 돌아가고 바위를 만나면 몸을 나누어 비켜 간다. 셋째로 물은 가장 낮은 곳으로 향한다. 높은 데서 낮은 곳으로 흐르는 것이 물의 속성이다. 세상에서 가장 낮은 물이 '바다'인 것은 모든 물을 다 받아들이기 때문이고 그래서 바다는 위대하다. "바다(江海)가 모든 강(百谷)의 으뜸이 될 수 있는 까닭은 자기를 낮추기 때문이다.(江海所以能爲百谷王 者以其善下之)" 노자, 『도덕경』제66장.

46. 명나라 사람 계성(計成)의 『원야(園冶)』에는 차경수법(借景手法)에 대해 잘 설명되어 있다. '원(園)'은 원림(園林)을 말하고 '야(冶)'는 설계·조성의 의미이므로, 원야란 원림의 조성, 설계를 뜻한다. 이 책은 1634년 간행된 조경학의 고전적 이론서로, 차경수법을 원차(遠借, 먼 곳의 경치를 빌려옴), 인차(隣借, 가까운 경치를 빌려옴), 앙차(仰借, 올려다보는 것), 부차(俯借, 내려다보는 것), 응시이차(應時而借, 시절에 따라 다른 것을 빌려옴) 등으로 세분했다. 이를 통해 첫째는 좁은 정원을 조성할 때 본래보다 넓게 보이도록 하기 위해서, 둘째는 정원 외부의 경관을 내부의 경관과 융합시키거나 대비시킴으로서 경관 효과를 높이기 위해서 차경을 했다.

47. 남명(南冥) 조식(曺植, 1501-1572, 연산군 7년-선조 5년). 조선 중기의 대표적 성리학자로, 성수침(成守琛), 성운(成運) 등과 교제하며 학문을 닦았다. 스물다섯 살 때 『성리대전(性理大全)』을 읽고 성리학에 전념해 관직에 나가지 않고 마흔다섯 살에 고향 삼가현(三嘉縣)에 돌아와 제자들의 교육에 힘썼다. 1548년부터 십일 년간 여러 벼슬에 임명되나 모두 사퇴했고, 단성현감을 사직할 때는 상소를 올려 조정의 신하들에 대한 준엄한 비판과 명종 및 그 대비 문정왕후에 대한 직선적 표현으로 큰 파문을 일으켰다. 1566년 상서원 판관을 제수받고 왕을 만나 학문의 방법과 정치의 도리에 대해 논했다. 1567년 즉위한 선조가 수차례 불렀으나 나가지 않고 1568년 상소문『무진봉사(戊

辰封事)』를 올려 '서리망국론(胥吏亡國論)'으로 서리의 폐단을 극렬히 지적한 것으로 유명하다. 사후 그의 제자들이 덕천에 덕천서원(德川書院)을 건립하고, 삼가현과 김해에 각각 회현서원(晦峴書院)과 신산서원(新山書院)을 건립했다. 광해군 때 대북세력(大北勢力)이 집권하자 문인들이 스승에 대한 추존 사업을 적극 전개해 서원들이 모두 사액되고 영의정이 추증되었다. 저서로는 『파한잡기(破閑雜記)』 『남명학기류편(南冥學記類編)』 『남명집(南冥集)』 등이 있다.

48. 곽재우(郭再祐, 1552-1617). 조선 중기의 의병장으로, 1585년(선조 18년) 문과에 급제하였으나 왕의 뜻에 거슬린 글귀 때문에 파방(罷榜)되었다. 임진왜란 때 의령에서 의병을 일으켜 정암진(鼎巖津, 솥바위나루)에서 대승을 거두었다. 이때 홍의(紅衣)를 입었다 하여 홍의장군이라고도 불렸다. 여러 차례 경상도 병마절도사, 수군통제사 등에 임명되었으며 한성부좌윤(漢城府左尹)을 거쳐 함경도관찰사를 지냈다. 통제사 이순신(李舜臣)이 죄 없이 잡혀 올라오고 절친한 광주의병장 김덕령(金德齡)이 이몽학(李夢鶴)의 난에 휘말려 죽은 일을 통탄하여, 벼슬을 사퇴하고 은둔생활로 여생을 보냈다. 시문에 능하고 필체가 활달했다.

49. 어세겸(魚世謙, 1430-1500, 세종 12년-연산군 6년), 조선 전기 문신으로 1461년 이조좌랑, 1464년 이조정랑, 1466년 예문관직제학을 겸하고 우승지에 이르렀다. 1469년 함종군(咸從君)에 봉해졌고 이듬해 평안도관찰사, 성종 때 동지성균관사(同知成均館事), 1471년 예조참판, 1474년 겸오위도총부부총관(兼五衛都摠府副摠管), 1479년 한성부좌윤, 1482년에 대사헌, 그 뒤 형조판서·경기도관찰사·한성부판윤·호조판서·병조판서를 역임했고, 1488년 홍문관대제학, 좌참찬, 우찬성, 좌찬성 1495년에 우의정, 이듬해 좌의정에 이르기까지 최고의 벼슬자리에 모두 올랐다. 서거정(徐居正)과 함께 『연주시격(聯珠詩格)』을 한글로 번역하고 「쌍화점(雙花店)」 등의 악사(樂詞)를 개찬(改撰)하고 『주례(周禮)』를 개주(改註)하여 왕에게 올렸고, 여러 진서(陣書)를 참작하여 『진법(陣法)』을 편찬했다.

50. 카라바조(Michelangelo da Caravaggio, 1573-1610). 매너리즘 시대의 이탈리아 천재 화가다. 미켈란젤로 사망 칠 년 후 태어난 그는 가톨릭교회의 타락과 전횡을 규탄하는 시대에 종교화가로서 미켈란젤로와 경쟁하였고 자살로 인생을 끝냈다.

51. 「'아, 어머니께 말씀드릴게요' 주제에 의한 열두 개의 변주곡(12 Variations on "Ah, vous dirai-je, maman")」(K265)은 쉽고 아름다운 프랑스의 전래민요를 주제로 모차르트가 1781년 또는 1782년에 만든 곡이다. 원 가사는 "아 어머니께 말씀드릴게요. 옆집의 누구랑 사랑에 빠졌는데, 마음이 아파요…"라는 내용으로 시작한다.

52. 세계 최대의 인터넷 검색엔진회사 구글(Google)은 'googol'에서 따온 말로, 십의 백승, 즉 천문학적 숫자를 의미한다. 독자적인 검색 기술에 따라 삼십억 쪽이 넘는 웹사이트와 인터넷 포털사이트에 세계 어디서든 쉽게 접근할 수 있으며 온라인 광고주나

웹 게시자에게 맞는 옵션을 제공할 수 있는 프로그램으로, 전통적인 배너광고 방식보다 평균 다섯 배 높은 클릭수의 적중률을 자랑한다. 2004년 현재 삼십 개국 백삼십여 개 기업에서 이 기능을 채택하고 있다.

53. 존 마에다, 윤송이 역, 『단순함의 법칙』, 럭스미디어, 2007 참조.

54. 해체(deconstruction)는 자크 데리다와 관련한 비판적 분석의 전략으로, 철학적 언어와 문학 언어 속에서 당연시되는 형이상학적 가설 및 내적 모순을 폭로하는 쪽에 관심을 둔다.(『옥스퍼드 영어사전』 1989년판 참조)
사전에는 나오지 않는 최신 정의로, 생각지도 못한 것, 불가능한 것의 경험, 생각되지 않고 남아 있는 것, 미래의 열림, '사물 자체'에서 언제나 이미 작동하는 불안정화의 논리, 모든 동일성을 그 자신이면서 동시에 그 자신과 다르게 만드는 것 등이 있다.(니콜러스 로일, 오문석 역, 『자크 데리다의 유령들』, 앨피, 2007 참조.)

55. 자크 데리다(Jacques Derrida, 1930-2004). 알제리 출생의 프랑스 철학자로, 파리 고등사범학교 철학과를 졸업하고 1965년부터 이 학교에서 철학사를 강의했다. 현상학과 구조주의를 도입하여 언어의 기호체계가 자의적인 것이라는 인식에서, 언어 위에 조립된 논리학을 재검토하면서, 특히 서기언어(書記言語) 에크리튀르(l'écriture)가 수행하는 역할을 중시하여 시차성(示差性)이라는 개념을 도입했다. 실체와 직결되는 개념들이 시차적 특징에 의해서만 뜻을 가지며, 차이를 재확인하고 그 행위에 의한 지연과 우회를 거친 뒤에 현실을 재구성해야 한다고 주장했다. 저서에 『그라마톨로지에 대하여(De la grammatologie)』(1967), 『글쓰기와 차이(L'Écriture et la différence)』(1967) 등이 있다.

56. 자그마한 정자에 난간을 의지하며　　　　　　小亭憑欄
　　골물을 베고 누운 선비의 글방이라.　　　　　枕溪文房
　　가파른 바위에 여울처럼 흐르는 물　　　　　　危巖展流
　　산을 지고 앉은 자라 같은 오암(鰲巖)이라.　　負山鰲巖

　　돌길을 가누며 위태로이 오르니　　　　　　　石逕攀危
　　작은 못 맑은 물에 물고기 헤어 놀다.　　　　　小塘魚泳
　　홈을 판 물다리 물발이 흘러흘러　　　　　　　刳木通流
　　봄 구름 물안개가 물확에 어려 돌다.　　　　　春雲水碓

　　대나무 사이로 가파른 위교(危橋) 건너　　　　透竹危橋
　　우거진 대숲에 부는 바람소리,　　　　　　　　千竿風響
　　못 둔덕 잠깐 쉬어 서늘한 바람 쐬고　　　　　池臺納涼
　　매화 둔덕 문득 올라 떠오르는 달을 맞다.　　　梅臺邀月

널찍한 큰바위(廣石)에 달빛이 와 가로눕고 　　廣石臥月
담 밑 트인 곳을 물소리도 흘러흘러, 　　　　　垣竅透流
살구나무 그늘 아래 굽어 도는 흐름이요 　　　杏陰曲流
쌓아 만든 가산(假山)에는 풀과 나무 갖은 모습. 　假山草樹

소나무와 돌들은 천연의 그것이요, 　　　　　松石天成
두루 깔린 돌에 이끼 한결 푸르르다. 　　　　遍石蒼蘚
평상 같은 탑암(榻巖) 위에 고요히 앉아 있고 　榻巖靜坐
구슬 같은 폭포 앞에 거문고를 가로 들며, 　　玉湫橫琴

빙글 도는 물길 따라 술잔을 돌려 들고 　　　洑流傳盃
상 같은 상암(床巖) 위에 바둑판을 마주하다. 　床巖對棋
길고 긴 층계길을 찾아서 거닐다가 　　　　　脩階散步
회나무 바윗가에 잠깐 기대 졸다가, 　　　　倚睡槐石

시원한 조담물에 미역이나 한번 감다. 　　　槽潭放浴
건너지른 다릿가에 쌍소나무 정정하고 　　　斷橋雙松
흩어진 벼랑에는 소나무와 국화 피며 　　　散崖松菊
돌두덕의 외로운 매화 한 그루라. 　　　　石趺孤梅

오솔길 이리 저리 긴 대나무 높이 서서 　　夾路脩篁
구르는 돌 사이로 대뿌리가 서려 벋어, 　　迸石竹根
낭떠러지 저리 높이 큰 새랑 깃들이고 　　絶崖巢禽
해 저문 대밭 사이 저녁 새가 지저귀다. 　　叢筠暮鳥

물확(窪) 속에는 조으는 오리 모습 　　　堅底眠鴨
세찬 여울에는 창포도 한철이라. 　　　　激湍菖蒲
복사꽃 언덕의 봄날 새벽 밝고 　　　　斜簷四季
비스듬 처맛가에 사철이 드나들다. 　　　桃塢春曉

오동나무 둔덕에 여름 그늘 드리우며 　　桐臺夏陰
나무 그늘 아래로는 쏟아지는 물살이라. 　梧陰瀉瀑
버드나무 물갓에 맞는 손님 반갑구나. 　柳汀迎客
시내를 건너서 물에 핀 연꽃 하며 　　隔澗芙蕖

군데군데 못마다에 순나물싹 돋아 있고 　散池蓴芽
골짜기 시냇물에 다가드는 백일홍. 　　櫬澗紫薇
물확에 비치는 단풍이야 눈부시고 　　映堅丹楓

살구나무 정자 위에 흰 눈도 소담하다.　　　　　　　杏亭鋪雪

눈을 인 붉은 치자나무 의젓하고　　　　　　　　　帶雪紅梔

빗방울이 두드리는 파초잎도 싱싱하다.　　　　　　滴雨芭蕉

햇빛 바른 언덕의 겨울 한낮 당양하고　　　　　　　陽壇冬午

긴 담에 걸려 있는 이 노래가 또한 좋다.　　　　　長垣題詠

――김인후(金麟厚), 이홍우(李興雨) 역, 「소쇄원의 마흔여덟 경치를 읊음(瀟灑園 四十八詠)」, 『소쇄원』(한국의 고건축 6) 참조.

57. 면앙정(俛仰亭) 송순(宋純, 1493-1582, 성종 24년-선조 15년). 1519년 별시문과에 급제했다. 승문원권지부정자를 시작으로 1520년 사가독서(賜暇讀書)를 마친 뒤 1524년 세자시강원설서(世子侍講院說書), 1527년 사간원정언을 지냈으며, 1533년 김안로(金安老)가 권세를 잡자 귀향하여 면앙정을 짓고 시를 읊으며 지냈다. 1537년 김안로가 사사(賜死)된 뒤 오 일 만에 홍문관부응교에 제수(除授)되었고 다시 사헌부집의에 올랐다. 이어 홍문관부제학, 충청도어사, 1539년 승정원우부승지, 경상도관찰사, 사간원대사간 등의 요직을 거쳐 오십 세 되던 해인 1542년 전라도관찰사, 1550년 대사헌, 이조참판이 되었으나, 사론(邪論)을 편다는 죄목으로 충청도 서천으로 귀양갔다. 이듬해에 풀려나 1552년 선산도호부사가 되고, 이 해에 면앙정을 증축하였다. 이때 기대승(奇大升)이 「면앙정기」를 쓰고 임제(林悌)가 부(賦)를, 김인후(金麟厚), 임억령(林億齡), 박순(朴淳), 고경명(高敬命) 등이 시를 지었다. 이듬해 한성판윤으로 특승하고, 이어 의정부우참찬이 된 뒤, 벼슬을 사양하여 관직생활 오십 년 만에 은퇴하였다. 문하에 김인후, 임형수(林亨秀), 노진(盧禛), 박순, 기대승, 고경명, 정철(鄭澈), 임제 등이 있다.

58. 김봉렬, 「소리와 그늘과 시의 정원-소쇄원」『김봉렬의 한국건축 이야기 2-앎과 삶의 공간』, 돌베개, 2006 참조.

59. 송순, 『면앙집』권4, 「잡저(雜著)」 '면앙정 잡가' 두 편 중 하나. 본문 p. 171 참조.

60. "참으로 완성되어 있는 것은 어딘가 잘못된 것처럼 보이나 아무리 써도 못 쓰게 되는 일이 없으며, 참으로 가득 차 있는 것은 언뜻 비어 있는 듯 보이나 쓰고 또 써도 부족함이 없다. 참으로 곧은 것은 도리어 굽은 것처럼 보이고, 참으로 잘하는 것은 어딘가 서툴러 보이며, 참으로 잘하는 말은 어눌한 것처럼 들린다.(大成若缺 其用不弊 大盈若沖 其用不窮 大直若屈 大巧若拙 大辯若訥)" 노자, 『도덕경』 제45장.

61. 이황과 이이는 성리학을 '성학(聖學)'이라 하고 유교의 이상적 정치를 수행할 군주를 '성왕(聖王)'이라 했다. 선비가 이상적 추구의 대상으로 삼은 성인(聖人)이란 성왕을 돕는 청백리(淸白吏)나 지사(志士)를 말함이다. 벼슬하지 않고 재야에 묻힌 선비는 처사(處士) 또는 거사(居士)라 한다. 은거하는 산림처사(山林處士)는 그러나 노장 계통

의 은자와 달리 제자를 가르치는 교육사업에 나섰다. 율곡이 사림(士林)을 '공론(公論)의 원천'이라고 한 것은 처사의 공론 선도 역할을 강조한 것이다. 그래서 선비를 '나라의 으뜸가는 기운(國之元氣)'이라고 불렀다.

62. 오브 애럽(Ove Arup). 영국의 구조, 음향 엔지니어링 컨설턴트로, 1966년 영국왕립건축가협회(RIBA) 로열골드메달을 수상했고, 대표작으로 시드니 오페라하우스, 파리 퐁피두센터 등이 있다.

63. 『삼국사기』 '옥사(屋舍)' 조를 좀더 보자면, 육두품에서 오두품까지의 규제를 설명한 끝에 "사두품에서 백성에 이르는 집은 길이와 폭이 십오 척을 넘지 못하고, 산느릅나무를 쓸 수 없으며, 조정(우물천장)을 금한다. 막새기와와 귀면와를 사용할 수 없다. 부연을 달지 못하고 공아(栱牙), 현어, 금, 은, 유석, 동으로 집을 꾸미는 것을 금한다. 기단이나 계단에 다듬은 산석(山石)을 쓰지 못한다. 담장은 높이가 육 척을 넘을 수 없고, 석회를 바를 수 없다. 삼문이나 사방문을 설치하지 못하고, 마구간은 말 두 마리 이상을 수용할 수 없다. 그 밖에 진촌주(眞村主)의 집은 오두품의 집과 같고, 차촌주(次村主)의 집은 사두품의 집과 같다"라고 적혀 있다.

64. "나물 밥 먹고 물 마시고 팔을 굽혀 베개 삼아도 즐거움이 그 속에 있나니 옳지 못한 부귀는 나에게 한낱 뜬구름과 같다(飯疏食飲水 曲肱而枕之 樂亦在其中 不義而富且貴 於我如浮雲)" 공자, 『논어』 「술이(述而)」편.

65. 주 59 참조.

66. 당나라의 왕조실록으로 940년에 완성된 「본기(本紀)」 스무 권을 비롯, 총 이백 권으로 되어 있다. 우리 민족에 관한 기록은 '동이(東夷)'편에 있다.

67. 칠불사(七佛寺)는 하동군 화개면 지리산 자락에 있다. 가락국의 시조 김수로 왕의 왕자 열 명 중 일곱 왕자가 속세를 떠나 현재의 칠불사 터에 운상원(雲上院)을 짓고 좌선한 지 이 년 후 모두 성불하였다고 하여 칠불사라 한다. 신라 효공왕 때 담공선사(曇空禪師)가 '아(亞)'자형 온돌방을 축조하였는데 이 아자방(亞字房)은 정면 다섯 칸, 측면 두 칸의 맞배지붕 건물로, 1951년 소실되어 초가로 복원하였다가 최근에 중창했다. 스님들이 좌선을 하거나 불경을 읽는 곳으로 한꺼번에 백여 명을 수용할 수 있으며, 한 번 불을 넣으면 바닥은 물론 사면 벽까지 한달 내내 따뜻하다고 하여 지금도 불가사의한 일로 여긴다.

68. 『대동야승(大東野乘)』에 소심(笑心)을 먹고 웃음병에 걸린 여인들을 지장수(地漿水)로 치료한 이야기가 나온다. "절에 가서 지내던 여인들이 버섯죽을 끓어 먹었는데 즉시 데굴데굴 구르며 웃어대더니 그칠 줄을 몰랐다. 우연히 그 광경을 본 노승이 절 부근의 황토를 가져다 물에 풀어 가라앉힌 다음 그 물을 여인들에게 먹였더니 웃음병이 금새 나았다더라." 독이 생기면 그 독을 푸는 약도 틀림없이 그 주변에 있다는 원리를 노승이 터득하고 있었던 것이다.

69. 베르누이(D. Bernoulli)가 1783년에 발표한 유체의 유속과 압력의 관계를 수량적으로 나타낸 유체역학의 기본법칙 중 한 가지이다. 흐름이 빠른 곳일수록 그 흐름 속의 압력은 작고, 흐름이 늦은 곳일수록 압력은 크다. 수도꼭지에 입구가 굵고 출구가 가는 호스를 연결하고 물을 틀면 가는 호스 안의 물의 흐름은 빨라진다.

70. 『임원경제지(林園經濟志)』. 순조 때의 실학자 서유구(徐有榘, 1764-1845)가 만년에 쓴 실학적 농촌경제 정책서다. 홍만선(洪萬選)의 『산림경제(山林經濟)』를 토대로 한국과 중국의 저서 구백여 종을 참고, 인용하여 엮어낸 농업 위주의 백과전서다. 열여섯 부분으로 나뉘어 있어 『임원십육지』 또는 『임원경제십육지』라고도 한다. 그 중 「섬용지(贍用志)」 48-51권에는 가옥의 영조(營造)와 건축기술, 도량형 기구와 각종 공작기구 및 기재, 실내장식, 생활기구 등에 관해 중국식과 조선식을 비교, 우리 가정의 생활과학 일반을 다루고 있다.

71. 대한민국 임시정부가 조달한 군자금 가운데 경주 부자 최준(崔浚)이 오십만 원으로 가장 많았기에 백범 김구는 1945년 귀국 후 제일 먼저 그를 만났다. 그때 백범이 보여준 군자금 명세와 최준이 기록했던 내역이 정확하게 일치하였다. 최준은 그것을 보는 순간 눈물을 흘리면서 "백산, 용서해 주게. 내 돈이 임정에 절반이라도 갔으면 다행이라고 생각하였으니 이게 될 말인가!" 하고 흐느껴 울었다. 백산(白山) 안희제(安熙濟)가 임정에 보냈던 자금명세서는 일전 한 푼도 사실과 다르지 않았다. 최준과 백산 두 사람의 신뢰와 우정은 그럴만한 근본이 있었던 것이다.

72. 지눌(知訥, 1158-1210). 고려의 승려로서 불자의 수행법으로 돈오점수(頓悟漸修)와 정혜쌍수(定慧雙修)를 주장했다. 선(禪)으로써 체(體)를 삼고 교(敎)로써 용(用)을 삼아 선교의 합일점을 추구했다. 저서에 『진심직설(眞心直說)』 『목우자수심결(牧牛子修心訣)』 등 다수가 있다.

73. 원효(元曉) 사상의 근본을 이루는 화해(和解)와 회통(會通)의 논리체계로, 원효로부터 시작되어 한국 불교의 전통으로 이어 내려온 사상이다. 연기론(緣起論)과 실상론(實相論)을 바탕으로 특정 교설이나 학설을 고집하지 않고 비판과 분석을 통해 보다 높은 가치를 이끌어내는 사상이다. 모순과 대립을 하나의 체계 속에서 다루므로 화쟁이라 하였다.

74. 추사의 귀양살이 집을 외부 사람들은 '수성초당(壽星草堂)'이라 불렀다. 제주 사람들이 추사를 수성에 비유했다는 뜻이다. 수성이란 남극노인(南極老人) 또는 노인성(老人星)이라고 불리는 별로, 서양 별자리로는 용골좌(龍骨座, Carina 자리)에서 가장 밝은 별 카노푸스(Canopus)이며 남쪽 수평선 근처 특히 제주도에서 드물게 볼 수 있다. 이 별이 인간의 수명을 관장한다고 믿었기에 이 별을 향해 국태민안(國太民安)을 제사 지내는 풍습이 있었다. 추사 자신은 귤중옥(橘中屋)이라는 이름에 대해 이렇게 썼다. "매화, 대나무, 연꽃, 국화는 어디에나 있지만, 귤만은 오직 내 고유의 전유물이다. 겉

과 속이 다 깨끗하고 빛깔은 푸르고 누른데, 우뚝한 지조와 꽃답고 향기로운 덕은 다른 것들과 비교할 바 아니니 나는 그로써 내 집의 액호를 삼는다.(梅竹蓮菊 在在皆有之 橘惟吾鄕之所獨也 精色內白 文章靑黃 獨立之操 馨香之德 非可取類而比物 吾以顔吾屋)"『완당선생전집(阮堂先生全集)』권6,「귤중옥서(橘中屋序)」.

75. 성수침(成守琛, 1493-1564, 성종 24년-명종 19년). 조선 중기의 학자로, 호는 청송(聽松)이다. 대사헌 성세순(成世純)의 아들이며, 우계(牛溪) 성혼(成渾)의 아버지로, 스승 조광조의 참화를 보고 나서 관직에 뜻을 두지 않고 평생 은거했다. 사후 퇴계가 묘갈명(墓碣銘)을 쓰고 율곡이 행장(行狀)을 지어 예를 표하고 조정은 좌의정에 추증하였다. 서울 종로구 청운동(靑雲洞)의 집터 뒤 바윗돌에 '청송당유지(聽松堂遺址)'라는 글이 새겨져 있다.

76. 급월인(汲月人). '달빛을 뜨는 사람'이라는 뜻으로, 원숭이가 물을 마시러 못가에 왔다가 못에 비친 달이 탐스러워서 손으로 떠내려 했으나 달이 떠지지 않아서 못의 물을 다 퍼내어도 달은 못에 남아 있었다는 고사에서 따온 말이다. 미술사학자 우현(又玄) 고유섭(高裕燮)이 학문하는 자신을 어리석은 원숭이에 비유하여 겸양의 뜻으로 지은 또 다른 아호인데, 제자 최순우가 스승의 뜻을 기리기 위해 '급월당(汲月堂)'이라 하여 자신의 집 당호로 삼았다.

77. 최순우, 『나는 내 것이 아름답다』, 학고재, 2002 참조.

78. 여유당(與猶堂). 다산(茶山) 정약용(丁若鏞)이 말년에 은거하면서 스스로 붙인 아호이다. 『도덕경』의 "여(與)함이여 겨울 시내를 건너듯이, 유(猶)함이여 너의 이웃을 두려 하듯이"라는 대목에서 따온 말로, 만사에 조심하고 또 조심할 수밖에 없었던 스스로의 상황을 담아 '망설이면서 겨울에 냇물을 건너는 것같이, 주저하면서 사방의 이웃을 두려워한다'는 뜻이다.

79. 경복궁의 이름은 『시경(詩經)』의 「주아(周雅)」에 나오는 "이미 술에 취하고 이미 덕에 배부르니 영원히 큰 복을 도우리라(旣醉以酒 旣飽以德 君子萬年 介爾景福)"라는 구절에서 따온 것이다. 광화문은 태조 이성계가 1395년 경복궁을 지을 때 북경의 자금성에서처럼 남쪽문이란 뜻의 '오문(午門)'으로 세워진 뒤 세종 때 광화문으로 바뀌었다. 개칭 당시의 『세종실록(世宗實錄)』에는 그 뜻이나 이름을 고친 유래에 대해 기록이 없다. 홍순민 명지대 교수는 "태평성대를 뜻하는 '광천화일(光天化日)'에서 왔을 수도 있고, 『서경(書經)』구절인 '빛이 퍼지듯 나라의 덕이 세상에 널리 미친다(光被四表化及萬方)'는 뜻에서 따왔다는 설도 있다"라고 했다.

80. 국립중앙박물관, 『북녘의 문화유산』, 삼인, 2006 참조.

81. 한필교(韓弼敎, 1807-1878)는 1833년에 성균관 진사시에 합격하고, 1837년에 목릉 참봉으로 종구품 벼슬을 시작하였다. 그의 전 생애가 이 화첩에 자세히 기록되어 있다. 『숙천제아도(宿踐諸衙圖)』는 미국 하버드 대학 옌칭(燕京) 도서관 희귀본실에 소장되

어 있고, 마이크로필름으로 열람할 수 있다. 국립중앙도서관이 옌칭 도서관과 협정을 맺고 한 부를 복사하여, 국내 열람용으로 비치하고 있다. 이 화첩 가운데 사복사(司僕寺) 그림이 옌칭 도서관의 2000년도 크리스마스 카드 그림으로 선정되었다.(허경진, 「숙천제아도」『미술사논단』 11권, 2000, p.357 참조)

82. 장경호(張慶浩), 『한국의 전통건축』, 문예출판사, 1996 참조.

83. 부석사(浮石寺) 창건은 통일 직후 신라에 있어 매우 정치적인 사건이었다. 통일전쟁에서 승리는 했지만 이후 신라 왕권의 영향력은 소백산맥 이남을 벗어나지 못했고, 특히 백제와 고구려 유민들의 반항이 수그러들지 않았던 혼란기였으며, 부석사가 옛 신라와 고구려의 국경 관문이었던 죽령(竹嶺)을 경영할 수 있는 곳에 입지한 것을 새겨 보면 부석사 창건은 신라 국경의 중요한 전략 거점을 확보한 것이기 때문이다. 의상이 중국 유학에서 귀국한 직후 동해안의 국경 지점에 낙산사(洛山寺)를 창건한 사실도 같은 맥락이고, 부석사 창건을 방해한 권종이부(權宗異部, 다른 종파의 무리) 오백 명이란 다름 아닌 고구려 부흥세력이라고 추정하는 정치군사적 관점에서 본다면, 소백산맥의 연봉(連峯)들이 중첩되어 전개되는 장엄한 파노라마는 부석사 입지 선택의 또 다른 이유일 수 있을 것이다. (김봉렬, 「우리 건축 되찾기」『이상건축』, 1995년 11월호 참조)

84. 이어령, 『뜻으로 읽는 한국어 사전』, 문학사상사, 2002 참조.

85. dēsignātio. 지정, 지시, 임명, 지명, 선임 등의 뜻으로, 철학 논리에서는 지시 작용을 가리키는 라틴어.

86. 노자의 『도덕경』 제11장에 나오는 내용으로, 이 책 p.117 참조.

87. S. A. Arrhenius, *Worlds In The Making: The Evolution Of The Universe*, New York and London, Harper&brothers, 1908.

88. 부가티(Bugatti). 이탈리아의 에토레 부가티가 빚어낸 1920-30년대 레이스카의 최고 걸작이다. 덩치가 크고 운전하기 힘들었던 당시 스포츠카들과 달리 작고 아름다운 이 고성능의 차는 유럽의 그랑프리를 휩쓸었고, 세기의 무희 이사도라 덩컨(Isadora Duncan)을 1929년 저 세상으로 보낸 스포츠카로 카 매니아들을 매료시켰다. 부가티가 이차대전 종전 때 세상을 떠나면서 이 차의 명맥도 끊어졌다. 그후 부가티는 1998년 파리 오토 살롱에 118로 환생했다. 1999년 제네바 모터쇼에 호화판 포 도어 세단 218, 그 해 가을 프랑크푸르트 모터쇼에 제삼세대 수퍼카 18/3사롱이 출품되었다. 사롱과 베이롱은 1930년대 부가티를 몰고 유럽을 주름잡던 프랑스의 유명한 레이서 이름이다. 현대판 네번째 모델 18/4 베이롱의 십팔기통 팔천 시시(cc) 천일 마력의 초강력 엔진은 도로용 승용차 중 최고 기록이다. 최고 시속 사백칠 킬로미터, 시속 백 킬로미터까지 도달하는 데 3.2초, 상시 사륜구동이다. 현재 폴크스바겐 산하의 부가티 공장에서 주문생산하고 있다. 2007년 1월 기준 가격 백칠십만 불, 약 십오억 원이다. 부가티가

물신으로 숭상받는 이유다.

89. 동이(東夷)라는 말의 유래는『한단고기(桓檀古記)』에 의하면, "한인(桓因)이 다스렸던 한국(桓國)이 천해(天海) 동쪽에 있었으며, 모두 열두 나라를 이루었는데, 한인의 아홉 형제가 나누어 가르침을 폈다. 이들 아홉 구역을 구한(九桓), 구려(九黎), 구역(九域), 구주(九州), 구지(九地) 등으로 부르고, 그 사람들을 구족(九族), 구이(九夷)라고 했다. '九'라는 수는 형상으로 나타낼 수 있는 가장 큰 수이므로 세상을 구방(九方)으로 보고 하늘나라를 구천(九天), 지상세계를 구지(九地)라 했다"라고 기록되어 있다.『삼국유사』'마한(馬韓)'편에는 구려(九黎)가 구이(九夷)로 적혀 있고,『한단고기』에는 구려(九黎)가 부여(夫餘) 또는 구한(九桓)으로 적혀 있다.

중국 후한시대에 허신(許愼)이 한자의 근본 원리를 해설한『설문해자(說文解字)』라는 책은 동이의 '이(夷)' 자를 이렇게 풀이한다. "이(夷)는 동쪽에 사는 사람들이다(夷東方人也)" "큰 대(大)' 자와 '활 궁(弓)' 자에서 따온 글자이다(從大從弓)" "옛 글의 인(仁)과 같은 글자이다(與古文仁同)" "이(夷)는 어질고 오래 살며(夷者仁壽)" "죽지 않는 군자가 있는 나라이다(有君子不死之國)." 또『설문해자』에서, "이란 동쪽 사람이다. 남만(南蠻)은 버러지 같고 북적(北狄)은 개와 같고 서융(西戎)은 양과 같다. 오직 동이만이 대의(大義)를 따르는 대인(大人)들이다. 이의 풍속은 어질다. 어진 사람은 장수하는 법이다. 군자들이 죽지 않는 나라가 있으니 고로 공자께서도 말씀하시기를 '도가 행하여지지 않으니 군자불사지국인 구이 나라에 가고 싶다' 하시고 뗏목을 타고 바다에 띄웠다 한다. 참으로 연유(이유)있는 일이다(夷東方之人也 南蠻從蟲 北狄從犬 西戎從羊 唯東夷從大 大人也 夷俗仁 仁者壽 有君子不死之國 故孔子曰 道不行 吾欲之君子不死之國 九夷 承孚 浮於海 有以也)"라고 했다.

또『산해경(山海經)』에서는 "군자의 나라가 있고 죽지 않는 백성이 있다(有君子之國 有不死民)"라 하고,『후한서』「동이전」에는 "어질고 살리기를 좋아한다(仁而好生)" "천성이 유순하다(天性柔順)" "군자가 있다(有君子)"고 했다.

『논어』의「공야장(公冶長)」편, '자한지리(子漢地理)'에도 "동이는 천성이 유순하여 다른 삼방면의 외인들과 다르다. 그러므로 공자께서 (중국에) 도가 행해지지 않음을 마음 아프게 여겨『설문해자』에 나오듯이 구이 나라에 가서 살고 싶어하셨다. 참으로 연유(이유)있는 일이로다(東夷天性柔順 異於三方外 故 孔子曰 悼道不行 設文解字 欲居九夷 有以也)"라고 썼다.

90. 중국의 고서 연구가 장태염(章太炎)과 왕헌당(王獻唐)은 인(仁), 이(夷), 인(人)의 세 글자는 본래 같은 자이며, '仁'은 '夷' 자에서 나온 글자라고 주장한다. '夷' 자는 사람을 뜻하는 '大' 자와 '弓' 자를 합한 글자가 아니라, 본래는 '人'의 상형문자 아래에 '二'를 횡으로 넣은 모양이며, 여기서 후에 '仁' 자가 나오고, '夷' 자는 본래의 모양과 약간 다른 '弓' 자 형태로 변했다. 이는 동이족의 미풍양속과 관련이 있다.

첫째, 동이인은 인자하고 생명을 귀중하게 여기는 백성이다.(仁而好生) (『후한서』「동이열전」) 둘째, 동방에 군자의 나라가 있는데 천성유순(天性柔順)하고 평화를 사랑하며 양보를 잘하여 다투지 않는다.(『산해경』『후한서』) 셋째, 동이인은 혈연 친속관계를 중시하여 서로 사랑하고 어질며 소박하다.(『설문해자』)

이 세 가지 관점에서 볼 때 '仁' 자와 '仁'의 관념이 동이족 문화권으로부터 나왔으며, 바로 '夷' 자의 속어로 '仁' 자가 생겼다. 그래서 유가의 인학(仁學) 발전에 동이족의 공헌이 지대하다고 말한다.〔왕헌당(王獻唐), 『염황씨족문화고(炎黃氏族文化考)』, 제노서사(齊魯書社), 1985〕

유교의 근본 사상인 '仁'이 황하 유역의 한족 문화와는 성격이 다른 동이족 문화의 산물이라는 지적은 타당성이 있다.

91. 중국 사학자 서량지(徐亮之)가 쓴 『중국사전사화(中國史前史話)』에서는 "중국의 책력법은 동이에서 시작되었다. 책력을 만든 사람은 희화자(羲和子)이다. 그의 혈통은 은나라, 상나라의 동이족 조상이다. 동이가 달력을 만든 사실은 실로 의문의 여지가 없다"라고 했다. 또 중국의 학자 필장박(畢長樸)은 그의 저서 『중국인종북래설(中國人種北來說)』에서 다음과 같이 말하고 있다. "동방 인종의 오행 관념은 원래 동북아에서 창시된 것을 계승한 것이다.(東方人種之五行觀念 原係創始于東北亞洲)"

92. 후쿠자와 유키치(福澤諭吉)는 '탈아입구론(脫亞入歐論)'의 주창자이자 근대 일본 성공신화의 설계자. 일본 최고액 지폐 일만 엔 권 얼굴의 주인공, 게이오 대학 설립자, 문명, 개화, 연설, 경쟁, 저작권 등의 번역어를 만들어낸 사람, 갑신정변의 '배후'이며 골수 정한론자(征韓論者)였다. 사후 백 년이 지나도록 역사적 인물 가운데 여전히 일본 최고의 인기와 영향력을 유지하고 있는 그가 유능하고 뛰어난 애국자임은 분명하지만, 바로 그 점이 이웃 나라들한테는 불행의 씨앗이 될 수밖에 없는 모순이 근현대 동아시아의 비극이었다.

93. 1893년 시카고 박람회의 일본 국가관 호오덴(鳳凰殿)은 후지와라(藤原) 가문의 우지(宇治)에 있는 별장을 1052년에 불사(佛寺)로서 완성시킨 뵤도엔(平等院)의 호오도(鳳凰堂)를 그대로 베껴 지은 것이다. 뵤도엔 전체가 유네스코 인류문화유산이고 호오덴은 국보로 지정되었으며 십 엔짜리 동전에도 올라 있는 헤이안(平安) 시대 최고의 걸작품으로 건축, 조각, 회화, 공예가 하나되어 정토정원으로 융합된 역사적 유물이다. 후지와라 가문은 백제계 도래인으로 세 천황을 섭정하고 오십 년 이상 일본정부를 좌지우지한 명문 집안이다.

94. Kevin Nute, *Frank Lloyd Wright and Japan*, Routledge, London & New York, 2000 참조.

95. 프랭크 로이드 라이트, 이종인 역, 『자서전』, 미메시스, 2006 참조.

96. 브루노 타우트(Bruno Taut). 독일의 표현주의 건축가로, 제일차 세계대전 전에 철강과 유리 등 새로운 소재를 사용한 라이프치히 박람회의 철강관(1913), 쾰른 박람회의 유

리 파빌리온(1914) 등의 작품으로 명성을 얻었다. 1918년 예술노동자회의를 조직하여 표현주의 건축의 주체가 되었고,『알프스 건축』『우주건축사(宇宙建築師)』등 상상력이 풍부한 환상적 건축세계를 스케치하여 출판했다. 1921년에 마그데부르크시의 건축과장으로 도시계획에 종사하였고, 1924년부터 1931년까지 베를린에 만이천 호의 아파트를 설계했으며, 1932년에 모스크바, 1933년에 일본을 방문해 삼 년을 머물렀으며, 1936년부터는 터키의 이스탄불 공대 교수로 재직 중 그곳에서 사망했다.

97. 가쓰라리큐(桂離宮)는 일본 건축과 정원의 완벽한 조화로 만들어진 궁으로 세계적으로 유명하다. 고쇼인(古書院), 주쇼인(中書院), 신쇼인(新書院)과 쇼킨테이(松琴亭) 등의 별채, 정자, 다실이 중앙에 있는 연못을 중심으로 배치된 전형적인 회유식(回遊式) 정원이 특징이다.

98. 이세진구(伊勢神宮)는 일본의 신사(神社) 건축을 대표하는 신궁으로, 미에현(三重縣) 이세(伊勢)에 있다.

99. 사카구치 안고(坂口安吾). 니가타현 출생으로, 본명은 사카구치 헤이고(坂口炳五)이다. 1930년 동양대학 인도철학윤리학과를 졸업했고, 신예작가로서 문단의 주목을 받기 시작했다. 1946년 에세이「타락론」과 소설『백치』로 전후 일본사회에 충격을 주었다. 그후 '무뢰파(無賴派)'라 불리는 일본 신문학의 기수로 인정을 받았다. 저서로『활짝 핀 벚꽃나무 아래에서』『불연속 살인사건』『백치』『노부가나』등이 있다.

100. 니시카와 나가오(西川長夫), 한경구 역,『국경을 넘는 방법』, 2006 참조.

101. 존 네이스비츠(John Naisvitt). 이스트만코닥사 홍보담당, 린든 존슨 대통령 특보, 하버드대 펠로우, 모스크바대 교수, 중국 난징대 교수로, 그의 책『메가트렌드 2000(*Megatrends 2000*)』(1990)은 오십칠 개국에서 구백만 부가 팔렸다. 기타 저서로『메가트렌드 아시아(*Megatrends Asia*)』(1996),『하이테크 하이터치(*High Tech High Touch*)』(1999),『마인드 세트(*Mind Set!*)』(2006)가 있다.

102. 폴 케네디(Paul M. Kennedy). 뉴캐슬대학 졸업 후 옥스퍼드대학교에서 박사학위를 받았다. 1983년부터 현재까지 미국 예일대학교 역사학 교수, 현재 리처드슨 딜워스 석좌교수, 이스트앵글리아대 교수, 프린스턴고등연구소 연구원, 독일 훔볼트 재단 방문연구원으로 일하고 있다. 주요 저서로『강대국의 흥망(*Rise and Fall of Great Powers*)』『전쟁에서 평화로(*From War to Peace*)』『21세기를 준비하며(*Preparing for the 21st Century*)』등이 있다.

103. 이태진,『고종시대의 재조명』, 태학사, 2000, pp.344-345.

104. 기 소르망,「글로컬로 가는 한국문화」『중앙일보』, 2006. 9. 28. 기 소르망(Guy Sorman)은 프랑스로 이주한 폴란드계 유대인 부모 사이에 태어났다. 소르본 대학 문학박사, 동양어 학교 일본어 전공, 프랑스국립행정대 정치학과 경제학 전공 등 다양한 학문적 이력을 바탕으로 문학비평가, 미래학자, 교수, 사업가, 칼럼니스트로 활약

하고 있다. 사회적 직함을 하나로 축약해 달라는 질문에 그는 '자유를 추구하는 지성인'이라고 답한다. 한국을 정기적으로 방문, 국내 정치지도자 및 문화예술가들과 교분이 깊은 '지한파'다.

105. "예술은 지성적 활동이기보다는 직관적 활동으로 사람의 마음을 기쁘게 하는 형식을 창조하려는 시도이다." 허버트 리드(Herbert Read), 박용숙(朴容淑) 옮김, 『예술의 의미(The Meaning of Art)』, 문예출판사, 1985.

106. 히먼 칸(Herman Kahn). 미국의 전략이론가이자 미래학자로, 캘리포니아 공대를 졸업했고 물리, 공학, 수학을 전공했다. 1947년부터 1961년까지 랜드연구소(RAND Corporation) 연구원으로 있었고, 1961년 허드슨 연구소를 설립했다. 국방총성과 원자력위원회 등의 위탁으로 전략 연구와 미래학 연구에 종사했다. 저서로 『열핵 전쟁(On Thermonuclear War)』(1960), 『생각할 수 없는 것을 생각한다(Thinking About the Unthinkable)』(1962) 등이 있다.

107. 조지프 나이(Joseph s. Nye). 하버드대학의 케네디 행정대학원 학장을 역임했고, 클린턴 행정부 국가정보위원회 의장과 국방부 국제안보담당 차관보를 지냈다. 보수와 진보, 어느 한쪽에 기울지 않는 예리한 지성인으로 평가받는다. 『뉴욕 타임스』와 『워싱턴 포스트』 『월스트리트 저널』 등 유력지에 기고하는 외교 문제 전문가로, Governance in a Globalizing World, Bound to Lead: The Changing Nature of American Power 등의 저자이다.

108. 베네치아(F. Venezia). 나폴리 건축대학을 졸업하고 그곳에서 작품 활동을 했다. 베니스 건축대학과 그 밖에 유럽과 미국의 대학에서 가르쳤으며 현재 제네바대 교수이다. 1973년부터 1987년 사이에 집중적으로 많은 작품을 발표했고, 가장 유명한 것은 시실리에 있는 지벨리나(Gibellina)의 박물관(1981-1987)이다.

109. 스카르파(C. Scarpa). 베네치아 출생으로, 1926년 왕립미술학교를 졸업하고 그곳에서 건축 드로잉을 가르쳤다. 정규적 건축 교육을 받은 적이 없고 국가자격증이 없다고 고발당하기도 했다. 1935년에 베네치아 대학 경제학부 건물 복원설계로 두각을 보였다. 첫번째 작품은 베네치아 아카데미 박물관(Gallerie dell'Accademia)이었고 지아르디니(Giardini)에 있는 베니스 비엔날레의 중앙전시장을 설계하여 명성을 굳혔다. 베로나(Verona)의 카스텔베키오(Castelvecchio) 박물관(1956-1964), 산마르코 광장에 있는 올리베티(Olivetti) 전시장(1957-1958), 베로나의 방카 포풀라레(Banca Popolare) 본점(1973-1978), 알티보레(Altivore)에 있는 아름다운 브리온(Brion) 묘지(1969-1978)를 설계했다. 동양적 사고에 심취하여 일본에 왔다가 1978년 센다이(仙台)에서 사망했다.

110. Arthur Herman, The Idea of Decline in Western History, Free Press, 1997.

111. 자크 아탈리, 양영란 역, 『미래의 물결』, 위즈덤하우스, 2007 참조. 자크 아탈리(Jacques Attali)는 프랑스 최고정책의 입안과 결정에 관여한 고위 경제관료였으며 인

문학 및 사회과학 분야의 학자, 저술가이다. 알제리에서 태어나 에콜 폴리테크닉에서 공학을, 에콜 드 민에서 토목공학을, 시앙스포에서 정치경제학을 전공하고, 국립행정학교를 거쳐 1972년 소르본 대학 경제학 박사, 이후 1985년까지 에콜 폴리테크닉과 파리 9대학, 소르본 대학 경제학 교수를 역임했다. 1981년 이후 1991년까지 미테랑 대통령의 특별 보좌관이었으며 1991년부터 1993년까지 유럽부흥개발은행(EBRD)의 초대 총재였다. 현재 컨설팅 회사인 '아탈리 & 아소시에' 대표, 세계 최초의 인터넷 은행 플래닛 뱅크 총재로 있다. 저서로『소리: 음악의 정치경제학』(1977),『지혜에 이르는 길─미로』(1996),『밀레니움─변화하는 세계 질서의 승자와 패자』(1991),『영생』(1989),『카니발의 질서』(1979),『새로운 프랑스 경제학』(1974) 등이 있다.

112. 피터 블레이크, 윤일주 역,『근대건축은 왜 실패했는가』, 기문당, 1980 참조.

참고문헌

저서(著書)

강영조,『풍경에 다가서기』, 효형출판, 2003.

경인문화사 편,『구당서(舊唐書)』, 경인문화사, 1990.

국립중앙박물관,『북녘의 문화유산』, 삼인, 2006.

김개천,『명묵의 건축』, 안그라픽스, 2004.

김광언,『한국의 주거민속지』, 민음사, 1988.

김봉렬,『김봉렬의 한국건축 이야기』3, 돌베개, 2006.

김성기,『한국고전시가논고』, 역락, 2004.

김신해,『최초의 신화 길가메쉬 서사시』, 휴머니스트, 2005.

김태준,『홍대용』, 한길사, 1998.

김학범 · 장동수,『마을숲』, 열화당, 1994.

김화영,『김화영의 알제리기행』, 마음산책, 2006.

박희병,『한국의 생태사상』, 돌베개, 1999.

서유구,『임원경제지(林園經濟志)』, 보경문화사, 1983.

신병주,『조선 최고의 명저들』, 휴머니스트, 2006.

이상성,『조광조—한국 도학의 태산북두』, 성균관대학교 출판부, 2006.

이상해 글, 안장헌 사진,『서원』, 열화당, 1998.

이상해 · 송혜진 글, 배병우 사진,『종묘』, 삼성문화재단 편집부, 1998.

이어령,『뜻으로 읽는 한국어사전』, 문학사상사, 2002.

이종묵,『조선의 문화공간』, 휴머니스트, 2006.

이태진,『고종시대의 재조명』, 태학사, 2000.

임영방 엮음,『카라바지오』, 서문당, 1982.

장경호,『한국의 전통건축』, 문예출판사, 1996.

최순우,『무량수전 배흘림 기둥에 기대서서』, 학고재, 1994.

최순우,『나는 내 것이 아름답다』, 학고재, 2002.

허경진,『조선위항문학사』, 태학사, 1997.

역서(譯書)

계성, 김성우·안대회 옮김, 『원야(園冶)』, 예경, 1993.

김만일 외 역, 『화성성역의궤』, 경기문화재단, 2007.

니시카와 나가오, 한경구 옮김, 『국경을 넘는 방법』, 일조각, 2006 .

니콜러스 로일, 오문석 옮김, 『자크 데리다의 유령들』, 앨피, 2007.

마크 베코프, 이덕열 역, 『동물에게 귀 기울이기』, 아이필드, 2004.

버나드 루도프스키, 김원 옮김, 『건축가 없는 건축』, 광장, 1979.

E. F. 슈마허, 이상호 옮김, 『작은 것이 아름답다』, 문예출판사, 2002.

유금, 박희병 옮김, 『말똥구슬』, 돌베개, 2006.

이중환, 이익성 옮김, 『택리지』, 을유문화사, 1993.

이황, 장세후·이장우 공역, 『도산잡영(陶山雜詠)』, 을유문화사, 2005.

잭 웨더포드, 정영목 옮김 『칭기스칸, 잠든 유럽을 깨우다』, 사계절, 2005.

존 마에다, 윤송이 옮김, 『단순함의 법칙』, 럭스미디어, 2006.

최치원, 최준옥 엮음, 『국역 고운선생문집(孤雲先生文集)』, 보련각(宝蓮閣), 1982.

폴 케네디, 이일수 외 옮김, 『강대국의 흥망』, 한국경제신문사, 2002.

피터 블레이크, 윤일주 옮김, 『근대건축은 왜 실패했는가』, 기문당, 1980.

허버트 리드, 박용숙 옮김, 『예술의 의미』, 문예출판사, 1985.

외서(外書)

坂口安吾, 『日本文化私觀』, 東京: 講談社, 1942.

Speer, Albert, *Erinnerungen*, Berlin: Propylaen Verlag, 1969.

Herman, Arthur, *The Idea of Decline in Western History*, New York: The Free Press, 1997.

Attali, Jacques, *Une brève histoire de l'avenir*, Paris: Fayard, 2006.

Arrhenius, S. A., *Worlds In The Making: The Evolution Of The Universe*, New York and London: Harper&brothers, 1908.

후기

이 책은 2006년도 대한민국예술원 논문집에 실린 「건축은 예술인가」라는 나의 글을 수정 증보한 것이다. 대한민국예술원에서라면 우리 건축에 관한 이런 논쟁에 대해 한번쯤은 결론을 보아야 한다는 생각에서 쓴 글이었다. 구체적으로는 그 글을 통해 옥인동(玉仁洞) 재개발을 구상하면서 떠오른 전통건축에 관한 생각들에 대해 다른 사람들과 의견을 나누어 보고 싶었다. 그 논문에 '옥인 제1지구 재개발계획에 적용될 전통건축 요소들의 논리적 배경에 대한 몇 가지 전제'라는 부제를 붙인 것은 그런 연유에서였다.

불행하게도 내가 '건축'을 처음 접한 것은 서양의 책들을 통해서였다. 젊은 시절 나를 사로잡은 사진들은 지중해 연안 마을의 토속건축이었다. 또 하나 더 불행하게도 내가 처음 건축에 관한 논쟁의 화두들을 접한 것은 지오 폰티(Gio Ponti)라는 이탈리아 사람이 쓴 『건축예찬』에서였다. 내가 만일 그런 화두들을 한국 사람이 쓴 책에서 처음 접했더라면 아마도 나의 건축 인생은 많이 달라졌을 것이다.

지난 사십 년 동안 나는 건축이 전문직은 아니라고 생각해 왔다. 그래서 서양건축을 배우며 몸에 익혀 온 이 건축논리들에 항상 의문을 느꼈다. 이미 나는 전문가가 되기를 포기했다. 전문가란 배우는 재미와 기쁨이 없다. 선비가 문인화를 그리는 정신으로, 건축이 또한 문인건축이 되었으면 하는 바람 때문에, 나는 '건축발이 글발에 못 미친다'는 후배들의 평을 고까워 하지 않았다.

나는 처음부터 새로 시작하는 기분으로 이런 질문들을 적어서 우리 건축사회에 던져 보는 것이다. 이것은 내가 한국의 건설동맹과 21세기 한국인 대다수의 주거문화가 된 아파트 건축에 가진 회의와 반문과 성토이기도 하다.

여기 씌어진 내용들은 학문을 한 사람이 오래 공부한 결과 얻어진 깨달음을 모아 놓은 학술논문이 아니다. 이것은 평생 건축실무를 해 오면서 느낀 일들을 거칠게 나열한 감상문이다. 그 긴 시간의 분별 없는 질주 끝에 이제 와 새삼 이런 의문들을 토로하는 것은, 우리 동북아시아 지역에 살아온 사람으로서 시대적 소명이 아닐까.

많은 사례를 섭렵하여 예시하고 논리적으로 증명해 보여주는 나만의 독창적 논리는 없지만, 다만 우리 건축의 오랜 전통이 성리학(性理學)과 실학(實學)의 바탕 위에 성립한 생활철학의 인문적 결과물일 것이라는 개연성만이라도 이야기할 수 있어서 좋았다. 그 실증은 후학들이 더 잘할 수 있으리라 믿는다. 더욱이 삼봉(三峰) 정도전(鄭道傳)으로부터 정암(靜庵) 조광조(趙光祖), 퇴계(退溪) 이황(李滉), 율곡(栗谷) 이이(李珥), 우암(尤庵) 송시열(宋時烈)에 이르는 조선 성리학의 심오한 이론들이 우리 건축 사고의 근간임을, 나는 눈치 챈 정도로밖에 언급할 수가 없었다. 그 이상은 내가 아는 체할 일이 아니라고 생각했다.

더구나 한국건축에 끼친 불교철학의 영향은 또한 어렵기가 이에 못지않아 어렴풋이 말만 했지 구체적으로 그 종교나 고승들의 생각을 추적하는 데까지는 턱없이 미치지 못했다. 이 부분은 감히 나의 숙제라고 말하기도 어렵다.

나는 설계에 몰두할 때만큼이나 생각하고 글 쓰는 것이 즐거웠고, 써 놓고 보니 이제는 그저 이것이 사람들에게 토론의 자료가 되었으면 하고 욕심을 부리고 있다.

솔직히 이 책을 준비하느라고 내 생각이 상당부분 정리가 된 것도 사실이지만, 언젠가는 여기 나열된 의문들에 대해 나 자신 잘 무장된 이론으로 대답할 수 있도록 더 공부해야겠다는 생각도 든다. 그러므로 이 책은 『새 세기의 환경 이야기』를 쓸 때 약속했던 '문명과 문화, 21세기— 동서의 재편' 이라는 글로 가는 징검다리인 셈이다.

어쩔 수 없이 책의 여러 군데에서 기승전결과 삼단논법과 육하원칙 등이 결여된 비논리적인 부분들이 보인다. 그것이 바로 모자란 부분이다. 더욱 불만스러운 점은 마지막 장의 「화해」라는 부분으로, 이런 통속적인 결론은 없어도 좋겠다는 생각도 갖지만 어찌하랴. 본인의 재주 없음은 물론 많은 사람들이 그런 해피 엔딩을 바라고 있으니….

건축환경연구소 광장, 그리고 도서출판 광장이 1976년에 문을 열었으니 올해로 삼십 년이 된다. 그 2006년 한 해를 이 책의 탈고로 마무리하게 되어 기쁘다.

게다가 같은 해 소생의 졸저 『한국 현대건축의 이해』라는 최초의 평론집을 출판해 주신 열화당 이기웅(李起雄) 형이 삼십 년 만에 또 이 책을 출판하자고 권하시니 감사한 마음 감출 길이 없다.

2006년 12월 30일
옥인동에서 김원

찾아보기

저자 김원(金垣)은 1943년 서울 출생의 건축가로, 서울대
건축공학과를 졸업하고 김수근 건축연구소에서 수업했으며
네덜란드 바우센트룸 국제대학원 과정을 수료했다. 현재
건축환경연구소 '광장' 및 도서출판 '광장' 대표, 한국건축가협회
명예이사, 한국실내건축가협회 명예회장, 김수근문화재단 이사장,
삼성문화재단 이사, 문화재위원, 대통령자문 건축문화선진화
특위위원장으로 있다. 주요 작품으로 한강성당, 쌩뽈 수도원,
황새바위 순교자성지, 국립국악당, 갤러리 빙, 통일연수원,
서울종합촬영소, 광주 가톨릭대학교, 주한 러시아대사관, 이화여대
경영관·국제기숙사 등이 있다. 저서로『우리 시대의 거울』『한국
현대건축의 이해』『빛과 그리고 그림자』『우리 시대 건축 이야기』
『새 세기의 환경 이야기』『행복을 그리는 건축가』등이 있으며,
역서로『건축예찬』『건축가 없는 건축』『마천루』등이 있다.

건축은 예술인가
내일의 한국건축을 위한 열세 개의 단상
김원

초판1쇄 발행	2007년 12월 31일
발행인	李起雄
발행처	悅話堂
	경기도 파주시 교하읍 문발리 520-10 파주출판도시
	전화 031-955-7000 팩스 031-955-7010
	http://www.youlhwadang.co.kr
	e-mail : yhdp@youlhwadang.co.kr
등록번호	제10-74호
등록일자	1971년 7월 2일
편집	조윤형 송지선
북디자인	이수정
인쇄	(주)로얄프로세스
제책	(주)상지사피앤비

* 값은 뒤표지에 있습니다.

Published by Youlhwadang Publisher
Architecture, Art or What?: Thirteen Humanized Views on
Korean Architecture of Tomorrow ⓒ 2007 by Kim Won
Printed in Korea

ISBN 978-89-301-0299-5

이 도서의 국립중앙도서관 출판시도서목록(CIP)은 e-CIP 홈페이지
(http://www.nl.go.kr/cip.php)에서 이용하실 수 있습니다.
(CIP제어번호: CIP2007004007)